V&R

Wozu noch Zeitungen?

Wie das Internet die Presse revolutioniert

Herausgegeben von
Stephan Weichert, Leif Kramp,
und Hans-Jürgen Jakobs

Mit 30 Abbildungen

sueddeutsche.de
Vandenhoeck & Ruprecht

In der hier publizierten Form werden alle Interviews und Texte erstmals veröffentlicht. Bearbeitete Auszüge aus den Interviews erschienen auf den entsprechenden Themenseiten von sueddeutsche.de, NZZ online, spiegel online und im Evangelischen Pressedienst epd.

Die Gespräche mit Arianna Huffington, David M. Rubin und Joe Saltzman werden hier exklusiv abgedruckt.

Die Interviews führten Stephan Weichert, Leif Kramp, Alexander Matschke und Till Wäscher.

Bibliografische Information der Deutschen Nationalbibliothek

Die Deutsche Nationalbibliothek verzeichnet diese Publikation
in der Deutschen Nationalbibliografie, detaillierte bibliografische
Angaben sind im Internet über http://dnb.d-nb.de abrufbar.

ISBN 978-3-525-36750-6

Layout, Gestaltung, Satz und Litho: SchwabScantechnik, Göttingen
Druck und Bindung: ⊕ Hubert & Co, Göttingen

Gedruckt auf chlorfrei gebleichtem Papier

Inhalt

Interviews

Wozu noch Zeitungen?
Wie das Internet die Presse revolutioniert

In Bertolt Brechts experimentellen Erzählungen »Geschichten vom Herrn Keuner«, die ab 1926 über einen Zeitraum von über dreißig Jahren aufgeschrieben wurden, begegnet ebenjener Keuner dem Kämpfer gegen die Zeitungen, einem gewissen Herrn Wirr: »›Ich bin ein großer Gegner der Zeitungen‹, sagte Herr Wirr, ›ich will keine Zeitungen.‹ Herr Keuner sagte: ›Ich bin ein größerer Gegner der Zeitungen: ich will andere Zeitungen.‹« Außerdem klärt uns Herr Keuner über den Zweck des Zeitungswesens auf: »Wenn die Zeitungen ein Mittel zur Unordnung sind, so sind sie auch ein Mittel zur Ordnung. Gerade Leute wie Herr Wirr bewiesen durch ihre Unzufriedenheit den Wert der Zeitungen. Herr Wirr meint, der heutige Unwert der Zeitungen beschäftige ihn, aber in Wirklichkeit ist es der morgige Wert.«[1]

Ginge es nach Steve Ballmer, dem Geschäftsführer des Software-Giganten Microsoft, würde sich die heutige Gretchenfrage nach dem Wert oder Unwert der Zeitungen bald erübrigen. Ballmer, der wegen seiner rüpelhaften Auftritte vor Mitarbeitern des Unternehmens auch »Monkeyboy« genannt wird, orakelte jüngst im Gespräch mit Redakteuren der *Washington Post*, dass es schon in zehn Jahren keine Printmedien mehr geben werde. Bis dahin, so Ballmer, werde die »ganze Welt der Medien, Kommunikation und Werbung umgekrempelt«: Jeglicher Medienkonsum würde via Internet bedient, statt gedruckter Zeitungen und Magazine werde es ausschließlich elektronische Vertriebswege geben.[2]

Ballmer mag zwar gelegentlich großspurig daherkommen – aber ein außer Kontrolle geratener Spinner ist er deshalb nicht: Immerhin lenkt der 53-jährige Harvard-Absolvent eines der bedeutendsten und profitabelsten Unternehmen der Welt (Jahresumsatz 2008: 60,420 Mrd. Dollar)[3] und hat sich damit in der Medien- und Computer-Branche einen Namen als Innovator und Querdenker gemacht. Mit einem Privatvermögen von 15,2 Milliarden Dollar rangiert er zudem auf Platz 16 der Forbes-Liste der reichsten Männer Amerikas[4]. Ballmer ist also niemand, dem man ernsthaft vorwerfen kann, er habe seine Hausaufgaben nicht gemacht – zumal er mit seiner These vom Ende des gedruckten Wortes nicht alleine dasteht: Selbst US-Zeitungsveteranen wie John Carroll, Ex-Chefredakteur der *Los Angeles Times*, und Phil Meyer, Autor des Buches »The Vanishing Newspaper« (»Die verschwindende Zeitung«),[5] rechnen damit, dass in wenigen Jahrzehnten voraussichtlich keine Papierzeitung mehr existieren wird.

Tatsächlich trifft es die US-Branche härter als noch vor einigen Jahren erwartet – ob journalistische Flaggschiffe wie *Los Angeles Times*, *New York Times* und *Washington Post* oder Boulevardblätter wie *New York Post* und *Daily News*: Die Wirtschaftskrise trifft sie alle. Seit Monaten berichten Branchendienste unaufhörlich über Entlassungswellen, Sparmaßnahmen und Übernahmepläne von Zeitungshäusern durch börsennotierte Finanzspekulanten oder globale Konzerne, die ihr Medienportfolio und damit ihren Einfluss ausbauen wollen. Waren es im Laufe des Jahres 2007 vor allem Auflagenrückgänge und Etatkürzungen, die kontinuierlich vermeldet wurden, befinden sich Vertriebserlöse, Werbeumsätze und Aktienwerte spätestens seit 2008 im freien Fall; sogar Kompletteinstellungen von Zeitungen und Verlagsinsolvenzen – das zeigte zuletzt das Beispiel Tribune Company – sind nicht mehr auszuschließen. Aktuell verzeichnen 500 Zeitungstitel im Vergleich zum Vorjahr durchschnittliche Auflageneinbrüche von bis zu fünf Prozent, nur noch sieben der 100 meistverkauften Tageszeitungen der Welt erscheinen in den USA. Während sich das traditionelle Zeitungsgeschäft in Schwellenländern wie China oder Indien, wo derzeit die höchsten Gesamtauflagen weltweit registriert werden, für Verlage noch eine ganze Weile zu lohnen scheint, gilt es zumindest in den USA mit Sicherheit als Auslaufmodell.

Kein Wunder, dass im Internet seit längerem eine Reihe von Blogs mit fatalistischem Unterton und teils verschwörerisch klingenden Namen wie *Newspaper Death Watch*, *The Demise of Print* (»Der Untergang von Print«), *Fading to Black*, *Newspaper Next*, *Media Shift*, *The End of Journalism?* oder *Angry Journalist* irrlichtern, deren Macher sich als Chronisten des Zeitungssterbens verstehen. Der ehemalige Zeitungsjournalist Paul Gillian, seit März 2007 Betreiber von *Newspaper Death Watch*[6], was so viel wie »Totenwache Zeitung« heißt (aber auch mit »Todes-uhr« übersetzt werden kann), versichert auf seiner »About«-Seite, dass der Titel des Blogs keinesfalls missverstanden wer-den dürfe: Er betrachte das Siechtum der Presse mitnichten als Genugtuung, sondern er »liebe Zeitungen« und sei schon immer ein »newspaper junkie« mit dem »größten Respekt vor der Institution Zeitung« gewesen. Seine langjährige Erfahrung mit dem Internet führe ihn jedoch zu der Prognose, dass die tektonischen Verwerfungen der Kommunikationssphäre »95% Prozent aller bedeutenden amerikanischen Großstadtzeitungen zerstören« würden.

Beinahe täglich und peinlich genau dokumentiert Gilian Meldungen über Entlassungswellen und Auflageneinbrüche bei überregionalen und regionalen US-Blättern. Bisher stehen auf seiner »Todesuhr« mit dem Kürzel »R.I.P.«[7] neun Zeitungen, die ihre Printausgabe inzwischen einstellen mussten: *Kentucky Post, Cincinnati Post, King County Journal, Union City Register-Tribune, Capital Times, Halifax Daily News, Albuquerque Tri-bune, South Idaho Press* und *San Juan Star* existieren entweder nur noch als magerer Online-Auftritt – oder gar nicht mehr. Weitere Titel, das legen zumindest Gilians Blog-Einträge nahe, sollen in den kommenden Monaten folgen.

Dabei erfasst Gilians publizistische Sterbebegleitung noch nicht einmal einen Bruchteil des Ausmaßes der Medienkrise in den USA: Einher mit der unsicheren Zukunft der Zeitung geht nämlich die Sorge um den Fortbestand des Qualitäts-journalismus, dessen Standards im digitalen Zeitalter immer schwerer durchzusetzen sind. So verheißt der Report »State of the Newsmedia« des Projects for Excellence in Journalism (PEJ) auch für andere Teile der Branche wenig Gutes. Die ernüchtern-den Zahlen und Umfragen, die der PEJ-Report jedes Jahr fein säuberlich zusammenstellt, lassen vermuten, dass die Qualität im Journalismus schrittweise schwindet. Tom Rosenstiel, Grün-der und Direktor des PEJ sowie ehemaliger Zeitungsredakteur bei der *Los Angeles Times*, machte im Sommer 2008 in einem Hintergrundgespräch in Washington DC jedenfalls wenig Hoffnung darauf, dass demnächst schlüssige Geschäftsmodelle gefunden werden, die kostspieligen Qualitätsjournalismus im Internet refinanzieren können: »Wir nutzen das Internet zwar seit zehn, zwölf Jahren, aber die dramatischen Auswirkungen auf die Ökonomie des Zeitungsgeschäfts erleben wir buchstäblich in diesem Moment«, erklärt Rosenstiel: »Für die amerikanische Zeitungsbranche ist dieses Jahr das schlechteste aller Zeiten.«

Was den für dieses Buch interviewten Experten vor allem Sorgen bereitet, sind Kurzschlusshandlungen der Verlage, die in Anbetracht der Krise den Qualitätsjournalismus aus den Augen verlieren. Ganze Rechercheabteilungen, einst die journalistischen Aushängeschilder der US-Blätter, mussten schließen. Fast prophetisch wirkt es da, dass im Auge des Taifuns vor einem Jahr das 450 Millionen Dollar teure »Newseum« eröffnet hat, ein pompöser sechsstöckiger Presse-Tempel in Washington DC, der nur einen Steinwurf vom Regierungskomplex der US-Hauptstadt entfernt liegt und vor allem der Papierzeitung huldigt. Während sich die amerikanische Zeitungsindustrie damit in ihren schwärzesten Zeiten ein Heldendenkmal setzt, müssen demnächst wohl auch in Deutschland die ersten Grabkreuze gezimmert werden. Obwohl einige deutsche Qualitätsblätter ihre Auflagen in jüngster Zeit weitgehend stabil halten oder wie die *Süddeutsche Zeitung*, die *Frankfurter Allgemeine Sonntagszeitung* oder *Die Zeit* sogar steigern konnten, laufen die Geschäfte der meisten Zeitungsverlage hierzulande miserabel: Empfindliche Etatkürzungen, redaktionelle Zusammenlegungen und reihenweise Entlassungen, begrifflich getarnt mit Vokabeln wie »Newsroom-Kultur«, »Kostendisziplin«, »struktureller Turnaround« oder »personelle Korrekturen«, sind inzwischen an der Tagesordnung – sogar bei wirtschaftlich gut gestellten Großverlagen wie Gruner+Jahr, WAZ-Gruppe und die Fazit-Stiftung, die die Frankfurter Allgemeine Zeitung herausgibt. Die einstige Aufbruchstimmung im Verlagsgewerbe scheint endgültig zunichte, angesichts der Weltwirtschaftskrise wird präventiv wegrationalisiert und kaputtgespart, ein Akt kollektiver Hilflosigkeit, der unserem bis jetzt gesunden Mediensystem als wichtigem Eckpfeiler der Demokratie erheblichen Schaden zufügen könnte. Ängstlich blicken hiesige Verleger vor allem nach Amerika, weil sie glauben, dass das allmähliche Ende der Zeitungsära, das dort seinen Anfang nahm, bald auch nach Europa kommt. Auch die Politik lässt das offenbar nicht unbeeindruckt: Kulturstaatsminister Bernd Neumann und Verbandsvertreter der Medienwirtschaft haben kürzlich eine »Nationale Initiative Printmedien« ins Leben gerufen, die sich der Zukunft der Printmedien als wichtiger Säule demokratischer Meinungs- und Willensbildung annimmt – allerdings von einer (staatlichen) Sanierung der Zeitungsindustrie (noch) weit entfernt ist.

Wie eine offensive Medienpolitik zur Förderung des Pressewesens aussehen kann, zeigt aktuell das Beispiel Frankreich, dessen Zeitungsbranche mit rund 100.000 Beschäftigten in den vergangenen Jahren hochdefizitär war: Staatspräsident Nicolas Sarkozy machte zunächst im Herbst 2008 von sich reden, als er im Rahmen seines angekündigten »Etats généraux de la presse« versprach, einen umfänglichen Hilfsplan für die Zeitungsverleger aufzulegen, für den er – zusätzlich zu den 280 Millionen Euro Fördergeldern im Jahr 2009 – in den nächsten drei Jahren weitere 600 Millionen Euro aufwenden will. Wie Sarkozy im Januar 2009 mitteilte, gehören zu den Maßnahmen dieses Sanierungspakets neben der – inzwischen umgesetzten – Verbannung von Werbung aus den öffentlich-rechtlichen Fernsehprogrammen, dem Erlass von Sozialabgaben und Vertriebshilfen (bei Zeitungskiosken und -austrägern) sowie einer Verschiebung der Erhöhung der Posttarife, auch die Subventionierung eines Gratisabonnements für alle 18-Jährigen, die ein Jahr lang eine Zeitung ihrer Wahl kostenlos beziehen können.[8] Den Großteil der Kosten für dieses ungewöhnliche Hilfsprojekt sollen laut Sarkozy zwar die Verlage tragen, der Staat finanziert jedoch den Versand. Zudem wurde bekannt, dass Sarkozy eine Regelung aufheben will, die derzeit den Anteil ausländischer Finanzinvestoren an französischen Zeitungen auf zwanzig Prozent beschränkt. Hier stellt sich freilich die Frage nach den Zielen, die der medienaffine Regierungschef, dessen (gl-)amouröse Eskapaden häufig auch Titelthema der Klatschpresse sind, mit dieser Förderpolitik verfolgt – immerhin gehören einflussreiche Zeitungsmagnaten wie Serge Dessault, Arnaud Lagardère, Vincent Bolloré und Bernard Arnault zu seinem Freundeskreis. Zumindest berücksichtigt Sarkozy damit fast alle Vorschläge von Verlegern, Zeitungsverbänden und Druckergewerkschaften.

Je aggressiver allerdings die handelnde Politik versucht, in die Pressemärkte aktiv einzugreifen, desto wilder wird über das baldige Aus der Papierzeitung spekuliert – gewiss ist bisher aber nur, dass alle Fluchtwege dorthin führen, von wo den Zeitungen zurzeit der schärfste Wind entgegen bläst: ins Internet. Gegen die digitalen Windmühlen rennen die alteingesessenen Zeitungsdynastien zwar nicht alleine an – immerhin hat auch das Informations- und Unterhaltungsangebot im Fernsehen mit gravierenden Reibungsverlusten zu kämpfen. Aber die Position der Presse scheint besonders labil. Denn der Qualitätsjournalismus, der ihren Prestige-Blättern über Jahrzehnte politische Bedeutsamkeit sicherte, droht im Netz ebenso gesichts- wie orientierungslos zu werden. Zumindest für die Mehrheit derjenigen jungen Erwachsenen, die heute Googles Suchalgorithmen blindlings vertrauen, in Social Networks »gruscheln« und sich täglich die Probleme von der Seele bloggen, stellt sich die Frage gar nicht mehr, ob sie noch Gedrucktes konsumieren sollen: Mit journalistischen Inhalten werden sie ohnehin nur noch am Rande konfrontiert. Ihr Status bemisst sich auch nicht nach Allgemeinbildung oder Politikaffinität; soziale Anerkennung unter Jugendlichen drückt sich vielmehr in virtuellen Freundschaften und Kontakten aus. Allmählich wittern auch die Verlage, welche Konkurrenz sich hinter nutzergetriebenen Angeboten wie *Twitter*, *studiVZ*, *MySpace* und *Facebook* verbirgt. Und weil sie im Internet, anders als im Printgewerbe, keine Vertriebspreise durchsetzen können, bieten sie ihre Informationen folglich kostenlos an.

Noch lange vor *Spiegel* und *Stern* widmete das britische Wirtschaftsmagazin *Economist* dem größten Feind aus dem Internet im Sommer 2007 eine Titelgeschichte: »Wer hat Angst vor Google?« war ein nicht besonders wohlwollender Leitartikel über Google's »goodness« samt merkwürdiger Geschäftspraktiken mit vertraulichen Personendaten, ausgeschmückt mit einer putzigen Reportage über die inzwischen zum Mythos gewordene Firmenkulisse »Googleplex« im kalifornischen Mountain View, sollten dem Leser ein Gefühl dafür vermitteln, wer der neue Platzhirsch im internationalen Kommunikationsgefüge ist. »Unser Ziel ist es nicht, Geld zu machen«, wird Google-CEO Eric Schmidt zitiert, »sondern die Welt zu verändern.«[9] Das Online-Universum haben die Suchmaschinen-Riesen zweifellos längst umgekrempelt: Während Google und Yahoo die US-Hitlisten der Zugriffszahlen anführen, dicht gefolgt von Angeboten wie *YouTube*, *Wikipedia* und *Blogger.com*, rangieren die Ableger der einstigen Qualitätsblätter auf hinteren Positionen – immerhin schaffte es die *New York Times* in die Top 10 der meistgenutzten professionellen News-Websites, gemeinsam mit Multimediakonzernen wie MSNBC und CNN.

Wie nun im Internet ordentlicher Journalismus finanziert werden kann, lässt sich nicht so ohne Weiteres sagen. Neue Werbeformen und Reichweitenmessungen, bessere Link-Strukturen, um besser gefunden zu werden, aber auch Möglichkeiten der Quersubventionierung, bezahlte (und bezahlbare) Inhalte gehören sicherlich genauso dazu, wie die Bereitschaft der jetzigen und kommenden Journalistengeneration, sich auf die – für viele Medienschaffende nach wie vor ungewohnte – Internet-Umgebung und ihre neuen Protagonisten vorbehaltlos einzulassen. Das Internet ist nicht einfach ein höher entwickeltes Medium; vielmehr saugt es bestehende Massenmedien in sich auf, deutet sie um und definiert deren publizistische Ausdrucksformen und Wirkung neu. Dass das Riepl'sche Gesetz hier nicht mehr greift und sich ein überaus großes publizistisches Potenzial in punkto schnellere Informationsvermittlung und interaktiver Rückkanal auftut, das dem Qualitätsjournalismus zuträglich ist, müssen viele Journalisten erst noch akzeptieren. Dafür bieten sich durch die Vernetzung in Social Communities und über Blogs ungeahnte Recherche- und Vernetzungsmöglichkeiten mit den Nutzern, deren publizistisches Potenzial noch nicht annähernd ausgeschöpft ist. Journalisten, das zeigt die Analyse der Expertengespräche im nachfolgenden Kapitel sehr deutlich, müssen, wenn sie als professionelle Schleusenwärter und Orientierungsgeber weiterhin ernst genommen werden wollen, Querdenker und Renegaten bleiben, die keine x-beliebigen Inhalte produzieren. Sie müssen ihre Rolle als Nachrichtenproduzenten neu überdenken und in Tages- und Wochenzeitungen auf das Prinzip ›Entschleunigung‹ setzen, während täglich und stündlich aktualisierte

Informationen ausschließlich Internet, Radio und Fernsehen vorbehalten bleiben.

Die Zeitung, soviel ist sicher, wird nur dann ihre rituelle Bereitstellungsqualität auf Dauer behalten können und uns auf das aufmerksam machen, von dem wir nicht wissen, dass es uns interessiert, wenn Qualitätsjournalismus weiterhin durch kluge Analysen und Hintergrundberichte, Interpretation und Meinung besticht. Zeitungsjournalisten werden nicht überleben, wenn sie in der aufstrebenden Bloggerkultur argwöhnisch einen Feind wähnen, der ihnen ans Leder will – sondern Blogger, Online-Kolumnisten und andere Internet-Solitäre mit offenen Armen empfangen, ihnen die Hand zur Kooperation reichen, um gemeinsam gegen Korruption und Unrecht einzuschreiten, Stimmungen in der Bevölkerung einzufangen und authentischen »Kirchturmjournalismus« in der Region zu betreiben, letzteres heißt vor allem: Ausbau und Förderung des Lokaljournalismus im Internet. So könnte aus einem ständigen Diskurs zwischen Nutzern und Journalisten eine neue Form der Publizistik entstehen, die näher dran ist am Selbstbild unserer Gesellschaft, als jedes andere journalistische Angebot jemals zuvor.

Ob ›Online first‹ oder ›Print first‹ – ›Journalismus first‹ muss dabei jedoch immer die erste Regel bleiben, sprich: Journalisten müssen, gerade wenn sie ihre crossmedialen Fühler ausfahren und Kollaborationsmodelle mit Nutzern eingehen, mehr denn je auf die peinliche Trennung von Journalismus, PR und Lobbying achten. Dies wird die Kernkompetenz von Journalisten bleiben müssen. Zugleich müssen die Profis den notwendigen Generationenwechsel des Berufsstandes zulassen; Nachwuchs muss gefördert werden, bevor er der journalistischen Berichterstattung für immer entsagt. Um Qualitätsstandards publizistischer Online-Angebote wie Unabhängigkeit und Glaubwürdigkeit dem technologischen Niveau anzupassen und damit langfristig wieder Marktanteile wett zu machen, sollten Verlage trotz Verlusten künftig in die multimediale Aus- und Weiterbildung ihrer Mitarbeiter investieren und die Etats der Online-Redaktionen denen der Zeitungsredaktionen angleichen.

Auch wenn es journalistischen Internet-Angeboten derzeit noch an verlässlichen Erlösmodellen mangelt, die guten Journalismus dauerhaft sichern helfen, und die Vertriebsform der klassischen Zeitung auf Papier als überholt erscheint, muss weiterhin in Medienqualität auf verschiedenen Plattformen investiert werden – Stichworte: Diversifizierungs- und Crossmedia-Strategien. Die mangelnde Bereitschaft mancher Journalisten, sich auf die neuen Anforderungen digitaler Medienumgebungen und Konvergenztendenzen einzulassen, hat allerdings einen erheblichen redaktionellen Innovationsrückstand gegenüber nicht-journalistischen Angeboten begünstigt, der bald nicht mehr aufzuholen ist. Gerade die umtriebigen Laienjournalisten offerieren jedoch ein wichtiges Ergänzungsverhältnis im Hinblick auf etablierte Medien: Die neuen Formen der Vergemeinschaftung und Interaktivität kann sich der professionelle Journalismus stärker zunutze machen, um auch seiner Aufklärungsfunktion über das eigene Tun besser gerecht zu werden. Beispielsweise könnte die Transparenz der Redaktionsarbeit mithilfe von Blogs erhöht werden oder Journalisten könnten einen intensiveren Leserkontakt pflegen, um das eigene professionelle Verhalten besser zu reflektieren. Vor allem auf redaktionelle Entscheidungen würde sich ein solcher flexibler Rückkanal langfristig positiv auswirken, weil konkrete Anliegen der Nutzer auf direktem Wege die betreffenden Anlaufstellen erreichen und schneller umgesetzt werden können. Dies könnte helfen, jungen Zielgruppen mit ihren sich stetig ändernden Gewohnheiten und Vorlieben zu verdeutlichen, wie aufwändig und akribisch Journalisten arbeiten, dass also Informationen nicht wie selbstverständlich und kostenlos zu haben sind. Qualitätsjournalismus muss sich deshalb deutlich von kommerziellen Online-Angeboten, etwa Social Networks, Social Commerce und Video-Portalen, abgrenzen.

Das, was wir unter ›Qualitätsjournalismus‹ heutzutage verstehen, also unter anderem ausladende Seite-3-Reportagen, Auslandsberichte, große Erzählstücke, Kommentare und Analysen, gehört weiterhin in die Zeitung. Dafür braucht es allerdings professionelle Rechercheure, Korrespondenten, Edelfedern und Reporter, die den Journalismus – so antiquiert das vielleicht klingt – von der Pike auf gelernt haben. Nur durch sie kann die klassische Zeitung das Medium eines entschleunigten Qualitätsjournalismus bleiben, der das Leserinteresse erst auf das Ungeahnte, Überraschende, Wissenswerte stößt. Gerade hier kommt der kulturelle Nimbus des Zeitungslesens zum Tragen: Zeitungen laden zum Verweilen ein, Texte werden bis zum Schluss rezipiert, die Gedanken des Lesers schweifen in die Tiefe und erliegen nicht den Oberflächenreizen von billigen Schlagzeilen oder skandalösen Bildern. Und doch reichen diese Vorteile alleine nicht aus, um den Qualitätsjournalismus vor dem Aussterben zu bewahren. Professioneller Journalismus wird daher mittelfristig zunehmend auf das finanzielle Engagement ›Dritter‹ angewiesen sein, die sich für den Fortbestand von Qualitätsmedien einsetzen. Politischer Journalismus und Auslandsberichterstattung waren und bleiben auch künftig ein Fall von Quersubventionierung – hier den Rechenschieber anzusetzen, wäre kurzsichtig. Von einer generellen staatlichen Presseförderung ist jedoch abzusehen – auch bei begründeten Ausnahmefällen, da solche Subventionen den Marktkreislauf empfindlich stören und die Unabhängigkeit eines Mediums gegenüber dem Staat als ›Vierte Gewalt‹ erheblich beeinträchtigen können. Um den Qualitätsjournalismus dennoch zu erhalten, erscheinen Fördermodelle durch Stiftungsgelder und eine Erweiterung ›indirekter Beihilfen‹ (Mehrwertsteuererlass etc.) als richtungsweisend. Aus diesem Grund sollte das Engagement gemeinnütziger Organisationen zur Qualitätssicherung journalistischer Angebote in Deutschland attraktiver gestaltet werden: Steuervergünstigungen für Vereine, die Förderung unabhängiger Forschungsinstitute sowie die Schaffung finanzieller Anreize für journalistische Ausbildungsstätten könnten flankierende Maßnahmen sein, um den Journalismus als Grundpfeiler demokratischer Gesellschaftsordnungen langfristig zu festigen.

* * *

Wie die Interviews und Analysen in diesem Buch aufzeigen, ist die ungewisse Zukunft der gedruckten Zeitung vor allem in den USA zu spüren. Die größer werdende Verunsicherung, ob das Zeitungssterben irgendwann auch in Europa und speziell in Deutschland akut werden könnte, hat uns dazu veranlasst, den Entwicklungen auf den internationalen Pressemärkten nachzuspüren. Der vorliegende Band ist – ebenso wie die Interview-

Serie »Zeitenwechsel« bei *sueddeutsche.de* [10] – das Ergebnis einer Kooperation des Berliner Instituts für Medien- und Kommunikationspolitik mit dem Online-Portal der *Süddeutschen Zeitung*. Ab Herbst 2007 bis einschließlich Februar 2009 haben wir insgesamt 24 Gespräche vor allem mit amerikanischen, einigen britischen und einem französischen Medienexperten – allesamt amtierende beziehungsweise ehemalige Journalisten aus Print- und Internet-Medien oder namhafte Presseforscher – über aktuelle Zeitungstrends geführt. Unser besonderer Dank gilt daher den Befragten, dass sie für diese Hintergrundgespräche – ob persönlich in New York und Washington D.C., per Telefon oder E-Mail zur Verfügung standen. Erst ihr über Jahre erworbenes Praxiswissen erweckt die Visionen einer neuen, online-basierten Presse zum Leben – ohne ihre intelligenten und kritischen Wortmeldungen bliebe die Debatte zur Zukunft der Zeitung ebenso blutleer wie leidenschaftslos.

Iris Ockenfels danken wir für den professionellen technischen ›Support‹ bei den Interview-Terminen in den USA sowie für einige der Porträt-Fotos in diesem Band. Alexander Matschke gilt Dank für seinen unermüdlichen Einsatz bei der Auswertung und Übersetzung der Expertengespräche sowie für seine Recherchen. Dank gebührt zudem Peter Littger für die Bereitschaft, eines der Interviews (Alan Rusbridger) zu führen. Schließlich danken wir Edda Humprecht für die gewissenhafte Erstellung des Manuskripts – es ist vor allem ihr Verdienst und das unseres fleißigen Lektors von Vandenhoeck & Ruprecht, Martin Rethmeier, dass dieses Buch in so kurzer Zeit erscheinen konnte. Auch wenn die in einem solchen Interview-Band destillierten Aussagen nicht repräsentativ sind und es sich dabei um subjektive Wahrnehmungen der einzelnen Befragten handelt, erfolgt hiermit jedoch ein vergleichsweise authentischer wie umfassender Entwurf der Presselandschaft von morgen – oder anders gesagt: Wer in diesem Band stöbert, wird auf viele Erkenntnisse und Wahrheiten stoßen, ob und wozu wir in Zukunft noch Zeitungen brauchen. Ganz im Sinne der befragten Medienexperten wird damit ein praktischer Zweck verfolgt: Der Band soll gesellschafts- und medienpolitisches Handeln anregen, das – trotz aller finanzieller und publizistischer Widrigkeiten – den Erhalt des Qualitätsjournalismus als wichtiges

Standbein unserer Demokratie zum Vorsatz hat. Ob auf Papier gedruckt oder von multimedialer Gestalt im Internet – der morgige Wert oder Unwert des Journalismus wird sich daran bemessen lassen müssen, ob es ihm gelingen kann, weiterhin – um es mit Brecht zu sagen – ein Mittel »zur Ordnung« und zugleich eines »zur Unordnung« zu bleiben.

Stephan Weichert / Leif Kramp / Hans-Jürgen Jakobs
Berlin, Hamburg und München im Februar 2009

Literatur

Brecht, Bertolt (1965): Geschichten vom Herrn Keuner. In: Brecht, Berthold (1965): Prosa. Band 2: Geschichten. Frankfurt am Main: Suhrkamp.

Kramp, Leif/Weichert, Stephan (2008): Zeitenwechsel. Eine Serie zur Zukunft des Journalismus. In: sueddeutsche.de. Internetressource: http://www.sueddeutsche.de/kultur/27/307975/uebersicht/, überprüft am 25.01.2009.

Meyer, Philip (2004): The Vanishing Newspaper. Saving Journalism in the Information Age. Columbia, Missouri: University of Missouri Press.

World Association of Newspapers (2008): World Press Trends 2008. Paris: World Association of Newspapers.

Anmerkungen

1 Brecht, Bertolt (1965), 135–136.
2 Whoriskey, Peter (2008): Microsoft's Ballmer on Yahoo and the Future. In: Washington Post vom 06.02.2009, D01.
3 Vgl. hierzu den Eintrag Microsoft in der Mediendatenbank des Instituts für Medien- und Kommunikationspolitik: Schmalz, Gisela/ Wäscher, Till (2008): Microsoft Corporation /MSN. In: mediadb.eu. Internetressource: http://www.mediadb.eu/datenbanken/online-konzerne/microsoft-corporationmsn.html?no_cache=1&sword_list%5B0%5D=microsoft, überprüft am 06.02.2009.
4 Forbes Magazine (2007): The 400 Richest Americans. Internetressource: http://www.forbes.com/lists/2007/54/richlist07_The-400-Richest-Americans_Rank.html, überprüft am 06.02.2009.
5 Phil Meyer, Autor des Buches »The Vanishing Newspaper« (2004), hat vorgerechnet, dass schon in wenigen Jahrzehnten keine Papierzeitung mehr

existiert, wenn sich die Auflagen der gedruckten Presse so weiterentwickeln, wie bisher.

6 http://www.newspaperdeathwatch.com , überprüft am 31.01.2009.

7 Aus »R.I.P.« kann gleichfalls eine merkwürdige Doppeldeutigkeit herausgelesen werden, denn das Kürzel steht nicht nur für »Rest in Peace«, sondern auch für das (unerlaubte) Kopieren von Daten auf eine Festplatte, hergeleitet vom englischen Verb »to rip«.

8 O.V. (2009): In Frankreich bekommen 18-Jährige kostenloses Zeitungs-Abo. In: *Kleine Zeitung* vom 23.01.2009. Internetressource: http://www.kleinezeitung.at/nachrichten/politik/1742024/index.do,   überprüft   am 25.01.2009.

9 O.V. (2007): Who's afraid of Google? The world's internet superpower faces testing times. In: *The Economist*, 30. August 2007, 9.

10 Kramp, Leif / Weichert, Stephan (2008).

Acht Probleme, acht Chancen für die Presse – eine Analyse

Von Leif Kramp und Stephan Weichert

Medientrends, Lifestyle-Mantras, Finanzkrise: Wer wissen will, was morgen wird, braucht nur einen Blick über den Atlantik gen Westen zu werfen. Spätestens seit dem Aufstieg der Populärkultur als Leitidee der Jahrtausendwende machen die US-Amerikaner den Europäern vor, wie es sich postmodern zu leben hat. Auch der nordamerikanische Medienmarkt gilt gleichermaßen als Trendsetter und Frühwarnsystem für Europa und den Rest der Welt. Wenn dem wirklich so ist, muss es den deutschen Verlegern und Journalisten das Fürchten lehren, was sich seit Monaten in den USA abspielt. Die hochdramatische Zeitungskrise droht nach Ansicht erfahrener Fachleute bereits an den Grundfesten der Demokratie zu rütteln. Längst hat die Panik auch Europa erreicht: In den Zeitungsredaktionen traditioneller Pressenationen wie Großbritannien, Frankreich und Deutschland wird bereits angstvoll davon ausgegangen, dass es nur eine Frage der Zeit sei, bis das Branchenbeben den Atlantik überquert und kein Stein der Medienlandschaft der alten Welt auf dem anderen bleibt.

Jenseits und diesseits des Atlantiks hat sich eine überfällige Debatte über die Zukunft des Traditionsmediums Zeitung bahngebrochen, die Pressevertretern vor lauter Ungewissheit die Schweißperlen auf die Stirn treibt. Landauf und landab wird durch das Totengeläut in den USA auch in Deutschland nach Auswegen aus der drohenden Misere gesucht. Ob Nachwuchsjournalisten, altgediente Lokalredakteure oder die Edelfedern der Prestigepresse, Verlagsleiter, Controller, Kommunikationswissenschaftler: Sie alle diskutieren auf fast wöchentlich stattfindenden Medienakademien, Branchentreffs, Tagungen und Kongressen, wie es weitergehen soll mit der klassischen Zeitung. Selbst die PR-Branche plagt die Ungewissheit, welche Konsequenzen ein Zeitungssterben für die gesamte Medienlandschaft bedeuten würde.

Die internationalen Wortführer des hitzigen Streits über das Wohl und Wehe des klassischen Zeitungsjournalismus spalten sich in zwei Hauptlager: Auf der einen Seite finden sich Apokalyptiker, die mit einem drohenden (und baldigen) Verschwinden der Zeitung rechnen und damit auch das Ende der Qualitätspresse kommen sehen. Auf der anderen Seite gibt es die Euphoriker, die in den multimedialen und interaktiven Möglichkeiten des Internet neue Chancen für den Qualitätsjournalismus wittern. Bei aller Leidenschaft, mit der die Anhänger beider gegnerischen Lager debattieren, sind sie sich jedoch in einem zentralen Punkt einig: Wir werden weiterhin professionelle Nachrichtenorganisationen brauchen, die mithilfe gut ausgebildeter Journalisten die Gesellschaft und ihren Wandel erklären sollen – egal, ob gedruckt oder in Datenform. Die Qualität im Journalismus, das bleibt in der gegenwärtig erodierenden US-Medienlandschaft sehnlicher Wunsch, müsse auch in Zukunft gesichert sein, damit die Medien weiterhin ihre Schlüsselrolle als Beobachter und Kritiker innerhalb demokratischer Gesellschaftsordnungen wahrnehmen können.

Problem 1 Trägermedium: »Völliges Verschwinden in spätestens zwanzig Jahren«

Ist guter Journalismus gebunden an ein spezifisches Trägermedium? Nicholas Lemann von der Graduate School of Journalism an der Columbia University und Joe Saltzman von der Annenberg School of Journalism an der University of Southern California glauben zumindest daran, dass es die klassische Zeitung auf Papier bis in alle Ewigkeit geben müsse, weil sie eine »Leuchtturmfunktion« (Lemann) erfülle und daher nicht nur die Bevölkerung, sondern auch alle anderen Massenmedien wie Fernsehen, Radio und Internetangebote zuverlässig mit Nachrichten versorge. Daniel Vernet, Leiter der Auslandsabteilung bei der führenden französischen Tageszeitung *Le Monde* stimmt in das hoffnungsfrohe Lied ein und bemüht das Bild der »Imagined Communities«[1], also einer Gemeinschaft von Zeitungslesern, der sich der einzelne Rezipient angehörig fühlt:

> *»Ich bewerte die Lage lieber mit Marcel Proust, der sinngemäß schrieb, dass er eine Zeitung lese, weil er dann das Gefühl habe, Teil einer Gemeinschaft zu sein, die diese Zeitung gleichzeitig*

lese wie er. Das Dazugehörigkeitsgefühl ist stark und wichtig. Als Zeitungsleser fühlt man sich in Zukunft vielleicht als Mitglied einer kleinen Elite. Das entspräche dann wieder dem alten Bild des typischen Parisers, der mit einer Zeitung unterm Arm durch St. Germain lustwandelt.« (Daniel Vernet)

Jay Rosen, Journalismusprofessor an der New York University, zeigt sich dahingehend aber eher skeptisch: »Ich bin mir gar nicht sicher, ob wir wirklich noch gedruckte Zeitungen brauchen.« In das gleiche Horn bläst Rosens Kollege Mitchell Stephens, der die elektronischen Kommunikationsformen über das Internet sogar für deutlich demokratiestärkender hält, als es die Druckzeitung jemals war.

Mit seinen Zweifeln, ob Papier und Druckerschwärze im Zeitungsjournalismus weiterhin ihren Status als wichtigste physische Informationsträger wahren können, stehen Rosen und Stephens nicht allein: Etliche US-amerikanische Medienexperten stellen die althergebrachte Vertriebsform journalistischer Produkte in Frage und fordern ein radikales Umdenken in Bezug auf das Selbstverständnis der Zeitungsbranche. Begründet wird dies in erster Linie mit hohen Rohstoffpreisen und Transportkosten bei der Distribution von Presseerzeugnissen: Hier böten die elektronischen Verteilmedien enorme finanzielle Vorteile. Leicht wird dabei übersehen, dass es im Internet noch keinen Ersatz für die für die Verlage so lebenswichtigen Distributionserlöse gibt. »Die nächsten fünf, vielleicht zehn Jahre wird Print zumindest seine Funktion weiter erfüllen, danach wird das Internet aber mit Sicherheit sehr schnell höhere Gewinne einfahren als Print«, meint der ehemalige Chefredakteur des *Wall Street Journal*, Paul E. Steiger.

Über das Internet und dank technologischer Geräteinnovationen kann auf Zeitungen in ihrer elektronischen Fassung praktisch von überall aus zugegriffen werden: Zum Trägermedium werden der Computer auf dem heimischen Schreibtisch, der Fernseher im Wohnzimmer, der Laptop im Büro oder auf dem Flughafen, das Mobiltelefon im Bus oder im Wartezimmer des Arztes, das Blackberry oder iPhone auf der Toilette. Der digitale Code macht Zeitungsinhalte ebenso immateriell wie universell zugänglich. Schon früh im Laufe ihrer Geschichte wurde der papiernen Zeitungsinformation das Etikett des Aktualitätsverfalls angeheftet (»Nichts ist so alt wie die Zeitung von gestern«). Doch hat erst die Flüchtigkeit der virtuellen Zeitung im Internet durch die ermöglichte Rasanz der elektronischen Informationsverbreitung eine neue, ungewohnte Qualität der Nachrichtenbeschleunigung erreicht, welche die Behäbigkeit der gedruckten Zeitung nun noch deutlicher zu Tage treten lässt als jemals zuvor. David Rubin, ehemals Dekan an der Newhouse School of Public Communications der University of Syracuse, prognostiziert dementsprechend ein völliges Verschwinden der Zeitung auf Papier »in spätestens zwanzig Jahren«: Die Inhalte würden dann »stattdessen über das Internet oder irgendein kabelloses Verteilsystem auf einem Druckseiten-ähnlichen Computer vertrieben werden.« Phil Meyer, Journalismusprofessor an der University of North Carolina und Autor des Branchen-Bestsellers »The Vanishing Newspaper« schreckt nicht vor einer noch exakteren Datierung des Zeitungstodes zurück: im ersten Quartal 2043 soll es soweit sein. Meyer hält es allerdings für möglich, dass wir trotz elektronischer Trägermedien weiterhin das Gefühl haben werden, eine Zeitung in der Hand zu halten:

> »Wenn wir mal ganz weit in die Zukunft blicken, kann ich mir durchaus elektronische Produkte vorstellen, die tatsächlich so aussehen und sich anfühlen werden wie die traditionelle Zeitung. [...] Mit dem einzigen Unterschied, dass diese nicht mit Druckerschwärze auf Papier bedruckt sind!« (Phil Meyer)

Bis zur haptischen Simulation von Zeitungspapier durch elektronische Lesegeräte ist es zwar noch ein weiter Weg, doch die mittelfristige Etablierung so genannter mobiler ›eReader‹ bejahen alle Befragten. Alan Rusbridger, Chefredakteur des britischen *Guardian*, sagt:

> »Ich glaube, dass das Papier verschwinden und durch moderne Formen der Übertragung abgelöst wird: den iPod der Zeitungsindustrie. Diese Lösung ist zwingend, denn die Kosten für die Herstellung und die Verbreitung von Zeitungen auf Papier werden schlicht nicht mehr zu bezahlen sein.« (Alan Rusbridger)

In den USA positionierte das Internet-Warenhaus Amazon ein solches Gerät nach hoher Nachfrage und fünfmonatigem Lieferengpässen erfolgreich als Alternative zur herkömmlichen Rezeption von gedruckten Medien: Dem »Kindle«, was übersetzt so viel

heißt wie »entfachen« oder «anzünden«, wird das Potenzial zuge-
sprochen, den Markt für eBooks auf innovative Weise zu befeu-
ern. Schon Ende 1999 veröffentlichte der deutsche Medienkonzern Bertelsmann das erste elektronische Buch unter dem Namen
»Rocket eBook«. Abstimmungsprobleme unter den Verlagen zur
Einführung eines einheitlichen Digitalformats für die kopierge-
schützten Buchinhalte führten jedoch zum Scheitern des Produkts.
Mittlerweile werden weder das Gerät noch die damals vermark-
teten Dateiformate mehr unterstützt. Amazons »Kindle« dagegen
startet mit viel Rückenwind: Fast ein Dutzend weiterer eReader
sind bereits im Rennen um die Vorherrschaft auf dem US-Markt.
Zudem ermöglichen SmartPhones, also ›intelligente‹ Mobiltele-
fone wie Apples iPhone oder die Produktlinie Blackberry, auch das
Empfangen und Lesen von digitalen Buch- und Zeitungsinhalten.
Die Zeit scheint reif für die vormalige Vision der elektronischen
Zeitung – wenn auch in der physischen Hülle eines kompakten
Apparats, der so groß ist wie ein Buch.[2]

Bis zu 1.500 Bücher passen auf den Speicher des »Kindle«, zur
Verfügung stehen derzeit etwa 230.000 elektronische Buchfassun-
gen; das Angebot soll stetig ausgebaut werden.[3] Außerdem werden für das »Kindle« neben der *New York Times* zwanzig weitere
Tageszeitungen im Monatsabonnement angeboten, darunter die
Washington Post, das *Wall Street Journal*, die *Los Angeles Times*, der
Philadelphia Inquirer und die *Frankfurter Allgemeine Zeitung*, die
den Blick auf den maßgeblichen Vorteil solcher über das Internet
gespeister Lesegeräte lenken: Durch drahtlose Hochgeschwindig-
keitsverbindungen zum weltweiten Netzwerk ist die mobile Sofort-
Nutzung von Zeitungen aus aller Welt möglich geworden. Die
gedruckte *FAZ* war und ist sonst nämlich nur mit mehreren Tagen
Verspätung im US-Pressegrosso verfügbar.[4] Die monatlichen Kosten für »Kindle«-Zeitungsabonnements variieren zwischen sechs
und 15 US-Dollar. Weiterhin finden sich auch Magazine im Angebot wie *Newsweek*, *Fortune*, *Time* oder *The Atlantic* für jeweils etwa
1,50 US-Dollar pro Monat.

Zwar zweifelt Joe Saltzman daran, dass digitale Zeitungsinhalte zum Herunterladen tatsächlich bei einer breiten Leserschaft
erfolgreich werden. Doch durch automatisierten Versand der Digi-
talabos, der durch eine ständige Verbindung des Empfangsgerätes
zum Internet möglich ist, erübrigen sich solche Zweifel. Gelobt

werden nicht nur die günstigen Preise für den Erwerb der digitalen Textfassungen qualitativ hochwertiger Publikationen, sondern vorrangig die technischen Darstellungseigenschaften. So wird die elektronische Schrift nicht wie auf einem Computerbildschirm mit aktiver Leuchtkraft wiedergegeben, sondern augenschonend mittels eines passiven Displays, das selbst kein Licht erzeugt, sondern Buchstaben durch chemisch erzeugte Schriftzeichen darstellt, deren Klarheit ebenso wie gedruckte Tinte von der Helligkeit der Leseumgebung abhängig ist. Weiterhin wartet das Gerät mit allerhand zusätzlichen Ausstattungsmerkmalen auf, die gedruckte Medien nicht bieten können: Die Schriftgröße lässt sich nach Belieben ändern, implementiert ist ein Wörterbuch, mit dem sich einzelne Begriffe nachschlagen lassen, sowie ein Zugang zum Internet, der dem Nutzer die selbsttätige Informationssuche ermöglicht, aber auch den luxuriösen Service NowNow in Anspruch nehmen lässt, den Amazon speziell für mobile Internetnutzer anbietet: Nach Anmeldung werden hier von Mitarbeitern innerhalb kurzer Zeit Antworten auf jegliche individuelle Anfrage recherchiert.

Angesichts solcher technischen Möglichkeiten erscheint die Bindung der Zeitung an das Trägermedium Papier immer unzeitgemäßer, weil es – trotz des immensen Stromverbrauchs durch das Internet – teurer und unökologischer ist. Folgt man den Überlegungen von Medienpraktikern wie Alan Rusbridger, führt kein Weg an der digitalen Zeitungstechnologie vorbei. »Kindle« ist in dieser Perspektive nur der Anfang. Die Zukunft scheint handlichen Multifunktionsgeräten zu gehören, die Konsum, Kommunikation und Produktion kombinieren. Sicherlich wird es weiterhin eine Ausnahme bleiben, dass ganze Romane auf dem Handy getippt werden, wie aus Südkorea berichtet wurde. Doch wird das Verfassen von Nachrichten, Notizen und kurzen Texten per Hand auf elektronischen Alleskönnern zumindest komfortabler: Das Gerät »iLiad« von iRex Technologies lässt seine Besitzer mit ›elektronischer Tinte‹ schreiben, als sei es auf Papier.

Gleichzeitig wird häufig darauf hingewiesen, dass auch das Trägermedium Papier klare Vorteile bietet, nämlich ihre Mobilität und Entsorgungsmöglichkeiten, aber vor allem die Begrenzung der Informationen. Dass die klassische Zeitung ihren Lesern Nachrichten zuteilt, ist laut Paul E. Steiger ihr wohl größter Vorteil gegenüber der schier unendlichen Informationsvielfalt im Internet:

*»Print bietet den Vorteil, dass es einen Anfang, eine Mitte und
ein Ende gibt. Sie können Zeitungen überall mit hinnehmen,
und sie sind so etwas wie eine abgeschlossene Gebrauchsanleitung, die Sie über alles Wichtige informiert – im Gegensatz
zum Internet, wo es immer noch etwas gibt, das Sie anklicken
können.« (Paul E. Steiger)*

Journalistische Printerzeugnisse reduzieren die Komplexität der
potenziell zur Verfügung stehenden Informationen also schon
allein durch die Form ihrer physischen Darreichung. Diese Auffassung unterstreicht auch die wichtige Funktion des Journalisten
als Schleusenwärter (›Gatekeeper‹), der den Leser oder Nutzer vor
einem kaum zu bewältigenden Strom existierender Informationen
bewahrt, indem er das, was er aus professionellen Gesichtspunkten
für wichtig erachtet, auswählt und zusammenfasst. Jonathan Landman von der *New York Times* appelliert daher, »die Todesanzeige
nicht zu früh aufzusetzen« und an die Qualitäten der klassischen
Zeitung zu glauben. Fraglich bleibt nur, ob seine Argumentation,
die von Vielen in der Zeitungsbranche geteilt wird, in Anbetracht
des grundlegenden digitalen Medienwandels noch trägt, oder doch
nicht mehr ist als ein angstvolles Klammern an eine leere Formel:
Landman verweist auf das so genannte »Riepl'sche Gesetz«, das
auf den Altertumswissenschaftler Wolfgang Riepl zurückgeht und
in der Kommunikationswissenschaft die Unverdrängbarkeit etab-
lierter Mediengattungen beschreibt. So sei das Buch nicht von der
Zeitung, die Zeitung nicht vom Radio und das Radio nicht vom
Fernsehen marginalisiert, sondern allenfalls in seinen Nutzungs-
formen verändert worden. Als würde auch das Internet keinen
großen Schaden anrichten. Dass diese Gesetzesmäßigkeit mehr
einem Wunsch als den tatsächlichen Zukunftsaussichten entsprechen könnte, mutmaßt Tom Rosenstiel, Direktor der Organisation
Project for Excellence in Journalism:

> *»Die technologische Revolution, die wir aktuell erleben, ist
> enorm – eigentlich nur vergleichbar mit der Erfindung des
> Telegraphen und der Druckerpresse. Sie hat weitaus schwer-
> wiegendere Folgen als die Entwicklung von Radio und Fernse-
> hen.« (Tom Rosenstiel)*

Problem 2 Zeitungsmarken im Internet:
»Online-Performance ausbauen und verbessern«

Zeitungen gehören in Industrienationen zu den ältesten und angesehensten Informationsinstanzen. Durch ihren historisch gewachsenen Status in der Nachrichtenauswahl und -vermittlung genießen sie das Vertrauen weiter Nutzerkreise. Besonders die so genannten Leitmedien, journalistische Qualitätsmarken wie die weltweit bekannten und angesehenen Zeitungen *New York Times*, *Wall Street Journal* oder *Washington Post* nehmen wichtige Funktionen bei der gesellschaftlichen Selbstverständigung ein. Die *Washington Post* beispielsweise hat allerdings in den vergangenen Jahren einen fundamentalen Bedeutungswandel innerhalb der Geschäftsstrategie des Mutterkonzerns, The Washington Post Company, erfahren. Die Unternehmensphilosophie verlagerte sich zunehmend in Richtung eines branchenfremden Geschäftsengagements. Mittlerweile wird knapp die Hälfte des Konzernumsatzes (2,031 Mrd. US-Dollar in 2007) von der Karriereplanungs- und Weiterbildungsfirma Kaplan Inc. erwirtschaftet.[5] So wandelte sich der Konzern von einer »Media and Education Company« zu einer »Education and Media Company«: Ein nicht nur namentlich bezeichnender Eingriff in die Unternehmensphilosophie, sondern ein Signal an die gesamte Medienbranche.

Viele traditionelle US-Zeitungshäuser auf regionaler und bundesweiter Ebene haben die Zeichen der Zeit erkannt, die in solchen unternehmerischen Veränderungen nur einen besonders deutlichen Ausdruck fanden. Eine vorbildliche Zukunftstrategie wird von den befragten Experten daher auch all jenen Zeitungsunternehmen bescheinigt, die in der Lage sind, ihre Zeitungsmarke in die digitale Medienumgebung zu implementieren. Diese Prognose sieht bereits starke etablierte Marken im Vorteil, mittelständische Zeitungen dagegen im Abwind. Blätter wie die *Los Angeles Times*, die über keine landesweite Leserbasis verfügen, sondern regional orientiert sind und in einer Konzentration auf die lokale Berichterstattung ihr Heil suchen, sieht auch Tom Rosenstiel in dem Dilemma auf Dauer nicht durchhalten zu können. Die Bedeutung der Pflege und Expansion journalistischer Marken ist in den Augen der Fachleute für die Zeitungsbranche eines der wichtigsten Agitationsfelder, um trotz sinkender Auflagen und Anzeigeneinnahmen weiterhin wettbewerbsfähig zu bleiben. Dass die Werbewirtschaft ihrem angestammten Print-Terrain nun vermehrt die kalte Schulter zeigt, hält Publizist Eric Alterman, Professor für Journalismus an der City University of New York, für den tatsächlichen Auslöser der Zeitungskrise. Verheerend indes sei, dass auch das Anzeigengeschäft im Internet nicht einmal annäherungsweise die erforderlichen Umsätze erbringe, wie erhofft.[6] Umso wichtiger sei es, dass große journalistische Instanzen dieser Entwicklung trotzten und sich gegen ihren unausweichlichen Statusverlust aufbäumten.

Gleichwohl ist die Glaubwürdigkeit journalistischer Expertise zu einer sehr weichen Währung geworden, die durch Fälschungsskandale und tendenziöse Berichterstattung schon häufig krisengeschüttelt war, wie im Aufsehen erregenden Fall des *New-York-Times*-Reporters Jayson Blair, dem im April 2003 nachgewiesen wurde, dass sich unter den 600 Artikeln, die er in seinen vier Reporterjahren verfasst hatte, offenkundige Fälschungen fanden.[7] Anschließende Bemühungen der *New York Times*, das Vertrauen ihrer Leser durch eine lückenlose Aufklärung des Skandals zurückzugewinnen, belegt, dass Glaubwürdigkeit und Vertrauen in den Qualitätsjournalismus generell die einzigen Währungen mit Gewicht im immer unübersichtlicheren Medienwettbewerb sind, auch im Internet. Bei anwachsendem Informationsaufkommen und der exponentiellen Vervielfachung der Online-Angebote versprechen ausschließlich starke Marken, denen das Vertrauen der Mediennutzer gilt, weiterhin Aufklärung und Orientierungshilfe zu bieten.

»Die bestehenden Zeitungsverlage bieten eine Beständigkeit – gewissermaßen ihr »Markenzeichen« –, die sie noch viel stärker kapitalisieren müssen«, meint Todd Gitlin, Professor für Journalismus und Mediensoziologie an der Columbia University, New York. Noch lasse dies oftmals zu wünschen übrig:

> *Dafür müssen sie aber erst einmal ihre Online-Performance so ausbauen und verbessern, dass sie mit den neueren, schnelleren, trendigeren Websites überhaupt mithalten können – und zwar nicht nur in punkto Aktualität, sondern auch bezogen auf ihr analytisches und multimediales Potenzial.« (Todd Gitlin)*

Nachholbedarf wird den crossmedialen Aktivitäten der Zeitungsverlage von den meisten der befragten Experten bescheinigt. Nur wenige große Titel hätten den Sprung ins Internet bereits gemeistert: »Trotz ihrer eigenen finanziellen Probleme gibt es bei der *New York Times* Anzeichen dafür, dass sie das schaffen könnte«, meint David Talbot, Gründer des Online-Portals *salon.com*. Auch der Mitherausgeber der britischen *Financial Times* John Lloyd sieht international das Oligopol namhafter Qualitätsblätter im Vorteil, was die Ausweitung ihrer Marken in die digitalen Medienumgebungen betrifft:

> *»Zu den Qualitätszeitungen, die überleben, gehören wahrscheinlich FAZ, Die Zeit, Figaro, Financial Times, New York Times, Washington Post, Corriere della Sera, La Repubblica, El País und einige andere. Sie werden überleben, weil sie eine Kernleserschaft haben, die sie am Leben hält, weil sie eine Online-Strategie gefunden haben und Unterstützer haben oder in Zukunft noch welche finden werden.« (John Lloyd)*

Dabei wird angemerkt, dass eine reine Online-Übertragung bestehender Print-Inhalte keineswegs ausreicht. Diese Auffassung war noch vor einigen Jahren unter Verlegern weit verbreitet. Heute wird ein deutliches Mehr an Investitionsvolumen und damit unternehmerischem Risiko als notwendig erachtet. Eine Expansion zu medienübergreifenden Nachrichtenunternehmen wird zum Beispiel von Tyler Brûlé, erfolgreichem Magazingründer (*Monocle, Wallpaper*) und Werbefachmann, empfohlen:

> *»In den nächsten zwei Jahrzehnten werden ohne Frage Marken wie die japanische Yomiuri Shimbun, heute die Zeitung mit der weltweit größten Auflage, dominant sein. Dabei muss man aber bedenken, dass zur Yomiuri Shimbun auch NTV gehört, einer der wichtigsten japanischen Fernsehsender. Außerdem betreibt die größte Zeitungsmarke der Welt eines der besten Korrespondentennetzwerke und eine sehr aggressive Website.« (Tyler Brûlé)*

Die Zukunft wird nach Ansicht der Experten eine noch größere Macht von stark binnendifferenzierten Medienkonzernen bringen: Die traditionelle Zeitung könne nur innerhalb von Nachrichtenorganisationen überleben, die »viele Dinge tun werden und nur gelegentlich Papier bedrucken«, prognostiziert Jay Rosen. Im Zuge dieser Entwicklung wird auch die althergebrachte Trennung von Mediengattungen mehr und mehr obsolet. Fernsehen, Zeitung,

Radio oder Internet: Eine erfolgreiche (globale) Marke muss, so Brûlés Einschätzung, das gesamte konvergierende Medienfeld vereinnahmen.

Entscheidend ist nach Ansicht vieler Befragten, dass die Zeitungskultur, hochwertigen Qualitätsjournalismus zu bieten, im Laufe dieses Integrations- und Transformationsprozesses nicht verloren gehen darf. Investitionen in die Qualität von Nachrichtenprodukten, darin sind sich alle Befragten einig, bilden die Grundlage für jeglichen Schritt zur erweiterten Markenbildung. Tim Rutten, Medienkolumnist bei der *Los Angeles Times*, sieht aber genau hierin Versäumnisse auf Seiten der Zeitungsverlage, die schleunigst zu beheben seien:

>*Wo die Zukunft der Zeitung ist: in der Konzentration auf qualitativ hochwertiger Analyse und Meinungsbildung. Zeitungen müssen sich mehr als bisher der Analyse und Kommentierung verschreiben. Gerade Zeitungen haben die Chance, sich von der undifferenzierten Verlautbarungskakophonie des Internet abzugrenzen.*« (*Tim Rutten*)

In der (Rück-)Besinnung auf alte Werte – Verlässlichkeit, informationeller Tiefgang, gesellschaftliche Leitfunktion, kurz: auf die »gute alte Zeitung«, wie Phil Meyer es ausdrückt – liege eine phantastische Chance, denn das Internet ermögliche es erstmals, die horrenden Kosten für Papier, Tinte und Transport, die üblicherweise ein Drittel der Gesamtkosten einer Zeitung ausmachten, zu umgehen und stattdessen in Qualität zu investieren, so Meyer. Das Bedürfnis nach glaubwürdigen Nachrichten und Einordnungen des Weltgeschehens – Mitchell Stephens spricht von »Weisheitsjournalismus« – ist durch den Aufstieg des Internet als zentralem Kommunikations- und Informationsmedium nicht rückläufig, sondern – im Gegenteil – eher noch gestiegen.

Sind die großen nationalen Zeitungsmarken an den Schaltstellen der Metropolen bei der Positionierung im globalen Medienkontext im klaren Vorteil, winken an anderer Stelle die größten Profite: »Im Lokaljournalismus geht in den USA derzeit die Post ab. Die wirtschaftlich erfolgreichsten Blätter sind lokale Wochenzeitungen, die kleinere Gemeinden abdecken«, beobachtet David Rubin. Joe Saltzman wiederum sieht den Lokalpressesektor nicht per se im Aufwind:

»*Lokale Nachrichten sind zum Beispiel immer ein guter Weg, eine Leser-Blatt-Bindung sicherzustellen und viele Lokalzeitungen werden ohne Zweifel überleben. Aber die Welt ist zu kompliziert und verflochten geworden; lokale Nachrichten reichen nicht mehr aus.*« *(Joe Saltzman)*

Es gelte vorzugsweise, verschiedene Nischenstrategien zu verfolgen und sie mit lokaler und zugleich globaler Perspektive in die Markenstrategie zu integrieren. Dabei spielen auch gestalterische Innovationen eine wichtige Rolle. Zwar ist ein Formatwechsel an sich noch keine Wunderwaffe, wie Alan Rusbridger betont, doch ist der *Guardian* ein stichhaltiges Beispiel für eine gelungene Neubelebung eines ins Schlingern geratenen Qualitätstitels, der zwar im Ausland als liberales Intelligenzblatt schon immer hoch angesehen war, aber am heimischen Markt immer stärker an Leserschaft eingebüßt hatte. Der Wechsel vom britischen »Broadsheet« zum »Berliner« Zeitungsformat ermöglichte einen handlicheren Umgang mit der einstmals sperrigen Zeitung und verschaffte dem Redaktionsmanagement neue Ansätze zur visuellen und strukturellen Auffrischung – mit Erfolg: Die verkaufte Druckauflage konnte bei durchschnittlich knapp 360.000 Exemplaren täglich (Januar bis Juni 2008) stabilisiert werden. Dass demgegenüber auch kleinere Zeitungsunternehmen erfolgreich wirtschaften können, zeigt Tyler Brûlé am Beispiel der italienischen Zeitung *Il Foglio* auf:

»*Sie hat zwar nur eine Auflage um die 13.000 Exemplare, was sehr wenig ist. Allerdings umfasst sie lediglich zehn bis zwölf, manchmal 16 Seiten, und sie erscheint im Broadsheet-Format, ist also sehr leicht zu transportieren. Außerdem bietet sie wunderbare Denkanstöße, derentwegen man eine Zeitung ja kauft.*« *(Tyler Brûlé)*

Problem 3 Finanzinvestoren: »Den letzten Cent herausquetschen, bevor das Unternehmen stirbt«

Medienkonzerne, die sich hauptsächlich auf die Zeitungswirtschaft beschränken (z. B. New York Times Company, Gannett Company, Tribune Co.), sind um einiges krisenanfälliger als Konzerne mit einem diversifizierten Unternehmensprofil (z. B. News Corp., Washington Post Company). Die jüngsten Übernahmen alteingesessener Verlage in Familienbesitz durch globale Medienkonzerne und branchenfremde Private-Equity-Firmen haben in vielen Zeitungsnationen Diskussionen darüber ausgelöst, ob die redaktionelle Unabhängigkeit und journalistische Qualität der Blätter durch derlei Besitzerwechsel gefährdet sind. In den USA wurde die Kritik von Medienpraktikern wie auch Medienwissenschaftlern besonders deutlich zum Ausdruck gebracht: Auslöser waren die Verkäufe mehrerer Zeitungen an Unternehmer, denen ein zweifelhafter Ruf im Hinblick auf ihre Integrität und Erfahrung mit journalistischen Idealen vorauseilte. So zahlte der Grundstücksinvestor Sam Zell für die Tribune Company einschließlich des Flaggschiffs *Los Angeles Times* zwar nur knapp 300 Millionen US-Dollar aus eigener Tasche, erhielt damit aber die Kontrolle über ein Zeitungshaus, das zu jenem Zeitpunkt über 8,2 Milliarden US-Dollar wert war. Anschließende Rationalisierungsmaßnahmen führten zur Freisetzung einer großen Zahl von Redakteuren.[8] Geholfen hat dieses rabiate Vorgehen jedoch nicht: Im Dezember 2008 meldete die Tribune Company Insolvenz an. Der Medienkonzern ist damit das erste große Opfer der Zeitungskrise. Die insgesamt acht Großstadtzeitungen und 23 Fernsehstationen im Besitz des Unternehmens harren damit einer ebenso ungewissen Zukunft wie die über 16.000 Angestellten, davon etwa 800 Redakteure der *Los Angeles Times*.[9] Schuld daran sei, so Journalismusprofessor Stephen B. Shepard von der City University of New York, das grundlegende Missverständnis, Journalismus mit Fließbandproduktion gleichzusetzen. Jedoch haben die Probleme der großen Regionalzeitung vor allem auch strukturelle Ursachen:

> *Die Situation der Los Angeles Times ist typisch für alle Zeitungen, die keinen Traditionsverlag mehr im Rücken haben, der in Zeitungen eine gesellschaftliche Verpflichtung sieht – und der hin und wieder geringere Gewinne in Kauf nimmt und bereit ist, sein Blatt über andere Geschäftsfelder quer zu subventionieren.«* (Tom Rosenstiel)

Ähnlich einschneidende Sparmaßnahmen nicht nur im personellen Bereich, sondern auch an den Inhalten wurden bei der Übernahme des New Yorker Dow Jones Verlags, dem auch das *Wall Street Jour-*

nal gehört, durch die News Corp. befürchten, dem Medienimperium des australischen Moguls Rupert Murdoch, der wegen seiner rechtskonservativen Gesinnung und der Angewohnheit, sich in redaktionelle Belange einzumischen, in medialen und politischen Kreisen ebenso berühmt wie berüchtigt ist. Bill Kovach, ehemaliger Washingtoner Büroleiter der *New York Times* und Gründer des »Committee of Concerned Journalists«, weist diesbezüglich auf die grundsätzlichen Risiken von Medienballung unter einem Firmendach hin:

> *»Konzentration von Macht – und Kommunikation bedeutet Macht – ist gefährlich. Innerhalb der Medien bewirkt Konzentration, dass die Presse zum Teil der herrschenden Elite wird. Ihre eigentliche Bestimmung, ein ›Watchdog‹ und neutraler Beobachter sozialer, politischer und wirtschaftlicher Macht zu sein, wird dadurch erheblich geschwächt.«* (Bill Kovach)

Dass die Berichterstattung durch eine wie auch immer gearteten Interessen der Unternehmensspitze gelenkt oder beschnitten wird, hält auch Joe Saltzman angesichts der aktuellen Marktbewegungen für eine latente Gefahr.

Die Übernahmeaktivitäten der ›Big Player‹ der Weltwirtschaft, die über ein breites Geschäftsportfolio verfügen und ihre »Kriegskassen« für Expansionsvorhaben gefüllt haben, weisen nach Ansicht von Alan Rusbridger eine neue Qualität auf, wonach immer häufiger ein politischer, nicht mehr nur ein wirtschaftlicher Einflussgewinn im Vordergrund des Interesses branchenfremder Investoren stehe:

> *»Russische Oligarchen, Staatsfonds aus der arabischen Welt[:] Was wollen sie wirklich? Ich nehme an, Einfluss. Ich sehe wieder eine Zeit kommen, in der sich immer mehr reiche Leute Zeitungen leisten, um Meinung zu machen. Um zu manipulieren und um eigene Interessen und nicht mehr die Interessen aller zu forcieren. Es gab nie einen Pressebaron, der nicht reich werden wollte. Die Gefahr in der Zukunft liegt darin, dass die Eigentümer gar kein Geld mehr verdienen, sondern nur mehr Einfluss gewinnen wollen. Das Profit-Motiv ist ein sauberes Motiv als das Streben nach Einfluss.«* (Alan Rusbridger)

David Talbot fasst die bedrohliche Stimmungslage in den Vereinigten Staaten folgendermaßen zusammen: »Finanzspekulanten und

Medienmogule könnten schon bald den letzten Nagel in den Sarg des amerikanischen Journalismus treiben.« Grund für diese pessimistische Einschätzung ist, dass der Einstieg von Investoren in den Zeitungsmarkt im ohnehin kommerzialisierten Mediensystem der USA zunehmend überzogenen Profiterwartungen folge und nicht nachhaltigen Geschäftsplänen, die auf ein behutsames Wachstum setzen. Diese Meinung teilt auch David Rubin, der sagt: »Öffentliche Unternehmen können sich den Luxus nicht leisten, für die Zukunft zu planen und zu investieren.«

Die Forderung von Teilhabern, möglichst schnell saftige Renditen auszuschütten, ohne Rücksicht auf Verluste, ist nach Meinung vieler Befragter jedoch mit dem sensiblen Zeitungsgeschäft auf lange Sicht unvereinbar: »Einige Besitzer wollen nur Profite abernten, indem sie den letzten Cent aus dem Unternehmen herausquetschen, bevor es stirbt«, behauptet Phil Meyer.

Bestätigt wurden diese These in gewisser Weise durch das harte Durchgreifen Rupert Murdochs nach dem Erwerb des *Wall Street Journal*: Um die New York Times auf ihrem angestammten Terrain, dem Lokalmarkt New York City, Konkurrenz zu machen, erzwang Murdoch beim *WSJ* eine Schwerpunktverlagerung von der Wirtschaftsberichterstattung hin zu einem breit gefächerten Blattimage mit starkem politischen Profil. Wegen dieser Neuorientierung musste Chefredakteur Marcus Brauchli (inzwischen Chefredakteur der *Washington Post*) – unter Umgehung des von Murdochs Kauf eingesetzten Kontrollgremiums – nach nicht mal einem Jahr Amtszeit gehen. Murdoch hatte die Absetzung des Mittlers zwischen dem neuen Herrn und der Redaktion schon lange geplant, wie es in einem *WSJ*-Artikel hieß. Die selbstreflexive Berichterstattung aus dem eigenen Hause konnte wiederum als Triumph der redaktionellen Eigenständigkeit gewertet werden. Todd Gitlin interpretiert die Geschäftspraktiken Murdochs diplomatischer:

> »Ohne Frage stellt die Übernahme eines derart wichtigen Verlages [Dow Jones] durch einen solchen Mann [Murdoch] eine Herausforderung für die journalistische Unabhängigkeit dar.« (Todd Gitlin)

Und Tim Rutten graut es bereits vor einer politischen Einfärbung des immer stärker wachsenden Politteils des Blattes: »Murdochs US-Medien sind im Wesentlichen ein Informationsableger der

Republikaner.« Andererseits, mutmaßt David Rubin, würde sich ein Unternehmer wie Murdoch keinen Gefallen damit tun, wenn es die Glaubwürdigkeit einer Qualitätsinstanz beschädige, da sich in einem solchen Fall zwangsläufig auch die Erträge verringerten. Einige Beobachter des Medienmarktes weisen daher auch auf die prinzipiell sinnvolle Funktion von Finanzinvestoren hin. Phil Meyer meint, dass Murdoch dem *WSJ* durchaus gut tun könnte:

> *Tatsächlich war es ja die Bancroft-Familie selbst, die das Wall Street Journal qualitativ verkommen ließ, um kurzfristige Profit aus dem Verlag zu schlagen. Murdoch hat da wohl – trotz seines Alters – einen längeren Zeithorizont im Blick und wird meiner Ansicht nach eher in Qualität investieren, die letztlich immer noch das Erfolgsgeheimnis des Wall Street Journal ist.«*
> *(Phil Meyer)*

Das derzeitige Problem auf dem Zeitungsmarkt liegt nach Ansicht der Befragten vielmehr in der Börsennotierung der Unternehmen, die das Geschäftsziel automatisch vom Erhalt journalistischer Prinzipien auf die Profigenerierung lenke, die alle anderen Prioritäten hinter sich einordne, wie Tim Rutten argumentiert. Die Rationalisierungsmaßnahmen haben in den USA bereits zu eklatanten Einschnitten beim Redaktionspersonal geführt, wie die Ergebnisse der Studie »The Changing Newsroom« des Projects for Excellence in Journalism belegen. Wenn sich Finanzspekulanten für ein Zeitungsunternehmen interessieren, muss dies jedoch nicht immer von Nachteil sein:

> *»Private Equity und auf Übernahmen spezialisierte Firmen sind für mich so etwas wie die Bakterien der Geschäftswelt: Wenn etwas ohnehin schon fast tot ist, zerkauen sie es, entsorgen es und führen es sozusagen wieder der Umwelt zu. Aber Private Equity unterstützt auch neue Dinge und stellt eine positive Kraft in der Gesellschaft dar. Ich bin mir nicht sicher, ob die Renditen für Private-Equity-Firmen noch so hoch sein müssen, wie sie es bisher waren.« (Paul E. Steiger)*

Die Schuld an der krisenhaften Marktsituation tragen demnach andere; doch Firmen, die mit hohem privaten Beteiligungskapital einsteigen und in den Zeitungen bisweilen ein enormes Entwicklungspotential sehen, sind mehr als ein Zersetzungsorganismus, sondern versprechen sich von den Rationalisierungen in einem Betrieb die Erfüllung hoher Renditeerwartungen: »Die gute Nachricht ist ja, dass – wann immer eine Zeitung vollständig zum Verkauf stand – sich immer Leute gefunden haben, die sie gekauft haben«, sagt Simon Waldman, Online-Chefstratege beim britischen *Guardian*. Nach Ansicht von Tim Rutten müssten nur Mittel und Wege gefunden werden, die Investoren von ihrem Nutzen zu überzeugen: »Wenn Private Equity es endlich kapieren würde, in ein langfristiges Wachstum zu investieren und dafür kleinere Profite in Kauf zu nehmen, könnte am Ende doch noch alles gut werden.«

Darüber hinaus werden auch alternative Besitzstrukturen jenseits des Börsengangs rege diskutiert. Das jahrzehntelang bewährte Modell des Familienunternehmens scheint indes so sehr in die Jahre gekommen, dass es nur noch wenige der Befragten in einer globalisierten Medienlandschaft für zukunftsfähig halten, obgleich es für die Bewahrung des Qualitätsjournalismus und der redaktionellen Unabhängigkeit sicherlich die beinahe einzige Lösung wäre – zumindest nach Meinung von David Rubin und John Lloyd. Zeitungshäuser in Familienbesitz haben sich in der Vergangenheit zwar als Hort von journalistischen Traditionen und Idealen erwiesen, jedoch kaum als Innovationszentren zur Weiterentwicklung verlegerischer Geschäftsmodelle und Vertriebsformen. Mitchell Stephens spricht diesbezüglich von »Tankern«, bei denen nur sehr langsam das Ruder herumgerissen werden könne. Auch Stiftungen, die beispielsweise den *Guardian* und die französische *Le Monde* herausgeben, stehen unter zunehmendem Druck, ihre Besitzstrukturen zu lockern und Privatbeteiligungen zu ermöglichen, wie John Lloyd erklärt. Die Geschäfte des *Guardian* werden bereits seit 1932 vom Scott Trust geführt.

Dabei sind es allen voran solche Stiftungen, die eine unabhängige Organisationsstruktur von Presseerzeugnissen sicherstellen und – bürokratisch oder nicht – ein qualitativ hochwertiges Berichterstattungsumfeld abseits jeglicher geschäftsinternen Einflussnahme garantieren könnten. David Talbot schlägt zudem eine Kombination öffentlich-privater Anteilsverhältnisse und Mitarbeiterbeteiligungen vor:

> *Wenn wir nicht bald alternative Besitzstrukturen für die Presselandschaft in diesem Land finden […], wird die Presse weiter*

den Bach runtergehen – und Amerikas Demokratie mit sich
reißen.« (David Talbot)

Problem 4 Alte und neue Mediennutzungsformen: »Einfacher, schneller und bequemer«

Die Allgegenwart des Internet im privaten und öffentlichen Raum
(mit Ausnahme ländlicher Regionen) hat auch das Informations-
verhalten der Mediennutzer von Grund auf verändert. In den USA
nutzten bereits im Jahre 2000 über sechzig Prozent der Bevölkerung das Internet zur Informationsbeschaffung, im Dezember 2007
waren es sogar 71 Prozent (Pew Internet & American Life Project).
Digitale Medienumgebungen werden nach Einschätzung einiger
Befragter schon bald zu einer neuen Mediennutzung führen, die
vor kurzem noch unvorstellbar gewesen ist. Die Verfügbarkeit und
die Menge an Informationen werden weiter steigen, aber gezielter
abgerufen werden können:

> *»Früher hat man sich eine Zeitung gekauft, um sein Bedürfnis*
> *nach Neuigkeiten zu befriedigen. Aber was uns das Internet*
> *eröffnete, sind Nachrichten rund um die Uhr: Wenn man sich*
> *vor allem für Sport interessiert, kann man bereits in der Nacht*
> *vorher auf die Endergebnisse zugreifen oder wann immer man*
> *will. Wenn man sich für Politik interessiert, kann man sich*
> *zuerst alle abgedrehten politischen Meinungs-Blogs durchlesen,*
> *aber auch die aktuellen Tickermeldungen – und das alles auch*
> *noch kostenlos. Diese Möglichkeiten haben die Beziehung zwi-*
> *schen Zeitung und Publikum grundlegend verändert.« (Paul*
> *E. Steiger)*

Diese Beispiele machen auf eine zutiefst problematische Entwicklung für Presseerzeugnisse aufmerksam: Aus der multimedialen
Karriere der Nachrichtenkommunikation in Echtzeit resultierte
eine Degradierung der Druckzeitung vom allumfassenden Infor-
mationsmittel zum ephemeren Begleitmedium mit Liebhaberquali-
täten. Das schnelle Wissen aus dem Internet, das nicht nur aktuelle
Nachrichten umfasst, sondern auch enzyklopädische und jedwede
andere Inhalte in Text und Audiovision präsentieren kann, ist rund

um die Uhr verfügbar und lässt immer mehr Nutzerschichten vom diskreten Medium Tageszeitung zum digitalen Datenfluss überlaufen, der auf Wunsch an jedem Ort (mobile), auf Abruf nach Bedarf (on demand), sortiert nach Wunschthemen (RSS Feeds) und in Text, Bild und/ oder Ton (multi-/ cross-medial) die Informationen bereitstellt, nach denen der Nutzer tatsächlich sucht.

> *»Die nahe Medienzukunft wird eine Konsolidierung heutiger Trends sein: Es wird noch einfacher, schneller und bequemer werden, einen Zugang zu Programmen, Unterhaltung, Kommunikation und Information über einen Bildschirm oder ein Mobiltelefon zu erhalten. Unsere Kommunikation wird flüchtiger und zugleich intensiver.«* (John Lloyd)

Nie zuvor wurden Nutzerinteressen so schnell befriedigt wie im Internet: »Google leitet Sie schneller zu den Bereichen, die Sie interessieren – sei es in der Blogosphäre oder im Web allgemein«, sagt Paul E. Steiger. Je schneller die persönliche Suche nach einer gewünschten Information, desto geringer das Kontextwissen, desto unsicherer ihre Gültigkeit und desto orientierungsloser der Nutzer – wäre allerdings ein Einwand, der in Bezug auf das Internet in der komplexen Dichte und experimentellen Unverbindlichkeit seiner Inhaltsangebote schon häufig geäußert wurde. Tim Rutten hält es daher für unabdingbar, dass sich Synergien zwischen Online- und Print-Editionen von Zeitungsmarken noch deutlicher ausbilden müssen, damit die Nutzer den ganzen Tag über vertrauenswürdige Nachrichten ›ihrer‹ Zeitung abrufen können. Als ausschlaggebendes Kriterium hierfür sieht Tyler Brûlé, dass Medienmarken imstande sein müssen, die Aufmerksamkeit der Nutzer über den gesamten Tag auf sich zu konzentrieren. Nur so könne der disparaten Mediennutzung mehr Orientierung und Gewissheit auf Basis journalistischer Prinzipien zurückgegeben werden, um weiterhin »gute Argumente für Print« (Tyler Brûlé) zu liefern. Eine Integration der Online-Redaktion in die Redaktionsstrategie des Print-Objekts oder ein ganzheitliches Konzept für beide Segmente wird also für notwendig erachtet und wurde auch bereits in vielen Betrieben umgesetzt.

Am Kaufverhalten von Zeitungslesern in den USA lässt sich diese These gut nachvollziehen: Dort zeigt sich, dass trotz Einbrüchen in der werktäglichen Druckauflage die Sonntagsausgaben der Tageszeitungen immer noch stark am Markt positioniert sind. Die Zeitung wird dort eher zum Genussmittel, das Zeit und Muße braucht, um gelesen zu werden. Sonntags ist beides vorhanden, um sich eingehender mit Hintergründen zur Nachrichtenlage und schön geschriebenen Zeitungsstücken zu befassen.

»Der reflektierende Akt der Zeitungslektüre wird einen hohen Stellenwert behalten. Einer der großen Vorzüge der gedruckten Zeitung ist ja, dass man ganz automatisch und ohne es zu beabsichtigen, auf Themen und Informationen gestoßen wird, von denen man gar nicht annahm, dass sie einen interessieren könnten. Genau dieser Wert des Unerwarteten wird durch das eher zielgerichtete Lesen im Internet ausgehebelt.« (Todd Gitlin)

Todd Gitlin verweist zudem auf die Leistung des Zeitungsredakteurs als Wegbereiter zu Unbekanntem: Der potenzielle Lerneffekt im Sinne einer umfassenden, thematisch offenen Informationsangebots über die Welt ist in dieser Perspektive bei der Zeitung höher einzuschätzen als bei der Nutzung des globalen Netzwerks.

Problem 5 Online-Konkurrenz:
»Krise der journalistischen Seele«

Im partizipativen Web 2.0 sieht sich der Qualitätsjournalismus einer wachsenden Zahl von konkurrierenden Informationsangeboten ausgesetzt. Die internationale Medienlandschaft, die seit Jahren unter dem Eindruck digitaler Innovationen steht, stellt klassische Zeitungen und journalistische Konventionen vor die Frage, in welcher Weise die Möglichkeiten der virtuellen Informationsvermittlung adaptiert werden sollen. Dies betrifft nicht allein die Zeitungsverlage: Ein medialer Branchenriese wie die Nachrichtensparte des US-Fernsehnetworks ABC musste im Juli 2008 einsehen, dass eine bloße Verlagerung der Sendung *World News* ins Internet ohne jegliche Anpassung an die Erfordernisse des Webumfeldes zum Scheitern verurteilt ist: Trotz hoher Besucherzahlen der Internetrepräsentanz sahen nicht einmal zwei Prozent der Nutzer die digitale Videofassung der Abendnachrichten.[10]

Manche US-Zeitungen sind bereits seit mehr als zehn Jahren im Internet präsent, in der Überzahl jedoch ohne Akzente zu setzen, wie Jay Rosen rückblickend kritisiert:

>*Anfangs haben Verleger im Netz nur eine Möglichkeit gesehen: Sie nahmen also die Zeitung und stellten sie eins zu eins ins Internet. Doch unterm Strich war es eine Verweigerung, sich auf die neue Plattform wirklich einzulassen. Wer sich im Netz engagieren will, muss zuerst fragen: Was kann das Internet überhaupt? Erst dann wurden die Web-Auftritte der Zeitungen plötzlich interaktiver, verlinkten sich mit dem Rest der Online-Welt, ermutigten ihre eigenen Leute, zu bloggen und mit dem ,gegenläufigen Publizieren< zu beginnen, sprich: zuerst fürs Netz zu produzieren und daraus dann das beste Material herauszufiltern, um es später zu drucken. Nachrichtenorganisationen sind kein sonderlich gutes Lern-Umfeld. Jetzt müssen sich dieselben Leute sehr beeilen, mit dem Web zurechtzukommen – bevor es zu spät ist.«* (Jay Rosen)

Auch Medienvisionär und Journalismusprofessor Jeff Jarvis wirft der Verlagsbranche im Allgemeinen und der Regionalzeitungsindustrie im Besonderen vor, sie habe sich allzu lange auf ihr publizistisches Monopol verlassen und nicht auf die sich fundamental wandelnden Machtverhältnisse durch die Karriere des Internet reagiert. Redakteure und Verleger seien nunmehr in eine Schockstarre verfallen, die es ihnen kaum ermögliche, angemessen auf die Herausforderungen der digitalen Medienwelt zu reagieren. Doch haben die Digitalisierungstendenzen in allen Medienbereichen die Zeitungsverlage in Zugzwang gebracht, ihre journalistischen Kapazitäten in die neuen Netzwerke zu übersetzen. Jay Rosen empfiehlt:

>*Die enormen Stärken der Verlage liegen in ihrer Begabung, Ereignisse zusammenzufassen, auszusieben und für eine breite Öffentlichkeit das auszuwählen, was heute unsere Aufmerksamkeit verdient. Wenn das also der Vorzug der Zeitungen ist, dann sollten sie auch daran arbeiten, diese Fertigkeiten auf Audio und Video, aber auch auf das Texten, Fotos, Blogs, Links und Daten zu übertragen.«* (Jay Rosen)

Das News-Monopol der Zeitung ist zwar bereits seit der Verbrei-

tung des Fernsehens gefallen, aber nicht so fundamental außer
Kraft gesetzt worden wie durch die Bloggerkultur, sagt Simon
Waldman:

> »Die unterschwellige Tendenz [im Zeitungs-]Geschäft bestand
> ja seit jeher darin, in Märkten mit hohen Zugangsbarrieren zu
> operieren. Die Digitalisierung hat nun dazu geführt, dass diese
> Barrieren gefallen sind.« (Simon Waldman)

Was seit jeher zur Grundkonstitution des Netzwerkprinzips gehört,
wurde mit der Verbreitung von Weblogs salonfähig: Die nach dem
Vorbild von Tagebüchern konzipierten Journale in der (im deutschen Journalismus verpönten) Ich-Form, in denen Nutzer ihre
Gedanken, Bilder, Videos und Querverweise zu anderen Inter-
netseiten veröffentlichen und damit selbst zu Medienproduzenten
werden, erlebten in Nordamerika eine bis dato beispiellose Gras-
wurzel-Karriere. Zweifellos traf diese neu erwachsene Konkurrenz
aus dem breiten Laienspektrum vor allem die Zeitungsindustrie
völlig unerwartet, erklärt Phil Meyer:

> »Die Monopolstellung in den meisten ihrer Verbreitungsgebiete
> hat es den Zeitungen in den vergangenen Jahren ermöglicht,
> unnatürlich hohe Preise zu verlangen, was ihre Profiterwartun-
> gen dementsprechend in die Höhe getrieben hat. Das Internet
> hat diesen Monopolen jedoch ein Ende bereitet.« (Phil Meyer)

Zeitungen sind also in zweierlei Hinsicht von der informationellen
Selbstversorgung der Internetnutzer betroffen: Sie verlieren einerseits ihren Status, andererseits ihre Leser. Fraglich ist aber, ob der
Erfolg der Blogger die Folge eines Qualitätsverfalls auf Seiten der
etablierten Medien ist oder eine Eigendynamik aufweist, losgelöst
von tradierten Nutzungsgewohnheiten. Tom Rosenstiel ist sich in
der Frage nach der Verlässlichkeit von Informationen aus Weblogs
zumindest sicher: »Blogger sind im Prinzip die Journalisten des
16. und 17. Jahrhunderts. Sie befinden sich noch in einem frühen
Entwicklungsstadium.« Dennoch hat die Bloggerbewegung nach
Ansicht von David Talbot bereits starken psychischen Schaden bei
der journalistischen Berufsgruppe angerichtet: »Ich glaube, dass
fest angestellte Redakteure und Autoren großer Blätter unter einer
Krise ihrer journalistischen Seele leiden.« Dabei seien die Blogger
der beste Beweis für die zentrale gesellschaftliche Rolle von Jour-

nalisten, die mit ihrer Arbeit erst das Material lieferten, das in den Blogs recycelt werde: »Ohne Journalisten könnten Blogger gar nicht existieren« (David Rubin).

Nur haben Zeitungen durch die rasante Informationsverbreitung im Internet – in verstärktem Maße auch verursacht durch Blogger – das Problem, dass die Ergebnisse ihrer professionellen Qualitätsarbeit wie beispielsweise investigative Recherchen schnell zum Allgemeinwissen werden und dem Urheber nicht mehr zugeordnet werden (können). Diese folgenreiche Form von Quellenamnesie macht Zeitungen zunehmend zu schaffen, wie Alan Rusbridger meint:

> *»Das Problem mit Scoops ist, das sie nie lange halten. Wer weiß schon, dass die Enthüllung über Eliot Spitzer von der New York Times kam? Niemand, weil sie höchstens neunzig Sekunden exklusiv auf deren Website stand, bevor sie zitiert wurde.«*
> *(Alan Rusbridger)*

»Mit der Blog-Kultur in Amerika haben die Menschen endlich eine Plattform gefunden, auf der sie nicht nur selbst berichten, sondern auch ihre Meinung kundtun können« (Tyler Brûlé) – solche basisdemokratisch angehauchten Äußerungen stoßen im Expertenfeld weitestgehend auf Sympathie, unter den meisten Journalisten dürften sie eher Argwohn hervorrufen. Zwar glauben einige Fachleute an eine friedliche Koexistenz von Profis und Bloggern. Doch lässt die neue Konkurrenz im Internet Journalisten zumindest über die Einstellung zu ihrem Beruf nachdenken: Die Erfahrungsberichte privater Blogger werden zwar teilweise als sinnvolle Ergänzung zu den dominanten Meinungsäußerungen in den klassischen Medien verstanden, ihre Korrektivfunktion wird aber vom Gros der etablierten Journalisten noch nicht allzu ernst genommen – es sei denn, es handelt sich um zeitungseigene Blogs, die Redakteure betreiben. Diese sind bereits weit verbreitet und besonders bei großen Zeitungen in den USA diversifiziert: Bei 13 Prozent dieser Größenkategorie werden vierzig oder mehr redaktionseigene Blogs betrieben. Wertvoller für die alltägliche Berichterstattung erscheint daher die Einbeziehung der journalistischen Laien als ergänzende Quelle: Solche »Bürgerjournalisten« können neue Perspektiven und sonst nur schwer zugängliche Informationen liefern. »Es lohnt sich sehr, mit den Lesern zusammenzuarbeiten, vor allem auf Gebieten, die sie viel besser verstehen als wir«, meint Alan Rusbridger, fügt aber einschränkend hinzu: »Die Vorstellung allerdings, dass Bürger-journalisten die Arbeit professioneller Journalisten ersetzen könn-ten, ist abschreckend.« Auch Simon Waldman hält nichts von einer Überbewertung der Bloggerkultur:

> *»Das, was die Leser und Zuschauer brauchen, kann nicht auf Amateurniveau geleistet werden. Allerdings wird die Welt der Profis durch die Teilzeit-Arbeiter auch bereichert. Viele Blogger haben enorme Zugangsmöglichkeiten.« (Simon Waldman)*

Die Blogosphäre kann den Journalismus nach Ansicht der meisten Befragten also zwar keinesfalls vollständig ersetzen, aber durchaus sinnvoll ergänzen. Wie auch Paul E. Steiger bestätigt, sind Blogs eine wertvolle Ergänzung der journalistischen Arbeit, mehr nicht. Es gebe nun mal Dinge, so Steiger, die nur ausgebildete Journalis-ten mit einer starken Organisation im Rücken herausfinden und veröffentlichen könnten. Selbst organisierte Blogger-Kollektive hätten diesbezüglich schlechte Karten. Dennoch möchte Steiger künftig stärker auf die Zusammenarbeit mit Bloggern bauen, da diese seiner Meinung nach dabei helfen können, wichtige Themen konsequenter weiterzuverfolgen:

> *»Neben unserer Kernaufgabe, der Recherche, fassen wir in einer Art Blog, den wir ›scandal watch‹ nennen, investigative Berichte anderer Medien zusammen, stellen sie in einen Zusam-menhang, schlagen daran anschließende Recherchen vor oder führen diese selber durch. In den Vereinigten Staaten gibt es einen enormen Mangel an weiterführender Berichterstattung. Häufig decken Rechercheteams eine Geschichte auf und gehen dann zum nächsten Thema über. Journalisten anderer Medien wollen wiederum lieber ihre eigenen Storys verfolgen, als über die Recherchen ihrer Kollegen zu berichten. Dadurch verläuft vieles im Sande.« (Paul E. Steiger)*

US-Blogs gewinnen zwar als ›Watchdogs‹ und in politischen Wahl-kampfzeiten an Relevanz, haben aber laut Todd Gitlin immer noch mit dem Makel der beliebigen und interessengeleiteten Meinungs-äußerung zu kämpfen: »Es ist doch offensichtlich, dass die Kapa-zitäten von Internet-Usern, Nachrichten zu fälschen und zu erfin-den, gewaltig sind.« Tyler Brûlé sieht das ähnlich:

»Die meisten Blogger reagieren ja nur anstatt selbst zu recherchieren oder zu berichten. Für mich hat das aber nichts mit Journalismus zu tun! Es kann ja nicht die Rolle des kleinen Mannes sein – nennen wir ihn mal den Blogger –, etwa großen Ölkonzernen die Stirn zu bieten oder zu versuchen, eigenmächtig zu recherchieren.« (Tyler Brûlé)

Weil Häme und Willkür vermutlich auch weiterhin die Blogosphäre beherrschen, hält David Talbot eine Professionalisierung für dringend erforderlich: »Blogger haben die Medienwelt mit neuer demokratischer Energie bereichert, aber Blogs schreien nach professioneller redaktioneller Aufbereitung.« Auch Phil Meyer zufolge fehlen noch professionelle und moralische Standards, die unter Bloggern das Berufsethos festigen helfen. Erst wenn dies gewährleistet sei, so Meyer, könne überhaupt von einem Konkurrenzverhältnis gesprochen werden. Auch Daniel Vernet von *Le Monde* sieht in dem Fehlen verlässlicher gemeinsamer Prinzipien die wesentliche Schwäche der Bloggerbewegung. Laut Jeff Jarvis, selbst erfolgreicher Blogger, jedoch gebe es längst ein gemeinsames Ethos: »Die Ethik der Transparenz, die des Links und die der offenen Fehlerverbesserung.« David Rubin umschreibt im Gegensatz dazu den überwiegend geäußerten gemeinsamen Nenner von Nostalgikern und Pionieren der Zeitungsbranche mit den Worten:

> *»Ich glaube, dass es in einer Demokratie immer Bedarf an ausgebildeten Journalisten geben wird, die eine Gemeinschaft mit Informationen versorgen, die diese wiederum benötigt, um sich selbst steuern zu können.« (David Rubin)*

Der Ressourcenreichtum von US-amerikanischen Zeitungsredaktionen ist trotz anhaltender Krisenentwicklungen immer noch von beeindruckender Größe, auch im Vergleich zu angesehenen Online-Publikationen. Ihn zu nutzen und mit den Nutzungsgewohnheiten im Internet abzustimmen, ist den Befragten zufolge erst wenigen Verlagen gelungen. Robert Rosenthal, Leiter des »Center for Investigative Reporting«, hält es aber noch nicht für zu spät, dass Qualitätsjournalismus den Sprung ins Internet schafft: »Ich glaube, dass der Qualitätsjournalismus die Web-2.0-Generation im Prinzip nicht weniger interessiert als frühere Generationen – in Zukunft sogar eher mehr.« Dazu gehöre auch die Annäherung an Soziale Netzwerke, meint David Talbot, der es für aussichtsreich hält, professionelle Nachrichtenangebote in diese Portale zu implementieren. Während Bill Kovach mit Blick auf die ›Social Communities‹ eine Erschließung attraktiver Vertriebswege erkennt, macht John Lloyd darauf aufmerksam, dass dem Journalistenberuf wahrscheinlich ein grundlegender Transformationsprozess bevorsteht, weil ein Großteil der Jugend sich fast ausschließlich über derlei Netzwerke austauscht. Durch das ungeschützte Jobprofil kann sich jeder Journalist nennen, wozu das Internet mit seinen vielseitigen Publikationsmöglichkeiten einlädt:

»Facebook und andere Social Networks ziehen radikale Effekte nach sich. Über diese Kontakte erhält eine neue Generation von Mediennutzern das Gros ihrer Information, und nicht aus der Presse oder dem Fernsehen. Es sind vor allem jüngere Leute, die [mittels Heimvideos nach dem ›WeTube‹-Prinzip] über sich selbst und ihre Welt berichten und so mit Nachrichten größere oder kleinere Kontaktkreise beliefern. Das ist eine Form von Journalismus – und wenn wir nach den reinen Nutzungszeiten gehen wollen, ersetzt es sogar den eher konventionellen Journalismus.« (John Lloyd)

Auf lange Sicht müssen sich Journalisten daher auf eine veränderte Bedarfshaltung seitens des Publikums einstellen: Die Popularität sozialer Netzwerke, die das partizipatorische Prinzip der Nachrichtengenerierung kultivieren, verweist darauf, dass sich das klassische Hierarchieverhältnis zwischen Journalist und Rezipient langsam zu einer gleichgewichteten, symbiotischen Austauschbeziehung wandeln wird. Während es den Journalisten weiterhin überlassen bleibt, Orientierung zu geben und den Zugang zu den gesellschaftlichen Eliten zu gewährleisten, erwächst ihnen in den aktiven Nutzern und ihrem Publikationsverhalten ein ernst zu nehmender Wettbewerber um die Auferksamkeit und die Informationsprioritäten der breiten Masse.

Dies hat eine Verwässerung des journalistischen Profils zur Folge, das Schwierigkeiten bei der Anpassung an zukünftige Entwicklungen haben könnte. Neue Jobs wie die des Community-Redakteurs oder des Social-Network-Administrators greifen bereits um sich, harren indes noch einer Festlegung auf einheitliche Standards. Eine solche Verpflichtung auf ein gemeinsames Regelwerk, das explizit die bewährten journalistischen Prinzipien und Ansprüche mit einbeziehet, erscheint umso dringlicher, da »Schwarm-Intelligenzen« nach dem »Wiki-Prinzip« der individuell addierten und vernetzten Informationen drohen, die herkömmlichen journalistischen Filtermechanismen auszuhebeln. Die sich besonders in den USA abzeichnende Entstehung eines neuen Hybrid-Journalismus verlangt von Journalistenorganisationen, Medienbetrieben und nicht zuletzt Ausbildungseinrichtungen eine Rückbesinnung auf journalistische Werte, die unter den Bedingungen der neuen, auf gleichwertige Teilnahme der Nutzer abgestimmten Medienlandschaft nicht weniger wichtig werden.

Im Internet verwischen zudem die Grenzen zwischen Angeboten von Zeitungsverlagen und Fernsehsendern. Journalisten wird immer häufiger abverlangt, über möglichst viele Fähigkeiten im Umgang mit neuen Medientechnologien zu verfügen. Ehemalige Zeitungsredakteure werden im Internet zu »Podcast«-Sprechern und Videoreportern, Fernsehleute zu Wortredakteuren. Dadurch, dass Zeitungsredaktionen auch Webvideos produzieren und Audiobeiträge erstellen, stoßen sie in die angestammte Domäne des Rundfunks vor. Allerdings zielen Fernseh- und Radioveranstalter mit ihren Internetaktivitäten gleichermaßen in die Sphären der ›elektronischen Presse‹. Im Internet müssen sich demnach einst getrennte Medienkulturen zusammenfinden. Die Konvergenz von Medienform und -inhalt führt dazu, dass Presse und Rundfunk ab sofort in einem direkten Konkurrenzverhältnis stehen und sich auf gleicher Augenhöhe miteinander messen lassen müssen. Hier reiche jedoch ein generalistisches Berufsverständnis nicht aus, meint Mitchell Stephens, der die Notwendigkeit sieht, künftig »Multi-Spezialisten« auszubilden, die ihre Fähigkeiten nicht einfach nur auf verschiedene Tätigkeitsbereiche anwenden, sondern tiefergehende Kenntnisse in verschiedenen Fachgebieten vorweisen müssten, um dem Medienwandel gewachsen zu sein. Dazu brauche es mehr Willen zum Experimentieren, nicht erst in den Redaktionen, sondern auch und zuallererst in der Journalistenausbildung. Stephen Shepard appelliert dabei jedoch an die traditionellen Ideale und Prinzipien des Journalismus, die bei aller notwendigen Adaptionsfähigkeit an die sich wandelnden beruflichen Kontexte die einzige Erfolg versprechende Zukunftsstrategie darstellen:

»Wir wählen nicht zwischen alten und neuen Medien, wir

lehren traditionellen Journalismus! Das bedeutet: tiefgehende Berichterstattung, gutes Schreiben und die Fähigkeit, lange wie kurze Storys erzählen zu können. Wir lehren außerdem Interaktivität, Rundfunk, Video und Audio. Wir lehren alles, denn es wird durch neue Hybridmodelle für Journalisten notwendig sein, sowohl ein Video zu machen, als auch auf die Straße zu gehen, mit einer Fotostrecke fürs Web zurückzukommen oder ein längeres Stück zu schreiben.« (Stephen Shepard)

Ein zentrales Problem, auf das Daniel Vernet aufmerksam macht, ist dadurch aber noch lange nicht bewältigt: Die Journalisten der »génération virtuelle« müssen sich mit deutlich geringeren Gehaltsaussichten begnügen. Dies führt durch die integrierten Redaktionskonzepte zu ungeahnten Konflikten innerhalb der Kollegengemeinschaft, erst recht dann, wenn sich alt und jung, Groß- und Geringverdiener bei gleicher Arbeitslast am Newsdesk gegenübersitzen.

Problem 6 Innovative Geschäftsmodelle: »Web-Communities aufbauen, die wirtschaftlich autark sind«

Aufgrund einer Reihe von Marktentwicklungen, die größtenteils auf einer Prioritätenverlagerung in der Mediennutzung und – in der Konsequenz – auch im Anzeigengeschäft gründen, befindet sich das Geschäftsmodell der klassischen gedruckten Zeitung in einer existenziellen Krise. Jay Rosen sieht die Werbefinanzierung des Zeitungsjournalismus durch einen »dramatischen Wandel« in der Vergabepraxis von Anzeigenbudgets gefährdet. Dadurch, dass sich Zeitungsverlage größtenteils auf dieses zentrale Standbein bei der Nachrichtenfinanzierung verlassen haben – und sich größtenteils immer noch verlassen müssen – wird zunehmend an innovativen Finanzierungsmodellen zum Erhalt des kostenintensiven Nachrichtenjournalismus gearbeitet. Je mehr der Qualitätsjournalismus durch Finanzierungsengpässe bedroht ist, desto mehr fürchten vor allem die großen Traditionszeitungen um ihre Identität, die noch immer maßgeblich an das Druckerzeugnis gebunden ist. Die Internet-Portale wichtiger Qualitätstitel haben zwar mittlerweile an Bedeutung gewonnen, operieren aber fernab nennenswerter Gewinne.

Noch fehlt ein geeignetes Finanzierungsmodell für journalistische Angebote im Internet, das ein ähnlich hohes Qualitätsniveau wie im Zeitungsgeschäft dauerhaft sicherstellen könnte. Nach wie vor werden Online-Angebote bei fast allen Zeitungen quersubventioniert. Zwar galt die kostenpflichtige Vermarktung von Inhalten über Digitalabonnements oder teure Archivzugänge durch so genannte »Micropayments« noch bis vor kurzem als gescheitert, da selbst das hochangesehene Archiv der *New York Times* – »Times Select« – in Textform für den kostenfreien Zugang geöffnet wurde (digitale und materielle Reproduktionen originaler Zeitungsseiten blieben dagegen weiterhin kostenpflichtig): Die Entscheidung fiel in der Hoffnung, dass Nutzer über die Suchmaschinensuche auf die Website der *New York Times* gelangen und damit die Zugriffszahlen steigern, was wiederum der Nutzerstatistik zugute käme und die Anzeigenumsätze der Internetseite anheben würde. Doch unlängst wurden ob der hinter den Erwartung zurückbleibenden Anzeigenumsätze Überlegungen laut, doch lieber wieder den Nutzer direkt beispielsweise über digitale Abonnements verstärkt in die finanzielle Pflicht zu nehmen, um für die Finanzierung der kostbaren Inhalte[11] aufzukommen.

Die klassische Werbefinanzierung scheint zurzeit das einzige flächendeckende Modell zu sein, das von allen Zeitungsverlagen bei ihrem Engagement im Internet angestrebt wird, ohne allzu hohe Risiken eingehen zu müssen. Dennoch sieht Alan Rusbridger auch angesichts der aktuell noch geringen Einnahmen aus dem Online-Anzeigengeschäft die Notwendigkeit, sich um weitere Einkünfte zu kümmern: »Es gibt kein schlüssiges Geschäftsmodell mehr, das es erlaubt, den journalistischen Auftrag ohne Zusatzgeschäfte zu erfüllen.« Traditionelle Medienunternehmen müssen sich und ihr Angebot nach Meinung Rusbridgers inhaltlich weiter öffnen, um innovative Vermarktungsszenarien nicht per se auszuschließen, und ohne den Anschluss an die Medienzukunft im Internet zu verlieren.

Dass die Suche nach neuen Finanzierungsmöglichkeiten dringlicher wird, unterstreicht auch das Paradox, dass große Zeitungsmarken wie *The Washington Post*, *Le Monde* oder *La Repubblica* sehr erfolgreiche Internetauftritte etabliert haben und dadurch ihren (internationalen) Leser- beziehungsweise Nutzerkreis enorm vergrößern konnten, dieser Publikumserfolg aber nicht den betreffenden Druckausgaben zugute kommt – mit der Konsequenz, dass Auflagen und Einnahmen weiter sinken. Auch Paul E. Steiger weist darauf hin, dass das Interesse der Mediennutzer für qualitativ hochwertigen Journalismus nicht verschwunden sei:

> *»Das Print- und Online-Publikum ist zusammengenommen riesig [...]. Es ist also absurd zu behaupten, dass die Leserschaft schwindet. Die Frage ist eher, ob die Organisationen, die die Berichterstattung liefern, eine Möglichkeit finden, schwarze Zahlen zu schreiben.« (Paul E. Steiger)*

Von einer vollständigen Schwerpunktverlagerung der Geschäftsfelder von Print in Richtung Online wird zumindest im Moment noch abgeraten, da, wie bereits erörtert, konkrete Alternativen zu den nach wie vor ertragreichen Anzeigen- und Distributionsgewinnen der Papierzeitung auf sich warten lassen. Die Angst, dass die drohenden Ausfälle dieser Erlöse, die trotz der ebenfalls hohen Herstellungs- und Vertriebskosten signifikant sind, bei einem vollständigen Wechsel einer Zeitung ins Internet nicht kompensiert werden könnten, ist groß. Sich vollkommen aus dem Printgeschäft zurückzuziehen, rechnet sich so lange nicht, bis ein selbst tragendes Finanzierungsmodell für Online gefunden ist. So weit ist die Branche nach Einschätzung der Befragten noch lange nicht, obwohl schon Ansätze vorhanden sind. Rusbridger glaubt aber, dass unter Berücksichtigung sinkender Auflagenzahlen die Vertriebserlöse im Geschäftsmodell der Zeitungen keine Zukunft haben:

> *»Uns bleiben nur das Anzeigengeschäft und alternative Einnahmen. Die New York Times hat aus meiner Sicht ein großes Problem, weil sie bisher kein überzeugendes Konzept für neue Einnahmemodelle entwickelt hat. Ganz anders die Washington Post, die ihr Geschäft schon sehr gut diversifiziert hat und zum Beispiel im ›Education Business‹ gutes Geld verdient. Auch der Guardian hat neue Geschäftsfelder entdeckt oder ausgebaut: Unser [...] Gebrauchtwagenmagazin, [...] die Regionalzeitungen oder Radiostationen werfen satte Gewinne ab.« (Alan Rusbridger)*

Diversifikation und Expansion, einschließlich des geschäftlichen Engagements in medienfremden Branchen, kann aber nach Auffassung von Bill Kovach nur eine unterstützende Funktion beim Erhalt geschätzter Qualitätsstandards im Journalismus sein, die Ausdruck in einem genuinen Medienprodukt finden. Kovach, der sich mit der Organisation »Committee of Concerned Journalists« für eine Förderung journalistischer Ausbildung einsetzt, fordert eine Konzentration auf das Kerngeschäft von Nachrichtenorganisationen: »Wir müssen hart daran arbeiten, unsere wirtschaftliche Basis zu erhalten.« Gerade die auf lokale und regionale Reichweiten ausgerichteten Gemeinschafts- und Informationsportale wachsen in den USA zurzeit am stärksten und setzen vor allem auf Service-Angebote wie Termine, Adressen und Bewertungen kommerzieller Dienstleistungen durch die Nutzer.

> *»Um dieses Fundament zu stärken, müssen sich Zeitungsunternehmen dem Wettbewerb in der neuen Informationsumgebung stellen, indem sie Web-Communities aufbauen, die wirtschaftlich autark sind. […] Hier könnte auf Basis eines glaubwürdigen und engagierten journalistischen Angebots eine Gemeinschaft entstehen, die von der finanziellen Unterstützung derer lebt, die dieses Angebot konsumieren. Und das ist nur einen winzigen Schritt weitergedacht als das, was die New York Times schon jetzt mit ihrem Online-Shop tut, wenn sie Produkte wie Aufmacherseiten aus ihren Archiven verkauft.«* (Bill Kovach)

Gerade für Lokalzeitungen, die im Internet-Geschäft vor der Hürde stehen, ihre für das Anzeigengeschäft relevante Zielgruppe geografisch zu erreichen, ist die Konzentration auf die regionale Berichterstattung und Servicethemen zwingend notwendig, um ihre starke Leserbindung aus dem Print-Sektor auf das Internet zu transferieren. Die Nähe des publizistischen Angebots zur Lebens- und Erfahrungswelt des Nutzers ist ein Trumpf, der angesichts von Unsicherheiten und Innovationsmangel im Bereich der Online-Aktivitäten von Lokalzeitungen leicht verspielt werden kann. Ein Ausweg aus der allgemein als prekär empfundenen Finanzsituation traditioneller Zeitungsunternehmen wird also in der verstärkten Bindung der Nutzer an die Zeitungsmarken gesehen, die sich für die Belange ›ihrer‹ Zeitung engagieren bis hin zum Kauf von

Liebhaberobjekten, wie die von Kovach erwähnten aufwendigen Reproduktionen von Aufmacherseiten der *New York Times*.

Eigene Online-Communities jedoch aufzubauen, sei mittlerweile aussichtslos, ist Jeff Jarvis überzeugt. Vielmehr solle versucht werden, über bestehende soziale Netzwerkplattformen im Internet Inhalte anzubieten und damit Neuland zu beschreiten. Auch sind andere frische Kooperationsmodelle in Sicht, die eher in eine einvernehmliche als eine kämpferische Zukunft deuten. Hier macht Deutschland vor, was von US-amerikanischen und britischen Medienexperten mit besonderer Aufmerksamkeit verfolgt wird: Kooperation zwischen Zeitungsverlagen und öffentlich-rechtlichen Fernsehsendern höre »sich ganz gut an«, sagt Paul E. Steiger: »Ich frage mich allerdings, wie sich die anderen Zeitungsverleger dabei fühlen, wenn einer der ihren von einem staatlichen geförderten Video-Blog profitiert. Es ist sicher kein Patentrezept«. Jay Rosen dagegen sieht in der Online-Zusammenarbeit zwischen gebührenfinanzierten Rundfunkanstalten und privatwirtschaftlichen Medienhäusern einen möglichen Ausweg aus der hiesigen Debatte um unrechtmäßige Wettbewerbsvorteile:

> *»Die Zeitungsverlage haben natürlich Recht, wenn sie [in der Ausweitung der Online-Aktivität gebührenfinanzierter Sender] eine Wettbewerbsverzerrung sehen. Aber wenn sie schon so etwas aufregt, haben sie wahrscheinlich nicht das Zeug dazu, gute eigene Online-Angeboten anzubieten.« (Jay Rosen)*

Auch Phil Meyer ist der Ansicht, dass an Zeitungshybriden, die mit mehr aufwarten als klassischen Texten und andere Medienformen in ihr digitales Angebot integrieren, kein Weg vorbeiführt. Dies würde auch, so Alan Rusbridger, zu einer Auflösung des Nachrichtenmonopols mächtiger europäischer Sendeanstalten wie der BBC führen, die mit öffentlichen Geldern ausgestattet zwar einer strikten Regulierung unterlägen, aufgrund ihrer Ressourcen jedoch anderen Mitbewerbern gegenüber auf verschiedenen Medienplattformen im Vorteil seien.

> *»Ein Nachrichtenmonopol, selbst eines der BBC, ist immer eine sehr gefährliche Sache. […] Es gibt sehr gute Gründe, die dafür sprechen, dass öffentlich-rechtliche Sender ihr Material ohne Beschränkung allen zur Verfügung stellen.« (Alan Rusbridger)*

Die Vorteile einer Annäherung zwischen Rundfunk und Presse im Internet werden auch in der besseren Wettbewerbsposition gegenüber Internetkonzernen wie Google, Microsoft und Yahoo gesehen, die einen Großteil der Marktanteile im Internet- und Anzeigengeschäft für sich behaupten. Obgleich diese selbst nicht über journalistische Angebote verfügen, graben sie nach Ansicht der Experten den Zeitungen das Wasser ab, indem sie in deren Terrain wildern: Der Suchmaschinenbetreiber Google listet bei seinem Service *Google News* beispielsweise alle Nachrichten auf, die zu einem bestimmten Suchbegriff passen, mit Erscheinungsdatum und exakter Uhrzeit auf seiner Seite. Mittels dieser Funktion können Internetnutzer Nachrichten recherchieren und bereits bei Google einen ersten Überblick über die Inhalte erhalten, ohne direkt das Angebot der Online-Präsenz ansteuern zu müssen. Einige Befragte sehen dies durchaus kritisch:

> *»Google muss nicht einen einzigen Cent ausgeben, um an Informationen heranzukommen. Aber Google macht es zu Geld. Hätten die Großstadt-Zeitungen schon damals gewusst, was sie heute wissen, hätten sie wahrscheinlich nie zugelassen, dass ihre Angebote kostenlos im Web zu haben sind.« (Paul E. Steiger)*

Und John Lloyd findet: »*Google News* ist derzeit eher unser Feind als Verbündeter. Die [Nachrichtenproduzenten] stellen Google unfreiwillig ihre Ressourcen zur Verfügung und bekommen nichts zurück.« Nicht allein wettbewerbliche Nachteile werden also betont, sondern auch moralische: Indem Computer die automatische Nachrichtenselektion aus dem Fundus digital zugänglicher Medienangebote übernehmen, wird die journalistische Auswahl entmenschlicht und parzelliert. Zwar stehen am Anfang der Nachrichtenproduktion in den einzelnen Medienbetrieben weiterhin journalistische Qualitätskriterien, doch fragen Medienkritiker, wie lange dies noch funktioniert; denn eine automatisierte Sortierung und Streuung durch Google führe vermehrt dazu, dass die originären Nachrichtenangebote selbst nicht mehr genutzt werden. Der Nutzer begnügt sich aus dieser Sicht lieber mit den kompilierten Häppchen der Newssuche.

Andere äußern sich hingegen gelassen hinsichtlich der Konkurrenz durch den Mega-Konzern. »Wir müssen uns klarmachen, dass Google ja keinerlei eigene Inhalte produziert«, sagt auch Tyler Brûlé: »Google ist und bleibt eine Suchmaschine.« Auch Joe Saltzman hält eine existentielle Gefahr durch Google für unwahrscheinlich. Eher müsse anders herum argumentiert werden:

> *»Google News ist völlig immateriell. Es bezieht seine Informationen aus regulären Nachrichtenquellen wie AP und Zeitungen aus der ganzen Welt. Nimmt man diese Informationen weg, hört Google News auf zu existieren.« (Joe Saltzman)*

Eine professionelle Zusammenarbeit der Internet-Gegner – den Zeitungsverlegern und Journalisten einerseits und Google andererseits – wird aber kategorisch ausgeschlossen. Vielmehr wird die Forderung nach einer Zwangsgebühr für Internet-Zugangsdienste laut, die an die Kunden beispielsweise durch eine Erhöhung der monatlichen Zugangspauschale weitergegeben werden soll: Tom Rosenstiel sieht darin ein legitimes Mittel, ähnlich dem Geschäftsmodell des kostenpflichtigen Kabelfernsehens, journalistische Inhalte im Netz zu finanzieren. Notfalls müsse die Devise gelten: »Wir ziehen in den Krieg – denn es geht ums Überleben.« Dass es keine friedliche Übereinkunft zwischen Verlags- und Internet-Wirtschaft geben könnte, glaubt auch Simon Waldman: »Klar wäre es toll, wenn wir jedes Mal Lizenzgebühren bekommen würden, sobald Google unsere Schlagzeilen abgrast, aber das wird nicht passieren.« Das Konzept der maschinell komponierten Zeitung aus einem Wust an Informationen wurde bereits erfolgreich durch das Portal *dailyme.com* getestet, das seinen Abonnenten kostenfrei personalisierte Nachrichten aus über 3000 lizenzierten Quellen nach Belieben zu individuell festgelegten Terminen zusammenstellt.

Mit Hochdruck wird an der Entwicklung neuer Produktideen und Geschäftsmodelle für den Journalismus gearbeitet: So plant Journalismusprofessor Stephen Shepard an der City University of New York ein »Center for Journalistic Innovations«. Die tatsächliche Gewissheit indes, welche Innovationen eine selbsttragende Finanzierung von Journalismus im Internet gewährleisten, wird nach Ansicht von Nicholas Lemann noch lange auf sich warten lassen: Frühestens in zehn Jahren sei der Markt so weit, Klarheit über die wirtschaftlich umsetzbaren Potenziale des Internet für den Pressemarkt haben, um Journalismus im Netz langfristig und profitabel zu betreiben. Als gesichert gilt jedoch, dass es grundlegende

Änderungen in den Betriebsstrukturen und Unternehmensgrößen geben wird: »Es wird zwar weitergehen, aber nicht mit 400.000 Exemplaren und nicht mit 250 Redakteuren«, ???? beispielsweise Daniel Vernet über *Le Monde*. Und Eric Alterman bezweifelt stark, dass die *New York Times* auf Dauer ein Millionen-Budget für Auslandsbüros wie jenes im Irak rechtfertigen kann. Die Frage ist nur, ob sich die Presse gesund oder zu Schanden schrumpfen wird.

Problem 7 Medienpolitik: »Staatliche Förderung ist gefährlich«

In den Szenarien möglicher Finanzierungsmodelle zur Rettung der Zeitung und des Qualitätsjournalismus werden verstärkt auch medienpolitische Lösungen diskutiert. Einige der Experten stehen beispielsweise der Option, Qualitätsblätter durch staatliche Beihilfen direkt oder indirekt zu subventionieren, durchaus aufgeschlossen gegenüber, während andere dies vehement ablehnen. Todd Gitlin hält es etwa grundsätzlich für sinnvoll, eine Alimentierung der Qualitätspresse mit Steuergeldern zu durchdenken, warnt aber: »Solche Modelle müssen vom Einflussbereich der Politik abgeschirmt werden.« Wenn sich Zeitungen unter die Ägide des Staates stellen, dann freilich nur unter der Bedingung vollständiger Unabhängigkeit – so die fast einhellige Meinung der Befragten. Jay Rosen streicht allerdings das Vertrauen einiger skandinavischer Bürger in die Funktion des Staates als Schutzinstanz journalistischer Qualität und Unabhängigkeit heraus: »Mein Bauchgefühl sagt mir, dass wir allen Wegen folgen müssen um zu sehen, wohin sie führen. Wir sollten keine Möglichkeit auslassen.« Der Staat, das sieht auch Tyler Brûlé so, sei in der Pflicht und hätte ein natürliches Interesse daran sicherzustellen, dass die Bevölkerung ausreichend informiert werde. So sind einige Staaten in Europa schon länger dabei, die Presselandschaft zu bezuschussen.

Entgegen landläufiger Vorstellungen wird demnach in ganz Europa bereits seit Jahrzehnten eine staatliche Presseförderung betrieben. Diese Fördermaßnahmen unterscheiden sich jedoch zum Teil wesentlich, vor allem hinsichtlich der direkten Subventionierung mit staatlichen Mitteln. Fast alle europäischen Länder

– darunter 27 EU-Staaten, die Schweiz, Norwegen und Island – erheben einen reduzierten Mehrwertsteuersatz auf Zeitungen, wodurch die betreffenden Verlagsunternehmen einer erheblich geringeren Abgabenbelastung ausgesetzt sind. Diese indirekte Förderung wird in zwölf der dreißig Staaten von direkten Beihilfen, beispielsweise im Falle einer wirtschaftlichen Krisensituation von Zeitungsbetrieben, ergänzt. Die Regierungen Italiens und Finnlands bezuschussen darüber hinaus die Parteipresse, in Portugal und Frankreich unterstützt der Staat Zeitungsunternehmen unmittelbar bei der Anpassung der publizistischen Infrastruktur an neue Medientechnologien. In sieben Ländern existieren zudem Ermäßigungen bei der Kostenbemessung von Post- oder Telefontarifen. Lediglich zwei Staaten, Bulgarien und die Slowakische Republik, kommen vollständig ohne Pressesubventionen aus. Hier muss in Zeiten wirtschaftlicher Not allein den Heilungskräften des Markts vertraut werden beziehungsweise liegt die Hoffnung in solchen Fällen auf Sponsoren aus der Wirtschaft und dem privaten Förderfeld. Eine Vorreiterrolle in der Entwicklung eines elaborierten Systems zur Pressesubvention und seiner Umsetzung in die Praxis nimmt Österreich ein, dass seit 2004 umfangreiche und auf die Erfordernisse des Medienmarktes zugeschnittene Förderangebote bietet, um die Vielfalt der Presse weiterhin zu gewährleisten[12]. Jüngst machte auch Frankreichs Staatspräsident, Nicholas Sarkozy, aufgrund seiner aggressiven Förderpolitik in punkto Presse von sich Reden.

Solche Subventionen gründen nach Meinung einiger Befragter durchaus auch auf dem Interesse eines Landes, eine starke Presse und kritischen, unabhängigen Journalismus zu fördern: »Bei staatlichen Beihilfen geht es aber nicht nur darum, Einfluss auszuüben. Es steckt auch der Ansatz dahinter, dass sich Regierungen einen Namen machen wollen.« (Tyler Brûlé) Eine pessimistische Stimme im Hinblick auf die Wirksamkeit staatlicher Pressehilfen meldet sich jedoch ausgerechnet aus Frankreich: Daniel Vernet (*Le Monde*) gibt sich überzeugt, dass solche Alimentierungen angesichts des hohen Mittelbedarfs von Zeitungshäusern nur ein »Tropfen auf den heißen Stein« sein könnten. Ohnehin sei es schwierig, von politischer Seite aus eine Steuererhöhung für den Erhalt des Qualitätsjournalismus zu rechtfertigen, wenn es doch im Internet einen solchen Überfluss an Informationen gebe, meint Paul E. Steiger. Die Bürger zu überzeugen, mehr Geld an den Staat zu zahlen, damit dieser ein ohnehin im Pressebereich kostenpflichtiges Gut subventioniere, sei eine medienpolitisch schwierige Aufgabe: »Wenn man aber gute Argumente findet, um die Leute davon zu überzeugen, habe ich generell keinerlei Einwände«, so Steiger.

Doch es gibt auch skeptische und eindeutig ablehnende Meinungen unter den Befragten im Hinblick auf eine finanzielle Bezuschussung durch den Staat. Schließlich seien Zeitungen »reine Markterzeugnisse«, meint John Lloyd: »Jede bezuschusste Zeitung würde früher oder später harmlos werden.« Phil Meyer konstatiert: »Staatliche Förderung halte ich […] für gefährlich.« Auch Robert Rosenthal glaubt: »Jede öffentlich finanzierte Nachrichtenredaktion bekäme sofort Glaubwürdigkeitsprobleme.« Und Alan Rusbridger ergänzt: »Staatsgelder für die freie Presse zu verwenden, ist ein Widerspruch in sich.« Ein solches Misstrauen gegenüber direkter und indirekter staatlicher Einflussnahme auf die überparteiliche und unabhängige Presse resultiert auch aus den starken Vorbehalten der Medienexperten gegenüber den Instrumentalisierungsversuchen parteipolitischer Akteure in der Vergangenheit, glaubt Jay Rosen:

> »In den USA wäre eine staatliche Alimentierung ein Desaster. Unsere Erfahrung mit dem öffentlichen Rundfunksystem PBS lehrt uns, dass die Republikanische Partei bei staatlicher Subvention diese Art der Finanzierung politisieren und der Presse eine linke Befangenheit vorwerfen würde. Das würde keine Woche dauern.« (Jay Rosen)

Finanziell in Not geratene Zeitungen sollte auch nach Ansicht von Joe Saltzman nur in Ausnahmefällen mit öffentlichen Geldern unter die Arme gegriffen werden, da »Unternehmen, der Staat, Stiftungen oder wer auch immer das Geld gibt, für gewöhnlich Einfluss auf Inhalte und Mitarbeiter ausüben«. Saltzman verweist hier auf den Problemkomplex, dass Beihilfen seiner Ansicht nach immer interessengeleitet seien und somit, auch bei ›guten‹ Intentionen, die redaktionelle Unabhängig gefährdeten.

Gleichwohl treffen solche Stiftungsmodelle auf uneingeschränkte Zustimmung, die sich allein auf die Förderung journalistischer Qualität konzentrieren, indem sie die finanziellen Rahmenbedingungen für eine unabhängige Berichterstattung schaffen.

So empfindet es Alan Rusbridger als Segen, dass sein Blatt von der Stiftung Scott Trust verwaltet wird: »Ich bin heilfroh darüber, weil die Guardian Media Group am Ende des Tages nicht gewinnorientiert arbeiten muss, sondern gerade deswegen Überschüsse in journalistische Qualität reinvestieren kann.« Dieses in Großbritannien jahrzehntelang bewährte Geschäftskonzept stößt auch in den USA auf Gegenliebe. Seit einiger Zeit setzen sich Stiftungen vermehrt für die Förderung expliziter journalistischer Vorhaben sowie allgemein für die Journalistenausbildung und den Erhalt des Qualitätsjournalismus ein. Phil Meyer erwartet, dass sich dieser Trend noch verstärken wird, um »die Lücke der dahinsiechenden Zeitungen zu schließen«. Dies wäre auch im Sinne Robert Rosenthals, dessen Organisation »Center for Invesigative Reporting« selbst von mehreren Stiftungen getragen wird: »Ich glaube, dass wir um stiftungsbasierte Modelle zur Finanzierung der Presse künftig nicht herum kommen.«

David Talbot sieht in öffentlichen Beihilfen und Geschäftsmodellen auf gemeinnütziger Basis eine der wenigen Chancen, die sich für den seriösen Journalismus überhaupt bieten, um für seine Ziele auf öffentliche oder halböffentliche Gelder zuzugreifen. Ohne Unterstützung von außen könne sich Qualität am Markt kaum noch bewähren, meint Talbot. Dennoch müsse man besondere Vorsicht walten lassen: »Öffentlich-rechtliche Medien in den USA – wie das Public Broadcasting System (PBS) – neigen dazu, befangen und überängstlich vor Kontroversen zu sein.«[13] Zumindest für den US-Medienmarkt wird daher besonders die Möglichkeit der Förderung durch Privatleute für favorisiert:

»Die Förderung durch Mäzene und private Spender klingt für mich Erfolg versprechender als staatliche Subventionen. Ich finde es interessant, dass viele genauso ums Geldverschenken kämpfen, wie sie es beim Geldverdienen getan haben.« (Paul E. Steiger)

Die Bereitschaft von Privatleuten, sich für eine in ihrem Sinne wertvolle Einrichtung finanziell zu engagieren, wurde bereits im Hinblick auf die Entwicklung innovativer ›Geschäftsmodelle‹ erwähnt. Die US-amerikanische Tradition der Philanthropie wird in den USA, aber auch hierzulande bislang vor allem im Kultur- und Kunstbereich praktiziert. Auch das öffentliche Radionetzwerk

National Public Radio wird regelmäßig von Spendern unterstützt. »Reiche Leute, die ein Problembewusstsein dafür haben und es sich leisten können, Geld zu verlieren, sind manchmal die beste Lösung«, formuliert es Jay Rosen überspitzt und verweist damit auf den höheren Risikowert bei der Investition in Pressepublikationen im Vergleich zu gesetzlich verankerten öffentlichen Rundfunkbetrieben, deren Erhalt als kulturelle Pflicht gilt. Tyler Brûlé weiß zu berichten, dass die Abonnenten des von ihm gegründeten internationalen Magazins *Monocle* durchaus bereit seien, weitaus mehr zu zahlen als den festgelegten Abonnementpreis, um die Arbeit des Magazins zu unterstützen. Doch nicht nur die Zeitungsleser selbst können neue Finanzierungsquellen erschließen, sondern auch die Verlagmitarbeiter:

> *»Womöglich werden Verlage ihre Angestellten und die Leser gleichermaßen davon überzeugen können, gemeinsam in ihre Zeitung zu investieren und nach Vorbild eines korporativen Managementmodells an einem Strang zu ziehen.« (Tim Rutten)*

Ruttens Vision ist so fernab der Realität nicht. In den USA haben bereits Internetprojekte wie die Online-Enzyklopädie Wikipedia oder die gemeinnützige Nachrichteninitiative »Spot Us« aus San Francisco gezeigt, dass finanzielles Engagement von Nutzern bereits praktiziert wird. Dieses Konzept des »Crowd Funding«[14] wird unter anderem dafür eingesetzt, Journalisten bei ihren investigativen Recherchen zu unterstützen. So viel versprechend ein solches Modell erscheinen mag: Daniel Vernet von *Le Monde* glaubt nicht, dass es eine komplexe Nachrichtenorganisation zu tragen im Stande ist. Seine Zeitung habe Mitte der 1980er Jahre eben diesen Versuch unternommen, auf dem breiten solidarischen Fundament einer Lesergesellschaft wirtschaftlichen Unwägbarkeiten zu trotzen und ihre journalistische Integrität zu sichern. Auch sei versucht worden, die Belegschaft finanziell zu involvieren, doch alle diese Versuche seien schlussendlich gescheitert – auch weil die Redakteure nicht bereit oder fähig waren, sich finanziell für ihr eigenes Blatt stark zu machen.

Problem 8 Qualität im Journalismus:
»Wir schauen dorthin, wo es Machtmissbrauch gibt«

Die viel diskutierte Frage, die der Debatte um die Zukunft der klassischen Zeitung und des Qualitätsjournalismus zugrunde liegt, rankt sich um das Wesen von Qualität, also darum, was Qualität im heutigen Journalismus konkret (noch) bedeutet. Dass sie nicht nur eine hohe Relevanz für die journalistische Arbeit besitzt, sondern die ›Vierte Gewalt‹ im Staate auf die Verfassung der demokratischen Gesellschaftsordnung einschwört, ist für alle Befragten selbstverständlich. Qualität im Journalismus wird im geläufigen Sinne des Wortes als der Meinungsfreiheit verpflichtet und im weiteren Sinne aufklärerisch verstanden: »Der Level der Qualität ergibt sich aus der Bereitschaft und der Fähigkeit einer Redaktion, über die Komplexität des Lebens zu berichten« (Alan Rusbridger). Entscheidend ist nach Phil Meyers Ansicht, dass der im Zuge medialer Konvergenz stattfindende Mentalitätswandel unter Journalisten nicht die bestehenden Leistungsstandards erodieren lässt, sondern diese auf neue Arbeitsfelder überträgt: »Wir müssen uns als Berufsgruppe organisieren und uns auf Leistungsstandards verständigen, die uns den Respekt des Publikums einbringen.«

Zeitungen als »Dinosaurier unter den Nachrichtenmedien« (Paul E. Steiger) sollten sich nach Ansicht der Befragten jedenfalls auf ihre qualitativen Stärken konzentrieren: Alan Rusbridger hält

es auch aufgrund der Uneindeutigkeit des Qualitätsbegriffs für sinnvoll, nicht bestimmte Medienunternehmen, sondern konkrete Text- oder Beitragsgattungen zu fördern: »Die Reportage, den Enthüllungsjournalismus oder bestimmte Nischen, die sich nicht mehr finanzieren lassen.« Damit Qualität auch weiterhin die Oberhand behält, haben sich einige gemeinnützige Organisationen in den USA zum Ziel gesetzt, den Recherchejournalismus zu fördern. Die Unterstützung oft teurer, weil zeitintensiver Aufklärungsarbeit durch journalistische Berichterstattung braucht Bill Kovach zufolge die unverzichtbare Unterstützung von Organisationen wie *ProPublica*, einer von mehreren Initiativen zur Stärkung des Qualitätsjournalismus, die zudem mit einer eigenen Redaktion und erfahrenen Mitarbeitern Enthüllungsberichte vorantreibt und in etablierten Medien veröffentlicht:

> *Wir richten unser Augenmerk überall dorthin, wo es Machtmissbrauch gibt: auf Gewerkschaften, das Schul- und Universitätssystem, die Gerichte, den Gesundheitssektor, Non-Profit-Organisationen und die Medien. Man muss sich die Lücke ansehen, die ProPublica schließen will: Da geht es gar nicht um die ›super big media‹ wie ABC, CBS oder die New York Times. Die werden weiterhin investigative Teams aufrechterhalten. Es geht um mittelgroße Zeitungen wie Des Moines Register, Denver Post, Miami Herald oder Philadelphia Inquirer. Diese Blätter hatten sich seit den 1960er Jahren um den investigativen Journalismus verdient gemacht, und sie verfügten über ein weltweites Korrespondentennetz. In genau diesen beiden Bereichen wurde massiv gespart.« (Paul E. Steiger)*

Investigativer Journalismus, wie ihn *ProPublica* betreibt, ist demnach ein Luxusgut, das sich immer weniger Zeitungen leisten wollen oder können, zumal in den USA, wo der wirtschaftliche Druck auf einzelne Zeitungshäuser in den vergangenen Jahren enorm gestiegen ist. Redaktionseinheiten, die sich hauptsächlich mit der Aufdeckung von Missständen befassen, verschlingen neben Korrespondentenbüros die höchsten Budgets, schließlich ist ihre Arbeit zeitaufwendig, abhängig von Informanten und aufgrund zweifelhafter Erfolgsaussichten häufig unrentabel. Hinzu kommen ernst zu nehmende Risiken, die Enthüllungsjournalismus mit sich bringt: Von Politik und Wirtschaft wird in Folge unbequemer Berichterstattung nicht selten Druck ausgeübt und mittels juristischer Schritte die Existenz von Journalisten eingeengt. Die Kontrolle von einflussreichen Personen und Institutionen ist schon deshalb unattraktiv, wenn dadurch Werbegelder ausbleiben oder politische Sanktionierungen drohen, und sei es nur ein Interview-Boykott. Es nimmt also kaum Wunder, dass im Zuge der jüngsten Zeitungskrise eine Vielzahl investigativer Redaktionseinheiten geschlossen wurde und Zeitungen ihre ›Watchdog-Rolle‹ vernachlässigt haben: »Jeder, der qualitativ hochwertigen Recherchejournalismus betreibt, tut unserer Demokratie etwas Gutes, weil derzeit alle Zeitungen im ganzen Land als Erstes an investigativer Berichterstattung sparen« (Jonathan Landman).

Um nicht nur das Bewusstsein für die Notwendigkeit unabhängiger Berichterstattung in den Reihen der Journalisten zu fördern, sondern auch Taten folgen zu lassen, greifen einige Non-Profit-Organisationen einzelnen Journalisten mit finanzieller Unterstützung unter die Arme, um aufwendige Recherchen zu fördern. Andere unterhalten hingegen eigene Redaktionen, die Qualitätsberichterstattung betreiben. Die Infrastruktur solcher Initiativen, die in den vergangenen drei Jahrzehnten insbesondere in den Vereinigten Staaten entstanden ist, wird ergänzt durch Einrichtungen, die sich der Journalistenfortbildung widmen, Berufsnetzwerke aufbauen und Ressourcen vorhalten. Finanziert werden solche Organisationen in der Regel durch Mitgliedsbeiträge und Spenden, durch regelmäßige Zuwendungen aus Stiftungsmitteln, sowie durch Erlöse aus ihren eigenen Dienstleistungen.

Obwohl auch in Europa, zumal in Deutschland, jedes Jahr großzügig dotierte Medien- und Journalistenpreise vergeben werden, existieren bislang kaum derartige von Stiftungen getragene Vereinigungen und Organisationen, die wie die genannten Initiativen in den USA ihre Ziele ausschließlich der journalistischen Qualitätssicherung widmen oder sogar eigene Redaktionseinheiten betreiben. Inzwischen gibt es jedoch eine Handvoll kleinerer gemeinnütziger Projekte, die sich teils über Mitgliederbeiträge oder öffentliche Einrichtungen finanzieren und vernachlässigte journalistische Bereiche wie die Recherche oder den investigativen Journalismus mittels der Vergabe von Stipendien, der Auslobung von (Negativ-)Preisen, der Projektförderung sowie Fachkonferenzen gezielt unterstützen.

Abseits dieses vorbildlichen Engagements liegt das Grundproblem aus der Sicht von John Lloyd jedoch noch ganz woanders: Er sieht die hergebrachten journalistischen Gattungen im Verdacht, den Leser im immer hektischeren Alltag eher abzuschrecken als an das Medium zu binden: »Viele denken ja, dass gerade lange Reportagen und die investigative Berichterstattung das Hauptproblem sind für die desolate Situation der Presse, und zwar deshalb, weil die Leute das alles gar nicht lesen.« Gleichsam warnt Lloyd davor, sich bei der Mischung von Beitragsformen zu versteifen und hastigen Schnellschüssen zu erliegen: »Unsere Aufgabe als Journalisten ist es also herauszufinden, wie wir diese Formate, die wir für besonders wichtig halten, lesbar machen.« Die Anpassung von Leistungsstandards darf, so die Meinung einiger Befragter, nicht zur Außerkraftsetzung bewährter Qualitätskriterien führen, die sich angesichts der tief greifenden Veränderungen auf dem Medienmarkt ohnehin im Fluss befinden.

Der Zeitung wird, so lässt sich aus den Aussagen der Experten schlussfolgern, in diesem aufgeladenen Spannungsfeld aus wirtschaftlichen Interessen und journalistischem Anspruch weiterhin eine wichtige, wenn auch zunehmend obsolete Rolle zufallen. Ob und wie die gedruckte Zeitung überleben kann, ist noch lange nicht entschieden und wird durch eine Vielzahl von Faktoren beeinflusst, unter denen sich auch einige wichtige Strategien zur Stärkung des Qualitätsjournalismus im traditionellen Zeitungsformat befinden. Mitchell Stephens zumindest sieht den anstehenden Herausforderungen positiv gestimmt entgegen: »Wir sollten das nicht als Weltuntergang begreifen, sondern als ein Privileg, dass sich dieser Prozess vor unseren Augen abspielt und wir die Möglichkeit haben, genauer hinzusehen und die Mechanismen zu analysieren.« Die befragten Medienfachleute zeigen sich zwar nur zum Teil optimistisch, dass sich die journalistische Vielfalt, die wir in der Zeitungslandschaft haben, auf das Internet weitgehend übertragen lässt. Doch halten sie es generell für wichtig, dass sich journalistische Qualität, die ethischen und handwerklichen Professionsstandards genügt, nicht an ein bestimmtes Trägermedium gebunden bleibt, sondern unter der Voraussetzung finanzieller Sicherheit in jeglicher Distributionsform existieren muss. So liest sich Eric Altermans Prophezeiung über die weitere Entwicklung des Pressemarktes wie eine Hiobsbotschaft: Die Talfahrt sei noch

lange nicht zu Ende, der Journalismus sei immer weniger verlässlich – und auf die Wahrheit komme es ohnehin kaum noch
jemand an. Bestätigung scheint Altermans düstere Zukunftsvision
in einem der jüngsten Online-Trends zu finden: Gedruckt wird,
was die Mehrheit anklickt – »The Printed Blog« heißt das Konzept,
das Internet auf nutzergenerierte Inhalte zu durchstöbern und
je nach Beliebtheit und Interesse der Leserschaft als hyperlokale
Druckversion zweimal täglich in Ballungsräumen zu verkaufen,
so wie die Zeitungen es auch prkatizieren – oder auch nicht. Der
dazugehörige Leitspruch: »This isn't about the Newspaper, this is
about you«[15].

Literatur

Anderson, Benedict (1991): Imagined Communities. Reflections on the Origin
and Spread of Nationalism. London/New York: Verso.
Anonym (o.J.): About the Printed Blog… Internetressource: http://www.the-
printedblog.com/company.php, überprüft am 25.01.2009.
Clifford, Stephanie (2008): Newspapers' Web Revenue Is Stalling. In: New York
Times vom 13.10.2008.
Hiltzik, Michael A. (2008): Los Angeles Times to cut 250 jobs, including 150
from news staff. In: »Los Angeles Times« vom 03.07.2008.
Jones, Philip/ Neill, Graeme (2007): E-book momentum gathers. In: Bookseller
Nr. 5311 vom 14.12.2007, 8.
Kershaw, Sarah (2008): A Different Way to Pay for the News You Want. In: New
York Times vom 24.08.2008.
Kramp, Leif (2008): New York Times. In: Hachmeister, Lutz (Hg.) (2008):
Grundlagen der Medienpolitik. München: DVA, 281–285
Kramp, Leif/Weichert, Stephan (2008): New York Times. In: Mediendatenbank/
Mediadb.eu. Internetressource:http://www.mediadb.eu/datenbanken/inter-
nationale-medienkonzerne/new-york-times-company.html, überprüft am
30.07.2008.
Levy, Stephen (2007): The Future of Reading. In: Newsweek vom 26.11.2007,
57–64.
Rainey, James/Hiltzik, Michael A. (2008): Tribune Co. files for Chapter 11
bankruptcy protection. In: »Los Angeles Times« vom 09.12.2008.
Reitze, Helmut/Ridder, Christa-Maria (Hg.) (2006): Massenkommunikation
VII. Eine Langzeitstudie zur Mediennutzung und Medienbewertung 1964–
2005. Baden-Baden: Nomos.
Stöcker, Christian (2009): Comeback des Bezahl-Internets? In: Spiegel Online

vom 06.02.2009. Internetressource: http://www.spiegel.de/netzwelt/web/
0,1518,605767,00.html, überprüft am 06.02.2009.
Weichert, Stephan/Kramp, Leif (2009): Das Verschwinden der Zeitung? Internationale Trends und medienpolitische Problemfelder. Berlin: Friedrich-
Ebert-Stiftung.

Anmerkungen

1 Anderson, Benedict (1991): Imagined Communities. Reflections on the
Origin and Spread of Nationalism. London/New York: Verso.

2 Vgl. Jones, Philip/ Neill, Graeme (2007): E-book momentum gathers. In:
Bookseller Nr. 5311 vom 14.12.2007, 8.

3 Unternehmensangabe vom 4. August 2008.

4 Steven Levy schrieb dazu unlängst in der Newsweek: »It's much closer to
a virtual newsboy tossing the publication on your doorstep than accessing
the contents a piece at a time on the Web« (vgl. Levy, Stephen (2007): The
Future of Reading. In: Newsweek vom 26.11.2007, 57–64).

5 Kaplan ist ein US-weit führender und weltweit aktiver Anbieter in den
Bereichen Weiterbildung, Karriereplanung und Vorbereitung auf univer-
sitäre Zulassungstests sowie Hersteller eines breiten Spektrums zugehöri-
ger Publikationen und Software. In einer Aktionärsbroschüre heißt es »if
you're a shareholder, you have to understand Kaplan to understand the
company.«

6 Vgl. auch Clifford, Stephanie (2008): Newspapers' Web Revenue Is Stalling.
In: New York Times vom 13.10.2008.

7 Vgl. Kramp, Leif (2008): New York Times. In: Hachmeister, Lutz (Hg.)
(2008): Grundlagen der Medienpolitik. München: DVA, 281-285; Kramp,
Leif/ Weichert, Stephan (2008): New York Times. In: Mediendatenbank. Internetressource: http://www.mediadb.eu/datenbanken/interna-
tionale-medienkonzerne/new-york-times-company.html, überprüft am
06.02.2009.

8 Hiltzik, Michael A. (2008): Los Angeles Times to cut 250 jobs, including
150 from news staff. In: Los Angeles Times vom 03.07.2008.

9 Vgl. Rainey, James/Hiltzik, Michael A. (2008): Tribune Co. files for Chapter
11 bankruptcy protection. In: Los Angeles Times vom 09.12.2008.

10 Dass Erfolge sich erst einstellen, wenn die Stärken und Schwächen eines
Mediums ausgelotet werden und die genuinen Eigenschaften bei der Prä-
sentation von Inhalten jeglicher Art zur Geltung kommen, zeigte schon die
Geschichte eines anderen Massenmediums: Als die US-Fernsehindustrie
Ende der 1940er Jahre erkannte, dass in der Live-Übertragung von Unter-
haltungsformaten die Faszination des jungen Medium begründet lag, brach
das »Goldene Zeitalter des Fernsehens« an. Damals wurde der Grundstein

gelegt für all die Western-, Familien- und Arztserien sowie Comedy-Programme, auf die sich bis heute das Gros der populären Unterhaltungsprogramme im Fernsehen bezieht.

11 Stöcker, Christian (2009): Comeback des Bezahl-Internets? In: Spiegel Online vom 06.02.2009. Internetressource: http://www.spiegel.de/netzwelt/web/0,1518,605767,00.html, überprüft am 06.02.2009.

12 Vgl. hierzu auch Weichert, Stephan/Kramp, Leif (2009): Das Verschwinden der Zeitung? Internationale Trends und medienpolitische Problemfelder. Berlin: Friedrich-Ebert-Stiftung.

13 Dagegen belegt die Arbeit von Nachrichtenredaktionen von öffentlich-rechtlichen Rundfunkanstalten wie der ARD, des ZDF oder der BBC, dass sie weder weniger unabhängig sind als die vermeintlich freie Presse, noch sich vor gesellschaftlichen Konflikten scheuen. Dies bestätigen zumindest die konstant hohen Glaubwürdigkeitswerte und Vertrauensbekundungen seitens der Fernsehnutzer in Deutschland gegenüber dem öffentlich-rechtlichen Fernsehen (vgl. Reitze, Helmut/Ridder, Christa-Maria (Hg.) (2006): Massenkommunikation VII. Eine Langzeitstudie zur Mediennutzung und Medienbewertung 1964–2005. Baden-Baden: Nomos, 65).

14 Der Ausdruck ist dem Begriff «Crowd Sourcing" entlehnt, der die kollektive Wissensaggregation im Sinne einer Auslagerung von Recherchearbeiten an eine unbestimmte Masse von Nutzern beschreibt. »Crowd Funding« wiederum zielt auf die Spendenbereitschaft von Mediennutzern (vgl. Kershaw, Sarah (2008): A Different Way to Pay for the News You Want. In: New York Times vom 24.08.2008).

15 Anonym (o.J.): About the Printed Blog ... Internetressource: http://www.theprintedblog.com/company.php, überprüft am 25.01.2009.

Interviews

Eric Alterman

1960 in Queens, New York, geboren, studierte Politikgeschichte und Internationale Beziehungen an den Universitäten Cornell und Yale und promovierte in Geschichte an der Universität von Stanford. Seit 1983 arbeitet Alterman als freier Autor und Publizist. Seine Texte erschienen u.a. in *Vanity Fair*, *The Nation*, *The New Yorker*, *Time Magazine* und *Le Monde Diplomatique*. Seit 1995 ist er Medienkolumnist von *The Nation*. In 2007 wurde Alterman zum Professor für Journalismus und Englisch an der City University of New York ernannt, wo er bereits seit 2004 Medienwissenschaft und Mediengeschichte lehrte. Darüber hinaus schreibt er regelmäßig das Blog *Altercation* für die gemeinnützige Recherche- und Informationsplattform *Media Matters for America* und die Kolumne *Think Again* für das »Center for American Progress«. Alterman hat sieben Bücher veröffentlicht, darunter »What Liberal Media? The Truth About Bias and the News« und »The Book on Bush: How George W. (Mis)leads America« (zusammen mit Mark Green). Sein neuestes Buch »Why We're Liberals: A Political Handbook to Post-Bush America« ist gerade erschienen. Er ist geschieden und hat eine Tochter.

»Zeitungen retten sich nicht selbst«

Ohne Werbegelder keine Qualität: Eric Alterman, Publizist (*The Nation*, *The New Yorker*) und Journalismusprofessor an der City University of New York, spricht über Perspektiven für Prestige-Zeitungen und Online.

❚ *Mr. Alterman, erübrigt sich in diesen krisengeschüttelten Zeiten die Frage, ob die klassische Zeitung auf Papier noch überlebt?*

Menschen werden immer Nachrichten benötigen, von der einen oder anderen Plattform. Ob es noch die gute alte Zeitung sein wird, ist fraglich. Man kann Informationen auch aus vielen anderen Quellen beziehen. Die meisten meiner Altersgenossen haben sich über Jahrzehnte mit der Zeitung angefreundet. Mir geht es nicht anders. Wenn das Wochenende langsam zu Ende geht und ich mit der U-Bahn vom Strand zurück nach Manhattan fahre, sehe ich jede Menge Fahrgäste, die immer noch die dicke Sonntagsausgabe der *New York Times* lesen.

❚ *An der lokalen Leserschaft liegt es also nicht, dass die Times Probleme hat?*

Die Zeitungskrise hat in erster Linie ökonomische Ursachen im Anzeigengeschäft. Das ist auch das Hauptproblem, wenn es um die Online-Pläne von Zeitungsverlagen geht. Internet-Werbung ist keine tragende Basis für ein funktionierendes Nachrichtengeschäft. Werbung im Netz richtet sich nicht mehr an die Masse, sondern an partikulare Zielgruppen und ist weit entfernt davon, eine Nachrichtenorganisation refinanzieren zu können. Kritisch ist es dadurch geworden, dass Zeitungsunternehmen nicht mehr in der Lage sind, die Kosten für Nachrichtenbeschaffung und -verbreitung aufzubringen. Das sind aber genau die öffentlichen Bereiche, über die wir als demokratische Gesellschaft Informationen beziehen.

❚ *Sie läuten also das Totenglöcklein der Demokratie?*

Nicht ganz. Ich bin überzeugt davon, dass die großen überregionalen Prestige-Zeitungen wie die *New York Times* und die *Washington Post* überleben werden. Doch sie werden herbe Einschnitte über sich ergehen lassen müssen, die ihren Status schmälern werden, was direkte Folgen für den Fortbestand unserer Demokratie haben wird.

▌ *Das Internet suggeriert, dass Informationen überall kostenlos zu
haben sind. Welche Rolle spielt es, dass immer weniger Mediennutzer bereit sind, für Medienangebote zu zahlen?*

Das Durchschnittsalter des US-Zeitungslesers beträgt 55 Jahre und
steigt weiter. Ältere Generationen sind mit der Zeitung sozialisiert
worden und gewohnt, dafür zu zahlen. Junge Mediennutzer dagegen informieren sich längst woanders, wobei wichtige Nachrichten
immer noch aus professionellen Redaktionen stammen – woher
auch sonst? Ich frage mich aber, ob Werbekunden gewillt sind,
höhere Anzeigenpreise im Online-Markt zu bezahlen, um Nachrichten zu finanzieren, die nicht unbedingt ein breites Publikum
erreichen? Vermutlich nicht.

»Vielleicht sind wir im letzten Viertel, aber schon jetzt
zeichnet sich ab, dass die Talfahrt noch weiter geht.«

▌ *Wo wird zuerst gespart?*

Dort, wo hohe Kosten bei geringem Refinanzierungspotenzial
entstehen. Die *New York Times* zahlt zum Beispiel pro Jahr drei
Millionen Dollar, um ihr Korrespondentenbüro in Bagdad zu
unterhalten. Das ist wirtschaftlich kaum zu rechtfertigen, weil sie
mit dem Büro keine drei Millionen Dollar pro Jahr verdient. Die
Frage ist also, ob sich die Zeitung auch in Zukunft solche journalistischen Engagements noch leisten kann. Das Internet verspricht
keine Besserung: Online-Werbung ist zwar ungeheuer attraktiv,
weil sie zielgerichteter eingesetzt werden kann, aber sie ist viel zu
billig, als dass sie den journalistischen Apparat, den wir kennen
und von den Qualitätsblättern erwarten, tragen könnte.

▌ *Es fällt schwer zu verstehen, dass ausgerechnet die New York
Times mit ihrem neuen Redaktionsgebäude mitten in Manhattan
zum Symbol der Zeitungskrise hochstilisiert wird.*

Die *New York Times* ist beispiellos für das Anzeigengeschäft. In
der gesamten Zeitungsbranche gibt es kein anderes Blatt, das ein
derart hochattraktives Publikum erreicht. Erschreckend ist aber,
dass trotzdem immer mehr Werber günstigere und letzten Endes

auch effektivere Möglichkeiten des Marketings vorziehen. Meine Prognose ist daher nicht gerade rosig: Auch die Times wird sich redaktionell verkleinern müssen.

▮ *Was wird aus all den erstklassigen Journalisten, die demnächst entlassen werden?*

Einige werden beruflich überleben, wenn sie ein professionelles Blog gründen. Sie können mit Blogs sogar Geld verdienen, weil aufgrund ihrer fachlichen Expertise und hoher Nutzerzahlen Werbegelder fließen werden. Aber dieser Markt ist begrenzt. Die meisten werden dem Journalismus wohl den Rücken zukehren.

»Ich hätte kein Problem damit, wenn die Regierung in Krisensituationen den Zeitungsverlagen finanziell unter die Arme greifen würde wie jetzt bei den Banken.«

▮ *Heißt das, ein Ende der Krise ist noch längst nicht in Sicht?*

Vielleicht sind wir im letzten Viertel, aber schon jetzt zeichnet sich ab, dass die Talfahrt noch weiter geht. Die große Hoffnung der Verleger, mit dem Anzeigengeschäft im Internet zu punkten und die Verluste im Printsektor zu kompensieren, laufen offenbar ins Leere.

▮ *Wäre ein milliardenschweres Rettungspaket denkbar, wie es zur Stützung des Bank- und Kreditwesens verabschiedet wurde?*

Ich hätte kein Problem damit, wenn die Regierung in Krisensituationen den Zeitungsverlagen finanziell unter die Arme greifen würde wie jetzt bei den Banken. Aber natürlich ist ein solches Szenario gerade in den USA riskant und umstritten, weil es die Furcht vor politischer Einflussnahme und Abhängigkeit schürt. Doch gerade in Europa gibt es öffentlich-rechtliche Geschäftsmodelle, wie die BBC, die sich vor redaktioneller Einflussnahme und Korruption zu schützen wissen.

■ *Die US-Presse ist längst zum Spekulationsobjekt der Börse geworden. Wird sich diese Entwicklung noch zuspitzen, und welche Folgen hat sie für das Wesen des Journalismus?*

Journalismus wird immer weniger verlässlich. Er wird zu einem Forum, in dem es hauptsächlich um das Publikum, seine Erfahrungen und Ansichten geht. Es wird künftig weniger Wert auf Fachwissen und die klassische Schleusenwärterfunktion des Journalisten gelegt werden, dafür aber immer mehr auf die Partizipation des Publikums. Wir werden uns davon verabschieden müssen, Journalismus und Verifikation, also die Überprüfung von Informationen, in eins zu denken.

■ *Es gibt immer wieder Anstrengungen, Bürger- und Profijournalismus zu vereinen.*

Seien wir doch ehrlich: Zeitungen sind nicht sonderlich gut darin, die Leser als Produzenten in ihre Redaktionsstrukturen einzubinden. Wenn der Leser eingeladen wird sich zu beteiligen, dann immer nur unter Kontrolle der Redaktion. Das hat natürlich juristische Gründe: Laien sind in ihren Äußerungen sehr viel unvorsichtiger als Journalisten. Es kommt mir so vor, als komme es den Nutzern heutzutage weniger auf die Wahrheit an, als darauf, an einer öffentlichen Debatte teilzunehmen. Blogs sind dafür ideal: Sie sind schneller, robuster und unterliegen keinen Restriktionen. Die *New York Times* beschäftigt elf Redakteure, die Kommentare ihrer Nutzer überprüfen, bevor sie veröffentlicht werden. Das ist nicht nur teuer, sondern verhindert auch eine echte Konversation. Zeitungen sind nicht gerade der perfekte Ort, um frei, offen und vor allem zeitnah über Themen zu diskutieren.

> »Ich glaube nicht, dass sich die Zeitungsbranche selbst retten kann.«

■ *Welche Strategien gibt es, um junge Leser an das alte Druckmedium zu binden?*

Es gibt momentan nicht viele Ansätze. Eine viel versprechende Möglichkeit sind die stark frequentierten Social Networks, die für viele Nutzer eine Art Nachrichtenersatz darstellen. Wir alle haben das Gefühl, dass sich Zeitungen das Konzept irgendwie zu Nutze machen könnten – nur wie, das weiß noch keiner so genau.

■ *Könnte das Geschäftsmodell Zeitung also doch irgendwie über-leben?*

Insgesamt bin ich pessimistisch: Ich glaube nicht, dass sich die Zeitungsbranche selbst retten kann. Vielmehr muss die Gesellschaft eintreten und deutlich machen, dass sie auf ein solch wichtiges Gut nicht verzichten kann und will.

■ *Sie schreiben seit Jahren für etliche renommierte Zeitungen und Zeitschriften wie den New Yorker. Haben Sie keine Angst, dass Sie bald alle Ihre Kolumnistenjobs los sind?*

Um ehrlich zu sein, wäre ich nur ungern abhängig von meiner Autorentätigkeit. Ich beziehe ein stabiles Einkommen als Journalismusprofessor von der City University of New York und war glücklicherweise immer in stabilen Beschäftigungsverhältnissen. Ich rate meinen Studenten, sich ein Spezialgebiet zu suchen oder eine besondere Fähigkeit zu entwickeln, die sie im hart umkämpften Medienmarkt einzigartig macht. Das Bild vom Journalisten als Generalisten, der über alles berichtet, ist nicht mehr zeitgemäß.

Tyler Brûlé

Geboren 1968 in Winnipeg, ist Vorsitzender des Medienunterneh-
mens Winkorp und Gründungsherausgeber des Monatsmagazins
Monocle. 1996, mit nur 28 Jahren, gründete er das Lifestyle-
Magazin *Wallpaper*, das fast alle modernen Hochglanzmagazine
beeinflusste und kurze Zeit später von Time Warner für zwei
Millionen Dollar gekauft wurde. Der gebürtige Kanadier gilt heute
als einer der vielseitigsten Medienmacher überhaupt: Er berichtete
für die BBC aus Krisengebieten, schrieb Reportagen und Essays
für *TheGuardian*, *Stern* und *Vanity Fair*, war Gastgeber der TV-
Show »The Desk« (BBC 4), drehte eine Dokumentarreihe über
die Shopping-Kultur und schreibt heute Kolumnen für Blätter
wie *Financial Times*, *New York Times*, »Neue Zürcher Zeitung«,
The International Herald Tribune und *T: The New York Times Style
Magazine*. Bekannt wurde Brûlé aber auch als medienästhetischer
Kopf und Trendscout der Mode- und Lifestyle-Welt: Der abwech-
selnd in London und Genf lebende Unternehmer unterhält die
Kreativagentur Winkreative (zuvor Winkmedia), zu deren Kunden
Swiss International Air Lines, Sky One, Marks & Spencer, Stella
McCartney und Prada zählen. Brûlé setzte sich jüngst immer wie-
der für einen politischen Qualitätsjournalismus ein. Im Februar
2007 startete er das Magazinprojekt *Monocle*.

© Monocle

»Wir werden erleben,
wie Verleger die Nerven verlieren«

Trotz digitaler Trends hat sich Tyler Brûlé mit seinem Magazin *Monocle* am internationalen Pressemarkt durchsetzen können: Im Interview spricht der Zeitschriftengründer und Medienunternehmer über seine trickreichen Print-Strategien.

■ *Mr. Brûlé, Anfang 2007 haben Sie Monocle lanciert. Dass sich das Magazin mit dem eigenwilligen Themenmix aus Business, Lifestyle und Politik im dicht besetzten Printmarkt behaupten konnte, überraschte selbst erfahrene Magazinmacher.*

Von denen neigen viele dazu, ihre Produkte so eng und knapp wie möglich zu produzieren. Aber es gibt auch eine völlig andere Strategie, die zum Beispiel japanische Kaufhäuser so unglaublich modern aussehen lässt: Sie bieten ein breites und dennoch fokussiertes Angebot unter einem Dach an. Genau dasselbe machen wir mit *Monocle*: Wir bieten einen breiten Blick auf eine ganze Palette an Themen rund um den Globus an. Aber die Art und Weise, wie wir diese Themen angehen, ist stark fokussiert. Das ist der redaktionelle Ansatz von *Monocle* und ich denke, dass die Leser und der Markt bereit waren für so etwas.

■ *Schon mit dem Lifestyleblatt Wallpaper haben Sie Optik und Stil vieler Zeitschriften beeinflusst.*

Als wir *Wallpaper* starteten, hat es sich noch vom Mainstream unterschieden, aber inzwischen scheint es mit anderen Magazinen ganz auf einer Linie zu liegen. Bei *Monocle* mussten wir den Markt stärker berücksichtigen und auf die neuen digitalen Marken achten, die derzeit überall entstehen. Aber wir haben uns auch gefragt, was ein Magazin heutzutage überhaupt leisten muss. Eine Reihe von Herausgebern zerbricht sich heute den Kopf darüber, wie relevant Gedrucktes noch ist und fragte uns, warum wir ausgerechnet ein Printobjekt machen. Dabei musste man sich nur den Zustand der Presse ansehen: Die Verleger lehnten sich zurück und dachten gar nicht mehr über Innovationen und neue Formate nach. Sie gaben einfach die gleichen Magazine heraus wie eh und je, vielleicht noch auf Hochglanzpapier, in DIN-A4 und 160 Seiten dick – aber der Markt sollte sich damit zufrieden geben. Dabei erfindet das Fernsehen ständig neue Formate, dasselbe gilt für das Radio und natürlich für den ganzen digitalen Bereich. Sogar Zeitungen erfinden sich gerade neu! Nur bei Magazinen tat sich so gut wie gar nichts. *Monocle* war unsere Antwort darauf: ein Magazin, das einen Journalismus der alten Schule pflegt und keine Leute beschäftigt, die bloß Agenturbilder zusammenkleistern, sondern Reporter, die vor die Tür gehen und Geschichten aufschreiben. Und wir eröffnen Büros, statt sie zu schließen. Unsere Leserschaft honoriert das mit Loyalität.

»Die Blog-Kultur ist etwas sehr Amerikanisches.«

▌ *Müssen die gedruckten Zeitungen »Angst vor Google« haben, wie es das britische Wirtschaftsblatt Economist auf seiner Titelseite fragte?*

Wenn ich Anbieter eines Dienstes wäre, der Nachrichten sammelt und diese über ein eigenes Kabelnetz verteilt, wäre mir vielleicht bange. Aber wir müssen uns klarmachen, dass Google ja keinerlei eigene Inhalte produziert. Und es gibt keine Korrespondenten, geschweige denn Redakteure, die Google beschäftigt wie die traditionellen Medien. Google ist und bleibt eine Suchmaschine. Aber natürlich müssen Nachrichten irgendwo herkommen. Es ist deshalb falsch, sich in eine Ecke zu verziehen und darauf zu hoffen, dass Google irgendwann verschwindet oder das Handtuch wirft. Auch in Zukunft wird es dort draußen eine Handvoll globaler Medienmarken geben, die tagtäglich Nachrichten von einer solchen Qualität produzieren, dass es mit Sicherheit Abnehmer geben wird. Es ist völlig egal, ob es sich dabei um digitalisierte Zeitungen handelt oder um Fernsehsender, die sich im Printbereich engagieren.

▌ *Werden Blogger – von denen einige zweifellos Experten auf bestimmten Gebieten sind – eine Bedrohung für den professionellen Journalismus?*

Das ist nur für diejenigen Menschen eine wirkliche Bedrohung, die den Unterschied zwischen dem, was ein Blogger schreibt, und dem, was ein Journalist tut, nicht kennen. Die meisten Blogger reagieren ja nur anstatt selbst zu recherchieren oder zu berichten. Sie gehen nach dem Copy-and-Paste-Prinzip vor, sprich: Sie kopieren irgendwo Texte heraus, fügen sie in ihr Blog ein und kommentieren das. Für mich hat das aber nichts mit Journalismus zu tun! Natürlich gibt es mittlerweile auch eine Reihe traditioneller Medien, die Blogs in ihr Online-Angebot integrieren. Sieht man sich das Blog-Phänomen allerdings genauer an, erkennt man, dass es sich um ein amerikanisches Phänomen handelt, obwohl es auch in Deutschland und anderswo einflussreiche Blogger gibt. Trotzdem ist die Blog-Kultur etwas sehr Amerikanisches.

▌ *Warum ist das so?*

Es hat eher etwas mit dem Zustand des amerikanischen Journalismus zu tun: Schauen Sie, im US-Fernsehen hat doch jeder etwas zu sagen, der eine versucht lauter zu brüllen als der andere, ob das nun bei *Larry King*, *Judge Judy* oder ähnlichen Formaten ist. Das gleiche beim Radio: Dort laufen ätzende Programme, und die Leute, die sich für so etwas interessieren, rufen dort an. Aber wenn Sie sich die amerikanischen Printmedien ansehen, stellen Sie das genaue Gegenteil fest: Hier gibt es nur objektive Fakten, keine Meinungen. Als Journalist ist es Ihnen nicht erlaubt, Meinungen in die Berichte einfließen zu lassen. Aber das ist doch gerade der Grund, warum ich Zeitungen kaufe: Ich kaufe den *Guardian*, weil ich den Standpunkt des *Guardians* kaufen möchte, ganz anders als bei der *L. A. Times* oder dem *Wall Street Journal*, wo Journalisten nur dafür da sind, Fakten zu berichten – sonst nichts. Niemand schreibt dort über seine Ansichten oder seine Meinung. Und das ist genau der Punkt: Mit der Blog-Kultur in Amerika haben die Menschen endlich eine Plattform gefunden, auf der sie nicht nur selbst berichten, sondern auch ihre Meinung kundtun können.

▌ *Mehr Reportagen, mehr investigative Recherche – ist das der zukunftsweisende Weg für den Print-Journalismus?*

Darauf wird sich die Presse künftig stärker konzentrieren müssen. Zeitungen, die ihren Foto-Etat kürzen und die Zahl ihrer Reporter verringern oder investigative Rechercheeinheiten auflösen, liegen meiner Ansicht nach völlig falsch. Es kann ja nicht die Rolle des kleinen Mannes sein – nennen wir ihn mal den Blogger –, etwa großen Ölkonzernen die Stirn zu bieten oder zu versuchen, eigenmächtig zu recherchieren. Solche Leute haben weder die Kontakte noch die finanzielle Ausdauer, die ein Medienhaus braucht, um sich auch mal für einen Rechtsstreit zu wappnen. Man könnte zwar einwenden, dass niemand so verrückt sein kann gegen Blogger vorzugehen, doch wir alle wissen auch, dass Großunternehmen und Größenwahnsinnige sehr fies werden können und eine Enthüllung ihrer Machenschaften um jeden Preis verhindern wollen. Gegen sie zu stänkern, kann sehr gefährlich werden. Und deshalb braucht es potentere, finanziell besser ausgestattete Medienunternehmen, die den investigativen Journalismus unterstützen und es sich zudem leisten können, Reporter und Korrespondenten rund um den Globus zu schicken und sich im Ernstfall hinter sie zu stellen.

■ *Dann würden sich Qualitätszeitungen zu Schutzgeistern und Statussymbolen einer Elite entwickeln?*

Was wir in zehn, zwanzig Jahren auf jeden Fall erleben werden, sind viel stärker auf Analyse ausgerichtete Blätter. Und wir werden erleben, wie Verleger die Nerven verlieren, und zwar die selbstherrlichen und diejenigen, die zuviel auf ihre Berater gehört haben, als die ihnen rieten, ihre Druckerpressen möglichst schnell nach Nigeria zu verschiffen und ab sofort nur noch als digitale Marke zu existieren. Aber es wird natürlich auch Medienmarken geben, die den Pressemarkt, ihre Redaktionen und ihr Korrespondentennetz sorgfältig prüfen werden und mit ihren Werbepartnern verhandeln. Sie werden zu dem Schluss kommen, dass es noch Bedarf an Innovationen und einer Idee dessen gibt, was ein Produkt heute ausmacht. Ich glaube sogar, dass etwas Handfesteres dabei herauskommen könnte, als wir es erwarten.

»Es wird weiterhin gute Argumente für Print geben.«

■ *Was könnte das konkret sein, wenn Sie an den Medienmarkt der Zukunft denken? Werden so genannte Just-in-time-Zeitungen das Genre beleben?*

Wie reden hier über eine neue Art der Nachrichtenzirkulation: Meine ersten Nachrichten bekomme ich morgens aus dem Laptop, weil der neben meinem Bett steht. Was ich aber möchte, ist eine Zusammenfassung: Wenn ich zwanzig Minuten später meine Wohnung verlasse, möchte ich gewappnet sein und zumindest wissen, was in der Welt passiert ist. Und danach, auf dem Rücksitz meines Autos, das mich zum Flughafen bringt, möchte ich vielleicht einen Podcast hören und im Flugzeug selbst möchte ich wahrscheinlich eher Analysen und längere Storys lesen. Und diesen großen analytischen Überblick entnehme ich weiterhin der Zeitung. Diese Zeitung kann in einer traditionellen Druckerei gedruckt worden sein oder auch am Münchener Flughafen, in Charles de Gaulle oder Heathrow, wo digitale Zeitungen künftig à la minute produziert werden. Das bedeutet, dass diese Zeitungen um sieben Uhr morgens gedruckt werden und man sie um halb acht im Flugzeug übereicht bekommt. Hier sehe ich noch großen Spielraum für Innovationen. Es wird weiterhin gute Argumente für Print geben. Am Ende des Tages, bevor ich zu Bett gehe, möchte ich mir vielleicht noch eine interessante Debatte ansehen und wende mich zu diesem Zweck »meiner« Medienmarke zu. Entscheidend aber ist, ob diese Medienmarken imstande sein werden, die Aufmerksamkeit der Nutzer über den gesamten Tag auf sich zu konzentrieren. Und genau das wird es sein, worum in Zukunft die Schlachten gekämpft werden – ob im Video- oder Audiobereich, Print und via Bildschirm.

■ *Welche Zeitungsmarken werden in zwanzig Jahren noch Bestand haben?*

In den nächsten zwei Jahrzehnten werden ohne Frage Marken wie die japanische *Yomiuri Shimbun*, heute die Zeitung mit der weltweit größten Auflage, dominant sein. Dabei muss man aber bedenken, dass zur *Yomiuri Shimbun* auch NTV gehört, einer der wichtigsten japanischen Fernsehsender. Außerdem betreibt die größte Zeitungsmarke der Welt eines der besten Korrespondentennetzwerke und eine sehr aggressive Website. Auch die *Financial Times* hat enormes Potenzial, anscheinend soll es diesen Sommer einen Relaunch ihrer Website geben. Mit einem überzeugenden Online-Angebot könnte die *FT* jetzt Grundlagen für ihre Zukunft schaffen. Es hängt allerdings davon ab, wie gut das Videoangebot

sein wird, wie die Kommentarfunktion ausfällt, ob es neue Kolumnisten gibt, und ob die bisherigen Redakteure und Leitartikler allesamt mikrofon- und kameratauglich sind. Es gibt viel zu tun, aber
ich denke, dass die *FT* eine Chance hat, auch weil sie attraktiv für
Werbekunden ist. In Nordamerika könnte es die *New York Times*
schaffen, allerdings muss ihr Videoangebot noch verbessert werden. Auch nutzt die Times ihr Korrespondentennetz noch nicht
richtig. Man könnte fast meinen, dass dieses Unternehmen noch
nie Fernsehen besessen hätte, dabei hatte es eine riesige TV-Sen-
derkette. Nicht zuletzt könnte der brasilianische Medienkonzern
Globo einer der Major Player werden – sowohl in Lateinamerika
als auch in Nordamerika.

▌ *Können also nur Großkonzerne überleben, oder gibt es auch klei-*
nere Zeitungsmarken mit zukunftsweisenden Konzepten?

Die italienische Zeitung *Il Foglio* zum Beispiel: Sie vereint aufs
Interessanteste alles, was eine moderne Zeitung ausmacht. Sie hat
zwar nur eine Auflage um die 13.000 Exemplare, was sehr wenig
ist. Allerdings umfasst sie lediglich zehn bis zwölf, manchmal 16
Seiten, und sie erscheint im Broadsheet-Format, ist also sehr leicht
zu transportieren. Außerdem bietet sie wunderbare Denkanstöße,
derentwegen man eine Zeitung ja kauft. Auf wenigen Seiten bekommt man viele Informationen geliefert: Es wird analysiert,
kritisiert, es werden tiefgründige Interviews gedruckt, kurzum:
Diese Zeitung bietet alle wichtigen Hintergründe, so dass man
wenig Lust verspürt, solche Geschichten online zu lesen. Die Leute
wollen ja gründlich recherchierte Geschichten eigentlich nicht am
Bildschirm lesen, aber sie wollen Texte, die länger sind als 200 bis
300 Worte. Und sie wollen Detailanalysen und Leitartikel.

▌ *Finden Sie, dass Qualitätsjournalismus durch Steuergelder bezu-*
schusst werden sollte?

Wir sind ja mittendrin in dieser Debatte, ob der Staat in die Medienlandschaft eingreifen darf. Staaten haben natürlich ein Interesse daran sicherzustellen, dass ihre Bevölkerung ausreichend

informiert wird, oder dass die Welt eine bestimmte Sicht auf die Dinge hat. Daher gibt es auch die Deutsche Welle und den BBC World Service, also Organisationen, die durch die Außenministerien finanziert werden. Damit gibt es also schon eine staatliche Unterstützung bestimmter Medienangebote! Was mich allerdings bis zu einem gewissen Grad überrascht, ist die Haltung der BBC, jetzt auch noch ein globales Printprodukt herauszugeben. Natürlich gibt sie bereits jetzt schon unter anderem eine Afrika-Zeitschrift heraus. Und seit längerem liest und hört man von einem Projekt mit dem Arbeitstitel *Phoenix*, das ein *Economist* nach BBC-Machart werden soll. Hier findet also bereits etwas statt, das zwar keine Zuwendungen durch das Außenministerium erhält, aber offensichtlich das Korrespondentennetzwerk des World Service nutzt, der wiederum indirekte Beihilfen vom britischen Außenministerium erhält. Der Staat ist also schon längere Zeit dabei, den Qualitätsjournalismus zu bezuschussen.

▋ *Beobachten Sie das nur in Europa?*

Dasselbe ließe sich auch über den arabischsprachigen Nachrichtensender Al-Dschasira sagen. Möglicherweise bringt er demnächst in der gesamten arabischen Welt eine Zeitung heraus, die immer freitags erscheint, entweder auf Englisch oder Arabisch. Auch dieses Projekt wird staatlich bezuschusst, nämlich vom Emirat Katar. Bei staatlichen Beihilfen geht es aber nicht nur darum, Einfluss auszuüben. Es steckt auch der Ansatz dahinter, dass sich Regierungen einen Namen machen wollen, indem sie sagen: »Wir wollen die klügsten, bestinformierten Bürger der Welt haben, die hinausgehen und die richtigen Geschäftsentscheidungen treffen und in der Lage sind, ihre Möglichkeiten zu entdecken.« Und ich habe nicht den geringsten Zweifel, dass die Regierung von Singapur oder die Regierungen im Nahen Osten irgendein Problem damit hätten. Tatsache ist, dass das auch ausländische Investoren anlocken könnte.

▋ *Könnten auch private Förderer eine sinnvolle Alternative darstellen?*

Auch das passiert ja bereits! Sogar bei *Monocle* erleben wir das: Wir haben Leser, die bereit sind, für ihr Abonnement weitaus mehr zu zahlen, als sie müssten. Sie tun das, weil sie finden, dass wir etwas anbieten, das nicht nur für die Medienlandschaft, sondern auch für den Journalismus notwendig ist. Es gibt also besorgte Bürger und Konsumenten, die die Erosion des Qualitätsjournalismus kommen sehen und helfen wollen, Marken wie unsere zu stärken.

Marc Fisher

Geboren 1958, ist seit über zwanzig Jahren Redakteur der *Washington Post*. Seine Kolumne erscheint dreimal wöchentlich in der Druckausgabe, außerdem bloggt er täglich auf *washingtonpost. com* (*Raw Fisher*) und betreibt den wöchentlichen Politik-Chat *Potomac Confidential*. Jeden Tag kommentiert Fisher die aktuelle Nachrichtenlage beim *Washington Post Radio* und schreibt eine weitere Kolumne über Radio und Musik (*The Listener*), die in der Sonntagsausgabe der *Post* erscheint. Vor seiner Kolumnisten- und Bloggertätigkeit war Fisher verantwortlicher Seite-1-Redakteur für Features und Breaking News. Fisher studierte Geschichte an der Princeton University und arbeitete ab 1981 für den *Miami Herald*, bevor er 1987 als Lokalreporter zur *Post* wechselte. 1989 ging Fisher als Auslandskorrespondent der *Post* nach Deutschland, zunächst als Leiter des Bonner, dann des Berliner Büros. Seine Eindrücke zum Fall der Berliner Mauer und zu den Schwierigkeiten nach der deutschen Wiedervereinigung verarbeitete er in über 800 Zeitungsartikeln und dem Buch »After the Wall: Germany, the Germans and the Burdens of History« (1995). 2007 veröffentliche Fisher »Something in the Air: Radio, Rock and the Revolution That Shaped a Generation«, ein Buch über die Geschichte des Radios von den 1950er Jahren bis heute. Fishers publizistische Arbeit wurde mit zahlreichen Journalistenpreisen geehrt, u. a. mit dem Associated Press Award für seine Kolumnen und mit dem Overseas Press Club Award für Auslandsberichterstattung. 2004 lehrte Fisher als Ferris Professor für Journalistik an der Princeton University. Fisher lebt mit seiner Frau und seinen zwei Kindern in Washington DC.

»In zehn Jahren wird Journalismus vollkommen anders aussehen«

Zeitungsjournalisten sollten sich auf ihre Stärken konzentrieren: Marc Fisher, Redakteur und Blogger der *Washington Post*, erklärt, welche viel versprechenden Entwicklungen es im Journalismus gibt.

▌ *Mr. Fisher, ein Ende der weltweiten Wirtschafts- und Finanzkrise ist noch lange nicht in Sicht – wie ernst sollten Journalisten die gegenwärtige Situation nehmen?*

Sehr ernst, weil sie auch eine nie da gewesene Krise unseres Berufsstandes bedeutet. Erst kürzlich habe ich Joshua Micah Marshall, der das erfolgreiche Politik-Blog *Talking Points Memo* betreibt, interviewt. Er ist überzeugt davon, dass wir gegenwärtig ein goldenes Zeitalter für journalistische Ausdrucksformen erleben, es für Journalisten aber alles andere als rosig aussieht. Derzeit ist die berufliche Existenz einer ganzen Journalistengeneration bedroht. Und selbst diejenigen, die ihre Jobs behalten dürfen, verlieren zunehmend an Einfluss. Sie mühen sich mehr ab als je zuvor und haben dadurch weniger Zeit für Qualitätsarbeit. Zugleich beobachten wir eine extreme Zunahme von Meinungsmache und eine Dynamisierung der Nachrichtenzyklen. Der Zusammenbruch des klassischen Geschäftsmodells journalistischer Arbeit hat letztlich dazu geführt, dass wir in einer Welt leben, in der zwar immer mehr Informationen verfügbar sind, sich die professionellen Berichterstatter aber um ihre Zukunft sorgen müssen. Auf diese Weise nimmt die Qualität der gesamten Medienberichterstattung stetig ab. Das sollte nicht nur Journalisten Sorgenfalten auf die Stirn treiben, sondern allen Bürgern.

▌ *Wenn Sie die technologischen Neuerungen der vergangenen zehn Jahre als Chance für den Journalismus begreifen: Wovon profitieren wir?*

Für die Befürworter des Internet und seines Einflusses auf alle Lebensbereiche sind es natürlich in erster Linie die partizipatorischen Qualitäten der neuen Technologien, die uns ermöglichen, mehr Meinungen auszutauschen und Informationen über viele verschiedene Kanäle abzurufen. Ich aber habe die Sorge, dass es bei dieser Argumentation immer nur um die gut gebildeten und – wenn man so will – vernünftigen Nutzer geht, die sich schnell in den neuen Medien zurechtfinden und kompetent sind, innovative Medienangebote zu konsumieren. Der Fokus liegt also immer auf solchen Personen, die so viel Zeit und Kompetenz haben, Informationen im Netz überhaupt aufzuspüren. Für die Masse der Menschen aber bedeutet der Verlust der alten Medienstruktur, dass sie sich von einigermaßen informierten hin zu völlig uninformierten Bürgern entwickeln. Menschen, die selten Zeitung lesen oder Nachrichten im Fernsehen sehen, sind die eigentlichen Verlierer des derzeitigen Medienwandels, denn sie sind weit davon entfernt, selbst die Initiative zu ergreifen und zehn verschiedene Sichtweisen einer Story im Internet zu lesen. Mit dem Aussterben der gedruckten Zeitung verlieren wir zudem die Möglichkeit, beim Überfliegen der Seiten zufällig über Nachrichten zu stolpern. Und mit dem Wechsel vom linearen Programm- zum Abruffernsehen im Internet bleiben wir auch nicht mehr beim beiläufigen Umschalten auf einem Nachrichtenkanal hängen, der gerade Wichtiges berichtet. Dieses beiläufig erworbene Wissen ist meiner Meinung nach essentiell für die Demokratie, weil es die Massen erreicht. Wenn uns diese Möglichkeit genommen wird, ist das ein wirklich schlimmer Verlust für unsere demokratische Gesellschaftsordnung.

»Viele Kollegen halten Leserkommentare im Netz für eine Gefahr für die Glaubwürdigkeit.«

▌ *Sie selbst bloggen sehr viel und produzieren eigene Podcasts. Welche Wege gibt es, professionellen Journalismus mit innovativen Ausdrucks- und Organisationsformen im Netz neu zu erfinden?*

Es ist ein langsamer Prozess für mich persönlich, weil ich ja eine klassische Zeitungskolumne und nur nebenher den Blog schreibe. Ich habe mich aber nie davor gescheut, neue Technologien und Techniken einzusetzen und mit ihnen zu experimentieren. Auch versuche ich regelmäßig, meine Leser einzubinden, zum Beispiel habe ich einmal in meinem Blog geschrieben, dass ich von einem gewissen Ereignis gehört hätte und die Leser um mehr Informationen dazu gebeten. Das ist eine neue Art informellen »Crowdsourcings«: die Intelligenz des Publikums nutzen, um an aktuelle Informationen zu gelangen. Bei der *Washington Post* ist diese Vorgehensweise ansonsten eher unüblich, aber einige andere Zeitungen nutzen das Internet mittlerweile für solche und ähnliche Zwecke – was größtenteils auch sehr sinnvoll ist.

■ *Erzählen Sie uns bitte mehr davon.*

Es gab beispielsweise in Florida eine Zeitung, die an einer Geschichte über ein Wasserwerk in der Region recherchierte. Es gab Gerüchte, dass das Wasserwerk überhöhte Preise für seine Dienstleitungen forderte. Anstatt einen Reporter loszuschicken, um die Rechnungen zu überprüfen und herauszufinden, was eigentlich los ist, bat die Redaktion einfach die Leser ihrer Website, ihnen Kopien ihrer Wasserrechnungen zu schicken. Und so konnten sie innerhalb kürzester Zeit eine enorme Datenbank aufbauen, die ohne die Hilfe der Leser nicht zustande gekommen wäre. Das ersparte der Redaktion eine Menge Arbeit. Sie analysierte daraufhin die Rechnungen und machte die Regierung auf die Missstände aufmerksam. Ein weiteres Beispiel ist ein Radiosender in New York, der Hinweise erhielt, dass einige Lebensmittelgeschäfte in ärmeren Gegenden höhere Preise für Brot und Milch verlangten als in reicheren Bezirken. Und anstatt Reporter in die verschiedenen Stadtviertel zu schicken, baten sie einfach die Hörer darum, ihnen die Preise für Milch und Brot und den jeweiligen Lebensmittelladen zu nennen. Dann legten sie eine Datenbank im Internet an, die sie mit Daten von Google Maps versahen. So konnte jeder sofort sehen, dass die Vorwürfe stimmten. Und jeder Radiohörer konnte in das jeweilige Geschäft gehen und die Inhaber persönlich zur Rede stellen.

■ *Mögen Sie die Leserkommentare auf Ihrer Website?*

Wir haben bei *washingtonpost.com* sehr früh damit begonnen, Leserkommentare in die Berichterstattung aller Ressorts einzubinden. Das war und ist immer noch umstritten in den jeweiligen Redaktionen. Es gibt einige Kollegen, die in solchen Kommentaren eine Gefahr für unsere Glaubhaftigkeit erkennen und das für Teufelszeug halten. Viele Redakteure meinen, es lasse unsere Inhalte weniger glaubwürdig erscheinen, wenn unter seriösen Online-Nachrichtenbeiträgen Verunglimpfungen auftauchen. Es gibt aber andere Kollegen, mich eingeschlossen, die finden, dass Leserkommentare ein wichtiges Instrument des Dialogs mit den Lesern ist. Unsere Veröffentlichungen stehen für sich selbst, die Kommentare stehen separat.

■ *Welche Zukunft hat das Berufsbild des Community-Redakteurs, der ausschließlich für das Auswählen und Redigieren von Leserkommentaren zuständig ist, auch für das Zensieren von Polemik, Hasstiraden und ähnlichem?*

Natürlich haben wir automatische Filter auf unserer Webseite, die sowohl Beleidigungen als auch moralisch bedenkliche Verunglimpfungen blockieren. Sie funktionieren ziemlich gut, aber nicht perfekt. Zum Beispiel filtern sie keine Leserkommentare heraus, in denen herumgepöbelt oder sich gegenseitig beschimpft wird. Ich mahne das immer wieder an. Meine eigene Erfahrung mit Kommentaren ist, dass sie sehr anschlussfähig sind und wenn wirklich einmal etwas außer Kontrolle gerät, springt meist ein anderer Kommentator ein und hält dagegen. Diese Selbstkontrolle funktioniert in den meisten Fällen. Wir haben also keinen Kollegen, der ausschließlich Kommentare überwacht, das macht jeder bloggende Redakteur selbst.

■ *Wie empfindlich reagieren Sie auf die Kommentare zu Ihren Artikeln und Blog-Einträgen?*

Mitunter reagiere ich auf Fragen, Kritik oder Anregungen, aber wenn etwas offensichtlich aus dem Ruder läuft, schreite ich nicht ein. Ich mische mich nur ein, wenn eine spezielle Frage gestellt oder Fakten nachgefragt werden. Dann antworte ich genauso im vorgegebenen Kommentarfeld, über das auch die Leser miteinander kommunizieren. Aber wenn ich persönlich angegriffen werde, reagiere ich so gut wie nie, denn ich hatte ja bereits in dem Artikel die Chance, meine Position deutlich zu machen – und dann sind die Leser an der Reihe.

■ *Wenn Sie Ihre Artikel schreiben und regelmäßig auf Kommentare reagieren, treten Sie in einen ständigen Dialog mit den Lesern: Haben Sie keine Bedenken, dass Sie der interaktive Rückkanal in ein unermüdliches Reiz-Reaktionsschema presst, das kein Ende mehr findet?*

Diese Gefahr besteht durchaus. Ich habe das Problem für mich so gelöst, dass ich nach Veröffentlichung eines Artikels erstmal nicht mehr auf die Webseite gehe. Ich schaue mir die Kommentare zu meinen Einträgen von heute erst morgen wieder an und reagiere dann, falls nötig. Wenn der Dialog ohne mich weitergeht, ist das gut so, denn besonders viel Zeit habe ich dafür nicht. Hin und wieder sehe ich mich allerdings gezwungen, die Kommentarfunktion für einen Tag auszuschalten, so dass keine Kommentare mehr hinzugefügt werden können. Solche Restriktionen sind aber eher selten, schließlich will ich meine Leser nicht verprellen.

■ *Wie rege ist die Beteiligung an den Diskussionen als Reaktion auf ihren Blog?*

Das kommt ganz auf das Thema an. Vor ein paar Monaten schrieb ich zum Beispiel über ein neues Gesetz, das in einem der Washingtoner Vororte in Kraft getreten war: In Montgomery County sollte das Verhältnis zwischen Personen und deren Hausangestellten gesetzlich geregelt werden. Dieser Blog-Eintrag bekam sechzig Kommentare, während ein anderer Eintrag über öffentliche Bibliotheken nur zwanzig erhielt. Als ich einmal über ein Waffenthema schrieb, gab es innerhalb kürzester Zeit über hundert Kommentare. Die Zahl der Kommentare ist also keineswegs konstant. Man kann auch über 150 Kommentare zu einem Eintag bekommen, der nur von wenigen Nutzern wirklich gelesen wurde. Und man kann genauso für einen Blog-Eintrag, den Etliche gelesen haben, nur drei Kommentare bekommen. Dies zeigt, dass nur bestimmte Reizthemen viele Kommentare provozieren. Ich gehe davon aus, dass weniger als fünf Prozent der Leser eines Blogs überhaupt jemals einen Kommentar schreiben würden.

»Die größte Herausforderung ist das nackte Überleben.«

■ *Wie geht es dem traditionellen Verlagsgeschäft der Washington Post Company? Wie arg sind die Redaktionen von den Budgetkürzungen und Personaleinsparungen betroffen?*

Wir haben das Glück, dass unser Verlag einer Verlegerfamilie gehört, die sich immer schon dem seriösen Journalismus verpflichtet fühlt und dafür eine niedrigere Profitmarge in Kauf nimmt, als dies in der Branche für gewöhnlich der Fall ist. Anderseits sind auch wir nicht immun gegen die Gesetzmäßigkeiten des Marktes und haben ähnliche Probleme wie andere Zeitungen auch. Die *Washington Post* hat zwar mehr Leser als viele andere Zeitungen, und uns hat die Krise bisher weniger hart getroffen als andere, aber trotzdem leiden wir. Wir fragen uns ernsthaft, ob unsere Druckausgabe auf lange Sicht oder sogar mittelfristig noch profitabel ist. Vor einem Jahr hätte ich noch gesagt, dass gedruckte Zeitungen sicher noch mindestens ein Jahrzehnt existieren werden. Heute bin ich mir da nicht mehr so sicher.

▍ *Sie als mehrfach ausgezeichneter Printjournalist geben der gedruckten Zeitung also nicht einmal mehr zehn Jahre?*

Ich möchte wirklich nicht übertreiben, aber wenn ich ehrlich bin, wird es nicht einmal mehr fünf Jahre dauern, bis Zeitungen verschwinden. Der Auflagenrückgang beschleunigt diesen Prozess mit einer solchen Geschwindigkeit, dass viele Fachleute in den USA inzwischen von einer »Todesspirale« sprechen. Wenn man sich darauf einlässt, wird die Beschleunigung noch weiter angefeuert, sprich: Je mehr wir darüber reden, desto schlimmer wird es.

»Heute gehöre ich plötzlich zu den Ältesten, ein merkwürdiges Gefühl.«

▍ *Wie wirkt sich diese Entwicklung generell auf das Arbeitsklima in Ihrer Reaktion aus?*

Es ist vor allem ein moralisches Problem: Die Mitarbeiterzahl der *Washington Post* ist in den letzten Jahren von 950 auf etwa 680 Personen geschrumpft, dadurch haben wir viele ältere Kollegen verloren – eine ganze Mitarbeitergeneration war plötzlich weg. Zukünftig wird sie aber noch weiter zusammenschrumpfen. Noch vor fünf Jahren gehörte ich zu den Mitarbeitern mittleren Alters. Heute gehöre ich plötzlich zu den Ältesten, ein merkwürdiges Gefühl. Was besonders fatal ist: Wir verlieren dadurch einen Großteil unseres institutionellen Gedächtnisses und wichtige Kompetenzen für Dinge, die wir bisher so gut konnten. Überlegen Sie mal: Wer soll uns noch erklären, wie stark wir uns verändern, wenn keiner mehr weiß, wie es früher war? Die wichtige Frage ist deshalb, ob wir uns weiterhin schrittweise selbst beschneiden, oder ob wir uns entschließen, uns ab sofort auf die drei, vier Dinge zu konzentrieren, die wir gut können und den Rest abzustoßen. Das ist wirklich eine schwierige Frage.

▮ *Was fiele den unter den »Rest«, der notfalls abgestoßen werden könnte?*

Dieser Rest könnte alles sein, ausgenommen sind natürlich nationale und internationale Nachrichten, Regionalberichterstattung, regionaler Sport und Kunst. Es könnte zum Beispiel bedeuten, dass wir keine Sonntagsausgabe mehr produzieren, dass wir das Gesundheitsressort einsparen oder das Ressort zum Thema Essen, dass wir nicht mehr über die weiter entfernten Vororte berichten, sondern uns nur noch auf die Innenstadt und die nahen Vororte beschränken. Dies wäre alles möglich, aber das würde auch heißen, dass wir eine sinkende Auflage in Kauf nehmen müssten, denn einige unserer Leser würden daraufhin sicherlich ihr Abonnement kündigen. Bisher konnten wir uns glücklicherweise davor drücken, solche Entscheidungen treffen zu müssen, aber schon bald zwingt uns die ökonomische Situation dazu.

▮ *Die Washington Post ist eine der führenden Marken im Qualitätsjournalismus, ein so genanntes »Prestige Paper«. In den vergangenen Jahren expandierte der Verlag aber stark in Nebengeschäfte wie den Bildungssektor. Was steckt hinter dieser Geschäftsstrategie?*

Die *Washington Post* war früher das Herz des Unternehmens, mittlerweile ist sie nur noch ein Teil davon. Verstehen Sie mich nicht falsch: Diese Entwicklung ist das Beste, was der Zeitung passieren konnte. Nur so konnten wir uns einigermaßen vor den Problemen schützen, die etwa der *New York Times* oder anderen Blättern derzeit blühen. Die *Times* ist beispielsweise ein reines Nachrichtenunternehmen: Nachrichten sind alles, was sie jemals produziert hat, weshalb die New York Times Company in viel ernsteren finanziellen Schwierigkeiten steckt als wir. Das Unternehmen muss den Rückgang der Werbeumsätze und der Zeitungsauflagen schultern, es hat keine weiteren Finanzierungsspielräume. Wir dagegen stehen momentan besser da, weil wir Kaplan Inc. gekauft haben, einen amerikaweit führenden Anbieter in der Weiterbildung und Karriereplanung. Kaplan wuchs von einem zunächst eher kleinen zu unserem wichtigsten Geschäftsbereich heran. Wegen der positiven Entwicklung im Bildungsbereich können unsere Geschäftsführer im Zeitungsgeschäft weniger Gewinne verkraften, weil die Geschäfte von Kaplan Inc. zur Querfinanzierung genutzt werden. Letztlich muss aber auch die *Washington Post* irgendwie Geld verdienen. Daher ist es unsere Aufgabe, für die Redaktion eine gesunde wirtschaftliche Größe zu finden und neue Möglichkeiten, wie sich unsere Inhalte im Internet verkaufen lassen und Werbetreibende davon überzeugt werden können, dass die Leserschaft im Internet ebenso wertvoll ist wie die der gedruckten Zeitung.

▮ *Mit welchen Herausforderungen haben Journalisten in den kommenden Jahren zu rechnen?*

Die größte Herausforderung ist das nackte Überleben, nämlich, ob die Zeitung in ihrer jetzigen Form überlebt, und wie die Internet-Aktivitäten der Zeitungsverlage ausgestaltet werden. Ein weiteres Problem ist allerdings, ob unsere Gesellschaft einen Bedarf an Nachrichtenredaktionen sieht, sprich: Bis zu welchem Grad ergeben Massenmedien als Informationsquelle überhaupt noch Sinn in einer Welt, in der die Nutzer glauben, sie seien selbst die Schleusenwärter des Nachrichtenflusses? Natürlich können sich die Menschen ihre eigenen Nachrichtenprofile erstellen, anderseits haben sie ein Verlangen danach, Geschichten zu erzählen und zu erfahren. Ich denke, dieses Verlangen ist es, das den Journalismus retten wird.

▮ *Wie meinen Sie das?*

In zehn Jahren wird der Journalismus vollkommen anders aussehen, als wir ihn aus unserer Berufserfahrung kennen. Er wird interaktiver und lässt mehr Spielräume zur Gestaltung durch die Nutzer zu. Das Problem dabei ist, dass es die Massenmedien im herkömmlichen Sinne nicht mehr geben wird. Wir leben ja in einer Ära, die aus tausenden von Nischen besteht, und das ist großartig für Menschen, die wissen, welche ihre Nische ist, und die die Fähigkeit besitzen, sich ihre eigene Nische zu schaffen. Es ist allerdings verheerend für den Großteil derjenigen, die sich nicht für Politik, die Regierung oder das Weltgeschehen interessieren. Auf den ersten Blick scheint das ein Problem des Journalismus zu sein, aber in Wirklichkeit ist es ein Problem für die Demokratie: Wenn es keine Massenmedien mehr gibt, die letztlich unsere gemeinsame Gesprächsbasis bilden und helfen, Politik und die Weltläufe zu verstehen, hat man keine informierten Wähler und keine funktionierende Demokratie mehr.

> »Wir werden schlimme Zeiten durchmachen, doch danach wird die Sonne umso heller scheinen.«

▮ *Haben Sie Hoffnung, dass sich der Qualitätsjournalismus künftig noch finanzieren lässt?*

Im Moment wird ja sehr viel experimentiert. Es gibt zum Beispiel gemeinnützige Projekte zur Förderung des Qualitätsjournalismus wie das Redaktionsbüro *ProPublica*, das versucht, investigativen Journalismus zu betreiben und seine Geschichten kostenfrei über das Internet zu verbreiten. Zudem gibt es Überlegungen in den Zeitungsunternehmen – beispielsweise auch bei der *Washington Post*, Universitäten oder Stiftungen gezielt um Fördermittel zu bitten. Die Chancen auf eine Förderung des Qualitätsjournalismus durch gemeinnützige Geldgeber sind meiner Meinung nach viel versprechend, wir dürfen dabei aber nicht vergessen, dass die Nutznießer dieser Förderung wiederum eine wohlhabende Informationselite ist.

■ *Welche Info-Angebote nutzt denn die Informationsparia im Internet?*

Die Mehrheit der US-Amerikaner orientiert sich an den am stärksten frequentierten Suchmaschinen wie Google, Yahoo! und MSN. Das ist genau der Punkt, an dem es interessant wird: Wenn Zeitungen verschwänden und stürben, dann verlören *Google News* und *Yahoo! News* einen Großteil ihrer Nutzer, weil sie keine eigenen Nachrichten produzieren. Sollte dieser Fall eintreten, brauchen sie Inhalte – und die Frage ist: Werden sie das Rad neu erfinden und selbst Nachrichtenredaktionen gründen? Oder sagen sie: »Sorry, wir machen keine Nachrichten«? Oder versuchen sie, Nachrichten durch die Nutzer zu generieren, indem sie die Leser auffordern, Informationen zu liefern? Ich glaube, sie werden versuchen, Freiwillige zu finden, es wird sich jedoch schnell herausstellen, dass es keinerlei Qualitätskontrolle dafür gibt. Und deshalb ist es durchaus möglich, dass wir in eine Phase von fünf oder zehn Jahren eintreten, in der alles auseinander bricht, jeder gefeuert wird, und schließlich Google und Yahoo! 10.000 Journalisten einstellen und alles von Neuem beginnen: auf eine andere Art und Weise zwar, aber mit dem Ziel die gleichen Bedürfnisse zu stillen. Ich denke, wir werden schlimme Zeiten durchmachen, doch danach wird die Sonne umso heller scheinen.

■ *Sehen Sie den Staat in der Pflicht, sich finanziell für das öffentliche Pressewesen einzusetzen?*

Für die USA schließe ich eine solche Lösung kategorisch aus. Wir sind zu sehr der Überzeugung verfallen, dass die Regierung keinesfalls Einfluss auf die Presse ausüben darf. Hier kann sich eigentlich niemand vorstellen, wie so etwas politisch umgesetzt werden sollte. Es gibt sicher Politiker, die einen solchen »dritten Weg« gerne beschreiten würden, und vielleicht entscheiden sich auch einzelne Gemeinden, so etwas auf lokaler Ebene auszuprobieren. Es wäre ja durchaus denkbar, dass die Kommunen Lokalzeitungen unterstützen, die andernfalls eingehen würden. Aber in größerem Umfang auf nationaler Ebene halte ich das für ausgeschlossen. Selbst das National Public Radio hat in den vergangenen 15 bis zwanzig Jahren sukzessive staatliche Subventionen einbüßen müssen. Ich denke also nicht, dass sich die politischen Kräfte nun im Hinblick auf den Zeitungsmarkt in die andere Richtung bewegen werden.

▪ *Paul E. Steiger, dem Leiter des besagten Redaktionsbüros ProPublica, wird mitunter vorgeworfen, einen Kannibalisierungseffekt voranzutreiben, weil er Spitzenjournalisten abwirbt, um sie für seine Stiftungsinitiative zu gewinnen. Traditionelle Zeitungsverlage könnten sagen:* »*Wozu sollten wir noch Recherchen finanzieren, das macht doch ProPublica!*«

Ich glaube nicht, dass ein Kannibalisierungseffekt eintritt, wenn einige Top-Reporter von großen Zeitungen abgeworben werden. Diese Reporter sehen für sich offenbar größere Karrierechancen bei *ProPublica* als bei ihren ehemaligen Arbeitgebern. Man kann ihnen das nicht verübeln. Wenn sie kündigen wollen, sollten sie dies tun und dazu ermutigt werden. Meine Bedenken wegen *ProPublica* sind ganz andere: Dass investigative Geschichten irgendwann nicht mehr in der Zeitungen stattfinden und damit auch kein Zeitungspublikum mehr erreicht wird. Zwar hat *ProPublica* seine erste Geschichte zusammen mit *60 Minutes* veröffentlicht, einer investigativen Magazinsendung, die seit über vierzig Jahren vom TV-Sender CBS ausgestrahlt wird und ein großes Publikum erreicht. Aber mein Eindruck ist trotzdem, dass ihre Recherchen künftig eher in Hochglanzmagazinen veröffentlicht werden oder lediglich auf der Webseite von *ProPublica*, wo sie von denselben Leuten wahrgenommen werden, die ohnehin schon die BBC oder den *Guardian* nutzen. Das sind also keine Storys für die breite Bevölkerung, sondern richten sich an solche Leute, die sowieso schon gut informiert sind.

▪ *Paul E. Steiger bestätigte uns allerdings, dass es das Ziel und der Anspruch von ProPublica sei, ausschließlich mit Medienpartnern zusammenzuarbeiten, die per se eine große Reichweite haben. Wäre die Washington Post also ein möglicher Kooperationspartner?*

Die *Washington Post* sollte generell auf eine Zusammenarbeit mit Außenstehenden verzichten. Wir haben sogar Richtlinien, die solche Kooperationen formal verbieten. Wir arbeiten zwar bisweilen mit Universitäten, Stiftungen oder investigativen Projektinitiativen zusammen, allerdings nur, wenn sie völlig unabhängig sind. Der Einwand bei *ProPublica*, wie bei jeder anderen Organisation auch, ist die Frage, woher das Geld stammt, und ob ihre Förderer irgendwelche Bedingungen an die Unterstützung knüpfen. Es ist ja hinlänglich bekannt, dass sich die Gründer mit *ProPublica* ein Abschreibungsobjekt geschaffen haben, in das sie jedes Jahr viele Millionen Dollar investieren. Bei solchen Projekten sind wir sehr vorsichtig.

Todd Gitlin

Jahrgang 1943, ist Professor für Journalismus und Soziologie an der Columbia University in New York und international angesehener Kritiker der Bush-Administration. Außerdem ist er Mitherausgeber des Intelligenzblattes *Dissent*. In den 1960ern war Gitlin Mitorganisator der ersten öffentlichen Demonstration in den USA gegen den Vietnamkrieg und Sprecher von »Students for a Democratic Society«, einer Studentenorganisation, zu deren prominentesten Kritikern er sich heute zählt. Zu Gitlins Veröffentlichungen gehören zahlreiche Werke über Massenmedien und Politik, das intellektuelle Leben und die Künste. Zuletzt erschienen sind: »The Intellectuals and the Flag« (2006) und »The Bulldozer and the Big Tent. Blind Republicans, Lame Democrats, and the Recovery of American Ideals«(2007).

»Wir brauchen im Web dringend eine Qualitätskontrolle«

Ein Spagat: Warum die gedruckten Zeitungen ihr Markenzeichen Beständigkeit beibehalten sollten und gleichzeitig ihren Internetauftritt verbessern müssen, erzählt Todd Gitlin, Medienkritiker und Professor für Journalismus und Soziologie an der Columbia University, New York.

▌ *Herr Gitlin, können Sie sich vorstellen, dass Zeitungsredakteure und Reporter irgendwann vollständig auf online umsatteln?*

Ich kann mir so ziemlich alles ausmalen.

▌ *Sind wir nicht schon soweit, dass Edelfedern subventioniert werden müssen, um ihre Geschichten weiterhin drucken zu können?*

Einige dieser Edelfedern haben doch längst ihre Leidenschaft verloren, einige hatten sie nie, andere wiederum haben sie durch ihre Jagd auf Banalitäten vergeudet.

▌ *Meinen Sie mit »Banalitäten« die publizistische Ausrichtung an ,User Generated Content'?*

Das ist überhaupt nicht banal. Es ist doch offensichtlich, dass die Kapazitäten von Internet-Usern, Nachrichten zu fälschen und zu erfinden, gewaltig sind – und dadurch schwerwiegend. Wenn Sie an all die Falschmeldungen denken, die sich mit atemberaubender Geschwindigkeit im Netz verbreiten, ist doch klar, warum wir dringend eine Qualitätskontrolle brauchen, die dieses Problem eindämmt.

»Der Wert des Unerwarteten wird durch das eher zielgerichtete Lesen im Internet ausgehebelt.«

▌ *Warum brauchen wir heute überhaupt noch auf Papier bedruckte Zeitungen?*

Der reflektierende Akt der Zeitungslektüre wird einen hohen Stellenwert für jeden Staatsbürger behalten, der verstehen möchte, was in der Welt vor sich geht – einschließlich dem Bedürfnis zu wissen, was er oder sie nicht versteht. Einer der großen Vorzüge der gedruckten Zeitung ist ja, dass man ganz automatisch und ohne es zu beabsichtigen, auf Themen und Informationen gestoßen wird, von denen man gar nicht annahm, dass sie einen interessieren könnten. Genau dieser Wert des Unerwarteten wird durch das eher zielgerichtete Lesen im Internet ausgehebelt.

■ *Wenn Finanzspekulanten und Medienimperatoren wie Rupert Murdoch auf Einkaufstour gehen, geraten Zeitungsleute regelrecht in Panik. Verstehen Sie deren Befürchtung, dass der Qualitätsjournalismus untergehen könnte?*

Dass sich die Leute darüber aufregen, wenn Murdoch den Dow Jones Verlag übernimmt, resultiert ja aus zwei Erkenntnissen: Erstens, dass Murdoch seine Medien-Besitztümer regelmäßig als Vehikel für seine politischen Botschaften missbraucht und zweitens, dass er ihre Qualität beschneidet. Niemand würde bestreiten, dass er deswegen kein erfolgreicher Geschäftsmann ist! Ohne Frage stellt aber die Übernahme eines derart wichtigen Verlages durch einen solchen Mann eine Herausforderung für die journalistische Unabhängigkeit dar.

■ *Dieser Tage hat die WAZ-Gruppe, ein großer deutscher Zeitungsverlag, eine Online-Kooperation mit dem öffentlich-rechtlichen Fernsehsender WDR angekündigt. Helfen solche Strategien gegen das Zeitungssterben?*

Darauf kann man nur hoffen. Die bestehenden Zeitungsverlage bieten eine Beständigkeit – gewissermaßen ihr »Markenzeichen« –, die sie noch viel stärker kapitalisieren müssen. Dafür müssen sie aber erst einmal ihre Online-Performance so ausbauen und verbessern, dass sie mit den neueren, schnelleren, trendigeren Websites überhaupt mithalten können – und zwar nicht nur in punkto Aktualität, sondern auch bezogen auf ihr analytisches und multimediales Potenzial.

■ *Wie viel Zeit geben Sie denn der klassischen Zeitung noch?*

Keine Ahnung – sagen Sie es mir.

■ *Es gibt ja in den USA einige gut gemeinte Versuche, der Qualitätspresse unter die Arme zu greifen – zum Beispiel von Organisationen wie ProPublica. Was halten Sie davon?*

Ich habe im Prinzip nichts dagegen und halte solche Initiativen auch für sinnvoll, aber es ist noch zu früh, um sagen zu können, wie erfolgreich sie sind. Es gibt ja noch genügend andere interessante Projekte. Zum Beispiel ist mit dem *Washington Independent* gerade wieder eine neue Online-Zeitung gestartet, die sehr viel versprechend aussieht.

■ *Schafft es die Qualitätspresse also doch, auf lange Sicht ohne Subventionen und Fördergelder über die Runden zu kommen?*

Ich finde grundsätzlich schon, dass es Beihilfen für die Qualitätspresse geben kann, zum Beispiel auch aus Steuergeldern. Solche Modelle müssen aber vom Einflussbereich der Politik abgeschirmt werden, wie etwa bei der BBC. Auch vergleichbare Konzepte aus Schweden und Norwegen könnte man auf eine mögliche Übertragbarkeit oder Übernahme hin untersuchen.

Arianna Huffington

Jahrgang 1950, ist Co-Gründerin und Chefredakteurin der nach ihr benannten *The Huffington Post* mit Hauptsitz in New York. Die im Mai 2005 von Kenneth Lerer und Huffington begründete linksliberale Online-Zeitung, die vor allem durch ihre zahlreichen Blogs bekannt wurde, avancierte während des US-amerikanischen Präsidentschaftswahlkampfs im Jahr 2008 zur meistgelesenen unabhängigen Nachrichtenseite im Internet. Bei den kalifornischen Gouverneurswahlen im Jahre 2003 trat die 58-Jährige »Königin der Blogger« (*Der Spiegel*) zunächst gegen den Republikaner Arnold Schwarzenegger an, schied jedoch vorzeitig aus dem Wahlkampf aus, um den damaligen Gouverneur Gray Davis (Demokratische Partei) – letztlich vergeblich – zu unterstützen. Die gebürtige Griechin verfasste insgesamt zwölf Bücher, darunter mehrere Streitschriften über die politische Kultur in den USA und die Rolle der Frau in der modernen Gesellschaft sowie Biografien über Pablo Picasso und Maria Callas. Huffington studierte Wirtschaftswissenschaften an der britischen Cambridge University und engagiert sich für Kinderhilfsprojekte im Raum Los Angeles, wo sie mit ihren zwei Töchtern lebt. Seit 1997 ist sie geschieden von dem republikanischen Politiker und Filmproduzenten Michael Huffington.

»Ohne das Internet wäre Obama
nicht Präsident geworden«

Die Revolution der neuen Medien habe zu einer Renaissance des geschriebenen Wortes geführt – behauptet Arianna Huffington, Gründerin und Herausgeberin von *The Huffington Post*, einem der einflussreichsten politischen Nachrichtenangebote in den USA.

■ *Frau Huffington, gerade noch haben Sie mit dem 44. Präsiden-*
ten der Vereinigten Staaten seine Vereidigung gefeiert. Stimmt
es, dass die Wahl Barack Obamas vor allem dem wachsenden
Einfluss des Internet zu verdanken ist? Und haben Blogger die
Politikberichterstattung und Kampagnen-Strategien der Parteien
in den USA wirklich grundlegend verändert?

Ich bin überzeugt davon, dass Barack Obama heute nicht US-
Präsident wäre, wenn es das Internet nicht gäbe. Und Blogger
haben ebenso zu seiner Wahl beigetragen, wie Obamas eigene
Online-Kommunikationsstrategien, die ›State of the art‹ waren:
Von viralen Videokampagnen über SMS als Graswurzel-Kommu-
nikationswerkzeug bis hin zu Social Networks und deren Möglichkeiten, gigantische Spendenaufrufe zu starten – er hat einfach
etliche Spielarten des Internet mit einbezogen, die zu Schlüssel-
komponenten seines Erfolgs wurden. Wenn wir an alte Zeiten
zurückdenken – und das entspricht in der Ära der Neuen Medien
dem Jahr 2004, als es noch kein *YouTube*, kein virales E-Mail-Mar-
keting und keine *HuffPo* gab – konnten während des Wahlkampfs
noch dreiste Lügen erzählt werden, ohne dass das große Konsequenzen gehabt hätte. Auch wenn die traditionellen Medien diese
Lügen zunächst hinterfragten, wurden sie von Politikern einfach
so oft wiederholt, bis die Medien irgendwann aufgaben. Denken
Sie sich doch nur an die Rufmord-Kampagne, gegen die sich der
damalige demokratische Präsidentschaftskandidat John Kerry zur
Wehr setzen musste!

■ *Sprechen Sie also der gesamten Presse ihre Kritikfähigkeit ab?*

Die Traditionsmedien neigen dazu, sich schnell dem nächsten
Aufregerthema zu widmen. Blogger lieben es, eine Geschichte zu
hinterfragen. Sie sind richtige Pitbull Terrier: Wenn sie sich erst
mal in etwas verbeißen, ist es unmöglich, sie wieder davon loszu-
reißen.

■ *Eins zu null für Sie. Trotzdem ist nicht nur Positives über Blogger*
und ihresgleichen zu hören: Zum Beispiel glauben Leute wie Josef

Joffe, Herausgeber der Wochenzeitung Die Zeit, dass die All-for-nothing-Kultur im Netz das gedruckte Wort und den Qualitätsjournalismus gefährde – wofür er auch Sie und die Huffington Post verantwortlich macht.

Das ist doch vollkommener Quatsch! Seit dem ersten Interview, das ich gegeben habe, also noch lange bevor wir die *Huffington Post* starteten, habe ich immer die klare Position vertreten, dass es sich nicht um ein Entweder-Oder handelt – sondern dass wir derzeit eine Konvergenz neuer und alter Medien erleben, die auf eine hybride Zukunft zusteuert. Natürlich hat die Zeitungsindustrie derzeit mit tief greifenden Problemen zu kämpfen, diese Probleme wären aber keinen Deut weniger dramatisch, wenn es die *HuffPo* nicht gäbe. Ich verstehe unter Publizistik kein Nullsummenspiel, bei dem neue Publikatinsformen andere killen. Klar haben neue Technologien Einfluss auf klassische Verlagsmodelle – aber genau das spricht aus meiner Sicht eher dafür, dass es auch weiterhin um die Akzeptanz interessanter Themen gehen muss und dafür, Content so unter die Leute zu bringen, dass sie nicht widerstehen können. Was also die Zukunft des geschriebenen Wortes angeht, vertrete ich eine völlig entgegengesetzte Meinung als Herr Joffe: Tatsächlich ist eine der großen Nebenwirkungen der Medienrevolution, dass sie dem geschriebenen Wortes zu einer Renaissance verhilft.

»Blogs liefern keinen Ersatz für investigative Recherchen«

▌ *Aber wie erklären Sie sich die Beliebtheit von Blogs in den USA? Könnte dies nicht auch für einen möglichen Defekt im System der traditionellen Medien sprechen?*

Als ich damals online ging, war ich fasziniert von der Unmittelbarkeit und Lebendigkeit, von der Transparenz und Freiheit, auch der beispiellosen Reichweite, die das Internet bot. Blogs wurden beispielsweise sehr schnell zu einer potenten journalistischen Kraft im Vorfeld und während des Irakkriegs, als viele ›Mainstream-Medien‹ die Verlautbarungen anonymer Regierungsquellen wiederkäuten anstatt sie kritisch zu hinterfragen. So kamen die traditionellen Medien ihrer Pflicht nicht nach, die politisch Mächtigen zur Verantwortung zu ziehen – man erinnere sich nur an den Skandal um Judy Miller bei der *New York Times*.

❚ *Glauben Sie denn ernsthaft, dass Blogs einen Ersatz für Recherchejournalismus und Hintergrundberichterstattung bieten können, die derzeit bei vielen Verlagen gekürzt werden?*

Blogs liefern natürlich keinen Ersatz für investigative Recherchen und tiefgründige – aber sie können, wenn sie es richtig anstellen, eine andere Methode der Hintergrundberichterstattung entwickeln. Im Prinzip geht es doch darum, der Wahrheit auf den Grund zu gehen, wohin auch immer diese uns führen mag. Und bei diesem Streben nach Wahrhaftigkeit ist es letztlich völlig unwichtig, welches Medium sie transportiert. Außerdem ist es ein Klischee, wenn Sie der Blogosphäre unterstellen würden, sie bestünde nur aus Leuten, die ihre Meinungen in die Welt hinausposaunen wollten. Die US-Präsidentschaftswahlen 2008 haben eindeutig bewiesen, dass es beim Bloggen auch um Expertise und Informationen geht – graphisch oder tabellarisch aufbereitete, destillierte und vergleichende Informationen. Online-Journalisten haben über den Wahlkampf in wirklich guter, altmodischer Manier berichtet – indem sie mit guten Storys und Scoops gepunktet haben. Aber auch wir hatten ein paar davon.

❚ *Der Spiegel hat Sie neulich zur »Königin der Blogger« gekrönt, aber geht es Ihnen wirklich nur ums Bloggen?*

Blogging, also die Echtzeitübertragung von Meinung, ist unbestritten ein wichtiger Teil der *HuffPost* – immerhin arbeiten inzwischen 3.000 Blogger für uns. Aber das ist ja bei weitem noch nicht alles, was wir bieten: Die Mischung aus Blogs, Nachrichten, Communities und etlichen anderen redaktionellen Rubriken wie Wirtschaft, Unterhaltung, Medien, Mode, Umweltbewusstsein und Comedy macht uns zu einer waschechten Internet-Zeitung.

■ *Gibt es noch außer Blogs noch andere innovative Formen im Netz, die für den Journalismus von Bedeutung sind?*

Für eine der aufregendsten Entwicklungen halte ich nach wie vor den so genannten »Bürgerjournalismus« – die Kurzformel für eine Sammlung von Methoden, sich die Kraft der Online-Gemeinschaft, ihr Wissen, ihre Information und ihren Zugang zunutze zu machen.

■ *Werden dadurch aber nicht auch die Standards des Qualitätsjournalismus unterlaufen?*

Ob online oder offline – Journalismus sollte stets nach journalistischen Prinzipien wie Genauigkeit, Fairness und Transparenz streben. Es nutzt aber niemandem, wenn die traditionellen Medien wie besessen sind von ihrer antiquierten Auffassung, sie müssten grundsätzlich immer beide Seiten eines Problems darstellen, selbst wenn die Wahrheit eines Sachverhalts klar und deutlich auf der einen oder der anderen Seite verortet werden kann. Die Wahrheit liegt eben nicht immer genau in der Mitte. Stattdessen lauert sie mitunter irgendwo im Graubereich. Und genau aus diesem Grund vermeidet die *Huffington Post* den irreführenden Weg, sich Nachrichten mit einer Einerseits-andererseits-Haltung zu nähern, denn nicht jede Story hat ein »Andererseits« – unsere Evolution ist ebenso real und unumkehrbar wie die globale Erwärmung: Da gibt es einfach nichts abzuwägen. Davon abgesehen gaukeln wir auch niemandem vor, keine persönlichen Standpunkte zu haben – wir machen sie dafür transparent.

»Das einzige, wofür Nutzer zahlen, sind Finanzberatung und Porno«

■ *Vorerst haben Sie mit der HuffPo ein Geschäftsmodell fürs Blogging etabliert, das es Ihnen immerhin ermöglicht, eigene Mitarbeiter mit Büros an mehreren Standorten zu beschäftigen. Können Sie sich auch vorstellen, in naher Zukunft eine eigene Redaktion mit Vollzeitstellen aufzubauen?*

Wir werden weiter wachsen und uns redaktionell vergrößern, soviel steht fest. Dazu gehört beispielsweise, dass wir mehr Reporter fest anstellen und unsere Zusammenarbeit mit den Bürgerjournalisten intensivieren werden. Auch sind wir derzeit dabei, eine Initiative zu gründen, die sich der Förderung des investigativen Journalismus annimmt – eines der ersten Dinge, die von der aktuellen Krise des traditionellen Mediengeschäfts erfasst wurden.

▌ *Der Publizist und Blogger Eric Alterman erzählte uns kürzlich, dass er für den Qualitätsjournalismus ohne die Umsätze aus dem Anzeigengeschäft schwarzsieht. Sehen Sie überhaupt irgendwelche Möglichkeiten, um mit Journalismus im Internet Geld zu verdienen?*

Die *Huffington Post* arbeitet seit ihrer Gründung mit einem Geschäftsmodell, das auf der Akquise von Werbegeldern basiert – und das hat uns selbstverständlich noch nie davon abgehalten, auch längere Stücke und leidenschaftliche intellektuelle Debatten zu publizieren. Unsere Anzeigenumsätze steigen kontinuierlich. Und während ich zuversichtlich bin, dass es schon bald neue Geschäftsmodelle für Journalismus im Internet geben wird, glaube ich nicht daran, dass Online-Abonnements funktionieren. Dazu muss man sich nur das gescheiterte kostenpflichtige Angebot der *New York Times* ansehen, das der Verlag jetzt wieder einführen will. Das einzige, wofür Internet-Nutzer bereit sind zu zahlen, sind Finanzberatung und Porno – wobei ersterem wegen der Krise immer größeres Misstrauen entgegengebracht wird und letzteres stärker zu einem Anzeigen basierten Geschäftsmodell hin tendiert.

▌ *In unserer zersplitterten Medienlandschaft scheint auch Markenbildung immer wichtiger zu werden. Wie können Zeitungsverlage hier ihre Markt-Performance noch verbessern?*

Führende Nachrichtenanbieter wie MSNBC, CNN, *The New York Times* und natürlich auch die *HuffPo* sind weitaus mehr als reine Online-Portale. Der Schlüssel für den Erfolg im Online-Bereich ist es, eine starke Stimme zu haben und einen distinkten Standpunkt zu vertreten. Alle starken publizistischen Marken im Internet bieten etwas Einzigartiges an – und bauen dann darauf auf. Journalistische Online-Angebote müssen, wenn sie gut laufen sollen, ihren Lesern unverwechselbare Inhalte offerieren und gleichzeitig interaktiver werden.

▍ *Sehen Sie in Journalisten immer noch die »Vierte Gewalt«?*

Ein Großteil der Unzufriedenheit mit dem traditionellen Journalismus rührt daher, dass die meisten Journalisten anscheinend vergessen haben, dass ihre erste Pflicht darin besteht, der Wahrheit nachzuspüren – egal, welche Konsequenzen ihnen blühen. Viele Journalisten haben sich in der Vergangenheit allzu häufig als Stenographen statt als »Watchdogs« verstanden, indem sie ihren Presseausweis als Eintrittskarte missbrauchten, um den Mächtigen möglichst nahe zu sein. Wir brauchen aber Redaktionen, die voll sind von aufmerksamen Wachhunden und nicht mit fetten und zufriedenen Schoßhündchen. Ich denke nicht, dass Online-Journalismus zu einer Abschwächung der »Watchdog«-Funktion der Presse führt, im Gegenteil: Der technologische Fortschritt und das Wachstum von Nachrichtenangeboten im Internet werden den Nutzern kontinuierlich mehr und mehr Kontrolle darüber geben, welche Informationen sie bekommen, und wie diese präsentiert werden. Die Tage, in denen uns eingebildete Wichtigtuer diktierten, was wichtig ist und was nicht, sind vorbei – Gott sei Dank!

Jeff Jarvis

Jahrgang 1954, gehört zu den profiliertesten Journalismusexperten und Medienvisionären der USA. Er ist Autor des Buches »What Would Google Do?«, das auf Deutsch im Frühjahr 2009 bei Heyne erscheint. Er schreibt in seinem Blog *Buzzmachine.com* über Medien- und Technologiethemen sowie eine«Neue Medien«-Kolumne für die renommierte britische Tageszeitung *The Guardian*. Jarvis leitet das«Interactive Journalism Program« an der City University of New York Graduate School of Journalism. Frühere Karrierestationen waren das Magazin *Entertainment Weekly*, das er gründete und mehrere Jahre als Chefredakteur leitete, die Fernsehzeitschrift *TV Guide*, für die er als Kritiker arbeitete, sowie mehrere Gesellschaftsmagazine. Außerdem war Jarvis Präsident und Kreativdirektor von *Advance.net*, einem Tochterunternehmen des Condé Nast-Verlags, sowie ranghoher Redakteur und Mitherausgeber der *New York Daily News*, Kolumnist des *San Francisco Examiner* und Reporter und Redakteur beim *Chicago Tribune*.

© Jeff Jarvis

»Presse ist Vergangenheit«

Eine Zukunft nach der Zeitung: Über die Schockstarre in Printre-
daktionen und Wege ins Online-Zeitalter spricht der amerikanische
Journalismusexperte und Medienvisionär Jeff Jarvis.

■ *Mr. Jarvis, die Medienbranche wartet seit einiger Zeit mit immer apokalyptischeren Szenarien über das Verschwinden der Zeitung auf. Wie erklären Sie sich diese extremen Befürchtungen?*

Heutzutage gerieren sich zu viele Redakteure und Verleger als Opfer des Schicksals, die hilflos mit ansehen müssen, wie ihre Leser online gehen und entweder informative Alternativen finden oder ihre Nachrichten gleich selbst generieren. Sie verharren einfach nur ängstlich, bis die Budgetaxt auf sie niedersaust, obwohl sie eigentlich darüber nachdenken sollten, wie sie Redaktionen und Geschäftsmodelle neu erfinden können.

■ *Gilt das auch für überregionale Titel?*

Auf den nationalen Zeitungsmärkten sehen wir beispielhaft, wie Wettbewerb zu Innovationen führt. Doch in der Regionalzeitungsindustrie, die auf ihren Märkten durch den Segen des Monopols häufig fett und faul geworden ist, beobachten wir einen fast schon kriminellen Mangel an Innovation, weil Verleger versuchen, ihre existierenden Produkte zu schützen. Aber Bewahrung alter Modelle ist keine Strategie für die Zukunft.

■ *Wie viele Jahre geben Sie der Zeitung noch?*

Eines ist sicher: Zeitungsredakteure sollten sich einen festen Termin setzen, an dem sie ihre Druckerpressen anhalten werden müssen, und zwar weit früher als sie es eigentlich für möglich halten. Das ist die einzige Art und Weise, mit der Medienhäuser perspektivisch ihre Angebote planen und produzieren werden, und der einzige Weg, mit dem sie ihre Belegschaften, Nutzer und Werbekunden in Richtung Zukunft führen werden. Die Presse ist Vergangenheit; wer sich nicht auf eine Zukunft nach der Zeitung vorbereitet, handelt selbstmörderisch.

■ *Besteht aber nicht gerade in einem zu frühen Wechsel ins Online-Geschäft die Gefahr, ohne selbsttragendes Geschäftsmodell vor die Hunde zu gehen?*

Mein Eindruck ist, dass manche Redakteure glauben, dass die steigenden Umsätze aus dem Internetgeschäft irgendwann so hoch sein könnten, wie die bisherigen Redaktionsbudgets für die herkömmliche Zeitung – und dass dadurch alles so bleiben könnte, wie es ist. Aber das wird nicht passieren. Wir sprechen hier von ganz anderen Größenordnungen.

■ *Bedeuten geringere Budgets also auch schlechtere Publikationsmöglichkeiten für die neuen Medien?*

Online gibt es viel mehr Wettbewerb, und die Kosten sind weitaus geringer ohne die teuren Druckerpressen, Papier und Vertriebsstrukturen. Außerdem können sich Online-Medien frei entfalten, spezialisieren und brauchen nicht all die Nachrichten wiederzukäuen, über die ohnehin schon jeder berichtet. Im Netz gibt es viele neue Publikationsmöglichkeiten, zum Beispiel in Form von kollaborativen Netzwerken gemeinsam mit der allgemeinen Öffentlichkeit. Ich sehe es so: Wir gehen einer strahlenden Zukunft für Nachrichten entgegen, auch wenn dies für die Zukunft der Zeitung nicht gelten sollte.

»Heute kann Journalismus so viel mehr sein.«

■ *Wie gefährdet ist der Qualitätsjournalismus in einer Zeit, in der Mediennutzer via Blogs, sozialen Netzwerken und allgegenwärtigen Videoproduktionen ihre eigene Form von Journalismus machen?*

Ich würde die Frage anders formulieren: Wieso suchen Journalisten so oft nach der dunklen Seite, nach den schlechten Dingen, wenn es um Veränderungen geht? Wir sollten uns lieber fragen, wie Qualitätsjournalismus verbessert werden kann, indem nicht nur für, sondern auch mit dem Publikum gearbeitet wird. Wir sind nicht länger daran gebunden Geschichten nur in gedruckter

Form, nur im Radio oder nur im Fernsehen zu erzählen, sondern sind fähig, all diese Ausdrucksformen mit einer Vielzahl anderer Werkzeuge zu verbinden: Datenbanken, Karten, Interaktivität, gemeinschaftliches Editieren.

▋ *Wie sehr hat das Internet bereits die klassische Newsroom-Kultur in den USA verändert?*

In längst nicht ausreichendem Maße – oder besser gesagt, die Veränderungen kamen nicht schnell genug: Die Redaktionen haben noch bis vor kurzem versucht, ihre Kultur zu bewahren, bis sie es mit der Angst zu tun bekamen, als ein Zeitungshaus nach dem anderen kollabierte und Jobs vernichtet wurden. Mittlerweile sehe ich endlich etwas mehr Bereitschaft, ja sogar Ungeduld, was das Erlernen der digitalen Tools angeht.

▋ *Sind es wirklich nur neue journalistische Instrumente, die das Internet bietet? Ist es nicht vielmehr das Verständnis von Journalismus, das sich fundamental wandelt?*

Journalismus wurde ursprünglich als etwas definiert, und damit gleichzeitig eingegrenzt, was er die längste Zeit über war: ein täglich produziertes und vertriebenes, vom Sender zum Empfänger kommuniziertes, mono-mediales Produkt. Heute kann Journalismus so viel mehr sein: kollaborativ, wechselseitig, einfach zu korrigieren, kontinuierlich und aktualisierbar.

»Das Leben ist hart, nicht nett.«

▋ *Sind denn Zeitungsjournalisten überhaupt bereit, ihre publizistische Macht mit dem Heer von Amateuren im Netz zu teilen?*

Das liegt nicht in ihrer Entscheidungsgewalt. Niemand interessiert sich dafür, ob die Profis ihre Macht teilen wollen. Die allgemeine Öffentlichkeit ist jetzt am Zug, hat die Macht in ihrer Hand und setzt sie bereits rege ein.

■ *Sie beschrieben die neuen Medienverhältnisse einmal als un-*
schöne Mixtur aus guten und schlechten Inhalten: Wenn die
neuen Imperative auf dem Medienmarkt Chaos und Unordnung
sind, was ist dann die beste Strategie für Zeitungen, um sich für
die digitale Zukunft zu wappnen?

Das Leben ist hart, nicht nett. Zeitungen haben lange Zeit geglaubt, sie könnten das Leben verschönern, indem sie es jeden Tag
neu verpacken, aber das war bloße Einbildung. Jetzt gibt es einen
spürbaren Bedarf an Hilfestellungen, die wirklich guten Inhalte
zu entdecken, sie zu kuratieren, zu aggregieren. Wir müssen dem
Nachwuchs weiterhin journalistische Fähigkeiten, den Umgang
mit Medien und auch die rechtlichen Zusammenhänge beibringen.

■ *Wie fruchtbar sind Markenstrategien, die darauf abzielen, ein*
Zeitungsunternehmen auf allen verfügbaren Medienmärkten zu
etablieren?

Einfach nur etablierte Marken und Inhalte in neue Medienumgebungen zu transferieren, hat sich bereits als Bankrottstrategie
erwiesen. Nachrichten brauchen Innovationen. *Digg, GoogleNews,*
Daylife, Glam und viele solcher neuen Produkte und Dienstleistungen mehr, sind das Geschäftsfeld, auf das die Industrie ihr Augenmerk richten sollte.

»Zeitungen sollten versuchen, ihre Gemeinschaften über
Facebook zu beliefern.«

■ *Bis zu welchem Grad passen Zeitungen und Online-Communities*
wie Facebook oder MySpace zusammen? Können Sie sich ein Ge-
schäftsmodell vorstellen, das beides verbindet?

Auf dem Weltwirtschaftsforum in Davos vor zwei Jahren erzählte
Facebook-Gründer Mark Zuckerberg einer Gruppe von Ge-
schäftsführern aus dem News Business, dass sie gar nicht erst dem
Irrglauben verfallen sollten, sie könnten aus eigener Kraft Online-
Communities erschaffen. Was sie sich lieber fragen sollten, sei, wie

sie dabei helfen könnten, dass ihre Lesergemeinschaften besser umsetzen können, was sie wollen. Sein Rezept: Gemeinschaften zu helfen, ihr Wissen und ihr Leben zu organisieren. Zeitungen sollten versuchen, ihre Gemeinschaften über *Facebook* zu beliefern.

▎ *Welchen maßgeblichen Herausforderungen müssen sich Journalisten also in Zukunft stellen?*

Sie müssen ein neues Geschäftsmodell finden, um den Journalismus und seine Effizienz zu erhalten. Sie müssen – einfach gesagt – lernen, wie man »Neue Medien« macht. Eine steigende Zahl von Mediennutzern ist bereit, sich an der Medienproduktion zu beteiligen, doch der Hauptteil der Rezipienten wird sich weiterhin auf den Medienkonsum beschränken.

▎ *Welchen Stellenwert haben solche passiven Nutzer bei den partizipativen Vermittlungsformen des neuen Journalismus?*

Die *Wikipedia*-Regel besagt, dass nur ein Prozent der *Wikipedia*-Leser selbst zur Enzyklopädie beiträgt. Das allein aber hat schon ausgereicht, um eine unglaubliche Ressource zu erschaffen. Dasselbe gilt für Online-Medien, für Regierungen und für alle möglichen anderen gesellschaftlichen Institutionen: Jene, die sich beteiligen wollen, erhalten das Rüstzeug dazu und werden miteinbezogen. In einer Masse aus Nischen werden die Leute Medien finden – oder selbst kreieren – mit Themen, die sie interessieren.

▎ *Haben Sie eine Vermutung, weshalb im Gegensatz zur Erfolgskarriere der Bloggerkultur in den USA deutsche Blogs über politische Themen immer noch um Akzeptanz und Popularität ringen müssen?*

Ich habe diese Frage auf meinen zahlreichen Reisen nach Deutschland oft gestellt und leider keine zufrieden stellende Antwort bekommen. Manche erzählten mir, dass die Deutschen nicht so gerne mit ihrer Meinung herausrücken, sie schon gar nicht öffentlich kommunizieren. Aber ich glaube, dass sich daran etwas ändern wird, wenn sich unser Leben immer mehr ins Internet verlagert und sich unsere Sozialbeziehungen stärker im Virtuellen abspielen.

■ *Viele Journalisten blicken angesichts der krisenhaften Situation der Zeitungsbranche zynisch in die Zukunft. Ist der klassische Zeitungsjournalismus wirklich schon aus der Mode?*

An der Journalismusfakultät der City University of New York, an der ich lehre, legen wir natürlich weiterhin viel Wert auf die ewigen Gütezeichen des Journalismus: Sorgfalt, Fairness, Vollständigkeit, Balance, Aktualität. Doch habe ich einige zusätzliche Ethiken in der Bloggerwelt gelernt: Die Ethik der Transparenz, die des Links und die der offenen Fehlerverbesserung. Ich glaube, es ist ein guter Weg die journalistischen Werte zu bewahren, ohne sich zu sehr auf ihre Form zu versteifen.

Bill Kovach

Jahrgang 1931, ist Gründungsvorsitzender des »Committee of Concerend Journalists«, einem von der Knight Foundation und der Journalism School der Universität von Missiouri finanzierten Netzwerk aus Reportern, Verlegern, Redakteuren, Medienproduzenten und Wissenschaftlern, die sich mit Fragen zur Zukunft des Qualitätsjournalismus befassen. Seit rund fünfzigJahren arbeitet er als Journalist und Autor, unter anderem war er Leiter des Washingtoner Büros der *New York Times* und Chefredakteur der Tageszeitung »Atlanta Journal-Constitution« sowie Kurator des Nieman Fellowships an der Harvard University. Er lehrt an der University of Missouri und an der Middle Tennessee State University. Gemeinsam mit Tom Rosenstiel verfasste er das mehrfach ausgezeichnete Buch »The Elements of Journalism: What Journalist Should Know and the Public Should Expect« (2001) sowie »Warp Speed: America in the Age of Mixed Media« (1999). Kovach engagiert sich seit Jahren für Qualität im Journalismus und wurde für seinen Einsatz mit zahlreichen nationalen und internationalen Ehrungen bedacht, zuletzt im Jahr 2007 mit der Ehrendoktorwürde der Boston University.

© Iris Ockenfels

»Journalisten sollen wieder an ihren Beruf glauben«

Die Professionalität der Nachrichtenaufbereitung ist gefährdet: Bill Kovach, ehemaliger Washingtoner Büroleiter der *New York Times* und Gründer des Committee of Concerned Journalists erklärt, wie er die Seriosität des Journalismus retten will.

■ *Mr. Kovach, warum machen Sie sich Sorgen um den amerikani-*
schen Journalismus?

Meine größte Sorge und die meiner Kollegen, die das Committee of
Concerned Journalists (CCJ) mit aufgebaut haben, gilt der Art von
Journalismus, die eine demokratische Selbstverwaltung garantiert.
Wir suchen nach Wegen und Mitteln, damit dieser Journalismus
in der Konkurrenz-Atmosphäre, die die rasante Revolution der
Kommunikationstechnologien und die profitorientierten Struktu-
ren des Journalismus geschaffen haben, überleben kann.

■ *Seit Anfang Juli 2007 leiten Sie das CCJ. Welche Idee verbirgt sich*
hinter diesem Kürzel, wer finanziert das Netzwerk?

Unsere Ziele sind: Journalisten sollen wieder neu an ihren Beruf,
seine Prinzipien und seine Funktion glauben können. Dazu gehört
auch, dass die Öffentlichkeit besser versteht, worum es sich bei
diesen Prinzipien überhaupt handelt. Und letztlich müssen auch
Medien-Eigner und Management begreifen, wie wichtig sie sind
und welcher finanzielle und soziale Wert mit ihnen verbunden ist.
Zurzeit werden wir von der Knight Foundation und der Journalism School der Universität von Missouri finanziert. Meine Füh-
rungsrolle im CCJ ist jedoch nur vorübergehend – wir brauchen
einen Leiter, der sich dem Amt rund um die Uhr widmet.

■ *Auf Ihrer Website ist zu lesen, »dass sich Journalisten aller Me-*
dien, Herkünfte, Positionen und Generationen klar darüber wer-
den müssen, wie sich unser Beruf von anderen unterscheidet«.
Das klingt sehr pathetisch...

... dieses Problem liegt mir schon lange am Herzen, deshalb sind
wir es auch schon vor Jahren angegangen. Wir haben im ganzen
Land 14 Foren initiiert, auf denen über 4.000 Journalisten und
Laien über die Rolle des Journalismus in demokratischen Gesellschaften diskutieren und darüber, warum es uns nicht egal sein
darf, ob er überlebt oder nicht. Tom Rosenstiel, der kürzlich noch
den CCJ-Vizevorsitz innehatte, und ich haben die Diskussionen

später aufgezeichnet und mit unseren eigenen Erfahrungen und Schlaglichtern aus der Geschichte des westlichen Journalismus kombiniert. Daraus ist im Jahr 2000 das Buch »The Elements of Journalism: What Journalists Should Know and the Public Should Expect« entstanden, das zur Standardlektüre an allen Journalistenschulen Amerikas wurde und mittlerweile in 23 Sprachen übersetzt wurde – leider noch nicht in Deutsch. Das Material aus dem Buch haben wir dann wiederum zu einem eigenen Ausbildungsplan umgearbeitet, mit dem wir in den USA von Zeitungsredaktion zu Zeitungsredaktion gezogen sind, um Journalisten ein klareres, kritischeres und effizienteres Bild von ihrer Arbeit und den Pflichten gegenüber ihren Lesern zu vermitteln. Bis heute haben wir fast 5.000 Journalisten von Zeitungen, Radio- und Fernsehsendern und Online-Redaktionen mit dem »CCJ Travelling Curriculum« weitergebildet.

»Konzentration von Macht – und Kommunikation bedeutet Macht – ist gefährlich.«

▌ *Journalisten von der gerechten Sache zu überzeugen, das steht auf einem Blatt. Aber werden die hehren Leitsätze des CCJ inzwischen nicht ständig durch das Engagement von Medienmogulen und Finanzspekulanten durchkreuzt?*

Die Konzentration der Besitzstrukturen im Mediengeschäft ist eines der Hauptprobleme, das ist richtig. Konzentration von Macht – und Kommunikation bedeutet Macht – ist gefährlich. Innerhalb der Medien bewirkt Konzentration, dass die Presse zum Teil der herrschenden Elite wird. Ihre eigentliche Bestimmung, ein »Watchdog« und neutraler Beobachter sozialer, politischer und wirtschaftlicher Macht zu sein, wird dadurch erheblich geschwächt.

▌ *Um auf den Titel Ihres Buches zurückzukommen: Welche »Elemente des Journalismus« sehen Sie in der digitalen Ära denn besonders bedroht?*

Zu den am meisten gefährdeten Elementen gehören die professionelle Überprüfung von Nachrichten auf ihre Richtigkeit und Relevanz. Die schier grenzenlosen, dauerpräsenten Informationskanäle von heute suggerieren seriöse, richtige Information. In Wirklichkeit handelt es sich aber um Kanäle der Fehlinformationen, Täuschung und Propaganda. Es wird für die Öffentlichkeit täglich schwieriger, Dichtung und Wahrheit auseinander zu halten. Gleichzeitig erleben wir eine Flut an neuen Informationsangeboten, die das Publikum ablenken und es immer tiefer in eine Scheinwelt des »Feel good« und der Genusssucht hineinsaugen. Beide Trends vergiften unsere Demokratie, die mehr als zuvor auf mündige Bürger angewiesen ist.

»Der Journalismus darf in seinen Grundfesten nicht erschüttert werden.«

▌ *Sie arbeiten seit fast fünfzig Jahren als Journalist. Muss sich der Journalismus allmählich an die neue Web 2.0-Umgebung aus Blogs, Videoportalen und Social Networks gewöhnen?*

Natürlich, trotzdem darf der Journalismus in seinen Grundfesten nicht erschüttert werden. Dazu müssen wir die neuen Vertriebswege erschließen und sauber recherchierten Journalismus in anderen Kanälen verfügbar machen. Wieso sollten nicht auch Nachrichtenunternehmen eine Social Community wie *Facebook* aufbauen können, in der sich die Mitglieder untereinander vernetzen und mit den wichtigsten News des Tages versorgt werden? Nachrichten könnten in diesen virtuellen Räumen so präsentiert werden, dass sich Rezipienten durch die Interaktivität dazu ermuntert fühlen, sich intensiver mit dem unmittelbaren politischen Tagesgeschehen zu befassen. Eine simple Idee besteht etwa darin, Bürger die Budgetverteilung ihrer Gemeinden mitbestimmen zu lassen, damit sie besser verstehen, welche Zielkonflikte und Hürden sich dabei ergeben. Unter Verwendung von Spieltechnologien könnten solche Aufgaben bedeutende Themen in der Öffentlichkeit kenntlicher machen und die Bürger für das Wesen von Regierungen und deren Entscheidungsfindungsprozesse sensibilisieren.

■ *Heißt das, die klassische Zeitung auf Papier wird schon bald nicht mehr gebraucht?*

Soweit würde ich nicht gehen. Aber wir müssen hart daran arbeiten, unsere wirtschaftliche Basis zu erhalten, die es uns weiterhin ermöglicht, Nachrichten über wichtige Menschen, Themen und Ereignisse zu erkennen, zu überprüfen und einzuordnen. Um dieses Fundament zu stärken, müssen sich Zeitungsunternehmen dem Wettbewerb in der neuen Informationsumgebung stellen, indem sie Web-Communities aufbauen, die wirtschaftlich autark sind. Ich gebe Ihnen noch ein anderes Beispiel: Was wäre, wenn eine Lokalzeitung ihren Internetauftritt dazu benutzen würde, eine Community für Jugendsportler aufzubauen? Diese Website würde nicht nur die tollsten Presseberichte über die Mannschaften, Organigramme ihrer Mitglieder sowie Spielpläne anbieten, sondern auch einen Online-Shop integrieren, über den die Teams ihre Sportkleidung und Ausrüstung, Jahrbücher mit den größten Erfolgen, Fotos von einzelnen Spielern und so weiter beziehen. Anders gesagt: Hier könnte auf Basis eines glaubwürdigen und engagierten journalistischen Angebots eine Gemeinschaft entstehen, die von der finanziellen Unterstützung derer lebt, die dieses Angebot konsumieren. Und das ist nur einen winzigen Schritt weitergedacht als das, was die *New York Times* schon jetzt mit ihrem Online-Shop tut, wenn sie Produkte wie Aufmacherseiten aus ihren Archiven verkauft.

»Wenn der Journalismus geschwächt ist, schwächt das auch die Demokratie.«

■ *Das genannte Beispiel trifft doch aber nur für Lokalzeitungen zu. Wie können große Qualitätszeitungen wie die New York Times bestehen?*

Die *New York Times* und andere überregionale Blätter sind von solchen Innovationen keineswegs ausgeschlossen: Auch sie können sich die neuen Technologien zunutze machen, indem sie Gemeinschaften bilden und damit neue Formen der Leserbindung kreieren.

■ *Was halten Sie von Initiativen wie dem unabhängigen Redakti-*
onsbüro ProPublica in New York, das seit Januar 2008 unter der
Leitung von Paul Steiger investigativen Journalismus ausschließ-
lich mithilfe von Privatspenden betreibt? Sind solche Stiftungsmo-
delle oder gar staatliche Subventionen nötig, um Zeitungen vor
dem drohenden Untergang zu bewahren?

Meiner Meinung nach sind Stiftungen wie *ProPublica* unverzicht-
bar, um zwischen dem alten und neuen investigativen Journalismus eine Brücke zu schlagen – vorübergehend, wohlgemerkt!
Denn schauen Sie sich US-Magazine wie *Vanity Fair*, *The New*
Yorker oder *The Atlantic Monthly* an: Das sind allesamt Prestige-
Magazine, die bis heute die uneingeschränkte Loyalität ihrer Leser
und Werbekunden genießen. Das Interessante an der Karriere solcher Blätter ist: Im Amerika des 19. Jahrhundert haben neue Technologien – also drahtlose Kommunikation, Telefonie, schnellere
Druckverfahren und die Urbanisierung – schon einmal eine Krise
der Zeitungslandschaft ausgelöst. Während die Tageszeitungen
damals zunächst unter heftigen Auflageneinbrüchen litten, wurde
der investigative Journalismus der renommierten Magazinen wie
McClure's oder *Saturday Evening Post* veredelt und gestärkt – bis
die Besitzer der Tageszeitungen endlich einen neuen Weg fanden,
sich den veränderten Produktionsbedingungen anzupassen. Ich
glaube, dasselbe passiert heute wieder.

■ *Können Sie das genauer erläutern?*

Nehmen Sie den Irakkrieg: Hier hat der amerikanische Journalismus versagt, weil Redaktionen nicht in der Lage waren, ihren Job
richtig zu erledigen. Es waren einfach zu wenige Reporter vor Ort,
und von denen, die dort waren, hatte kaum jemand Vorkenntnisse
im Militärdienst. Weil die Journalisten der Sprache der Militärs
nicht mächtig waren, konnten sie der amerikanischen Öffentlichkeit auch die Vorgänge im Irak nicht richtig erklären. Das
Beispiel ist symptomatisch: Wenn der Journalismus geschwächt
ist, schwächt das auch die Demokratie. Beide wurden zusammen
geboren und sie werden ihr Leben lang miteinander verbunden
bleiben.

»Es ist deprimierend, wie wenige Menschen verstehen, dass guter Journalismus Geld kostet.«

■ *Sollten die US-Bürger das Zeitungssterben also ernster nehmen?*

Auf jeden Fall! Andernfalls wird sich unser politisches System in eine Oligarchie verwandeln, die uns vorschreibt, was wir zu tun und zu lassen haben.

■ *Worin besteht die größte Herausforderung für Qualitätszeitungen?*

Es ist deprimierend, wie wenige Menschen verstehen, dass guter Journalismus Geld kostet. Jeden Tag fragen mich Leute: »Warum sollte ich die *New York Times* kaufen, wo ich doch online alles umsonst bekomme?« Und ganz ehrlich, diese Leute verstehen nicht, dass viele Nachrichten, die sie im Internet lesen, aus der Redaktion der *New York Times* stammen und nicht von Google. Sie sehen diese Verbindung einfach nicht. Das liegt daran, dass es jetzt eine Generation von Mediennutzern gibt, die mit Computern aufgewachsen ist und für die schon immer alles, was aus dem Computer kommt, kostenlos war. Ich frage mich, warum sich Journalisten und Manager nie ernsthaft Gedanken über den Einfluss des Computers auf ihr Geschäftsmodell gemacht haben. Sie haben einfach nicht darüber nachgedacht! Und deshalb vergaßen sie auch, die Öffentlichkeit rechtzeitig darauf vorzubereiten, dass ihre Nachrichten im Internet immer noch bezahlt werden müssen. Erst jetzt fangen die Verlage an, sich neue Bezahlmodelle für Werbemanager und Anzeigenverkäufer auszudenken. Stellen Sie sich vor: Es gab bisher kein Werbemodell für das Internet, das sich vom althergebrachten für Papierzeitungen unterscheidet.

■ *Glauben Sie, dass der Zug für die traditionellen Verlage nun abgefahren ist?*

Sagen wir mal so: Wenn ich mit der Arbeit am CCJ noch einmal von vorn beginnen müsste, würde ich Wirtschaftsfachleute mit einbeziehen, um Nachrichtenorganisationen zu helfen, kreativer und klüger mit ihrem Geschäftsmodell umzugehen. Ich bin nun mal zu einer Zeit aufgewachsen, als noch eine dicke Mauer zwischen Redaktion und Management stand. Mich interessierte nicht, was die Manager taten, und ganz sicher wollte ich nicht, dass die wissen, was ich tue. Ich war damals Leiter des Washingtoner Büros der *New York Times* und musste mich nie um mein Budget kümmern. Ich tat einfach, was ich für richtig hielt, und das Management zahlte. Wenn ich der Meinung war, ich müsse einen Reporter nach Deutschland schicken, um herauszufinden, was dort los ist, habe ich ihn einfach in ein Flugzeug nach Berlin gesetzt – ohne Rücksicht auf die Kosten. Ich hatte also weder einen Grund noch das Bedürfnis, die wirtschaftliche Seite der Zeitung zu verstehen. Kein Journalist hatte das. Aber genau das ist das Problem, denn jetzt funktionieren ihre Geschäftsmodelle nicht mehr, und sie haben bisher noch kein neues gefunden.

▌ *Was unterscheidet beispielsweise das Geschäftsmodell der New York Times von dem der Washington Post?*

Die Website der *New York Times* ist besser besucht als jede andere Nachrichtenseite im Internet. Sie liegt nach den drei großen Suchmaschinen Google, MSN und Yahoo! sogar an vierter Stelle aller Websites in den USA! Keine andere Nachrichtenseite reicht da heran, auch nicht die Seite der *Washington Post*. Aber die *Times* schafft es trotzdem nicht, Geld im Internet zu verdienen. Während die *Post* die Online- und Print-Redaktion von Anfang an strikt getrennt hat, war der Verleger der *Times*, Arthur Sulzberger, cleverer. Er wusste, dass die Online-Redaktion an die Zeitungsredaktion angegliedert werden muss, damit es zum Austausch kommt, und sagte zur Redaktion: »Es ist mir egal, wie ihr das Produkt ausliefert. Es sind die Inhalte, die geschützt werden müssen, und wie wir diese vertreiben, werden wir schon herausfinden.«

▌ *Wie beurteilen Sie Kaplan Inc., den zur Washington Post Company gehörenden Anbieter von Ausbildungsdienstleistungen, der für einen Großteil des Verlagsumsatzes sorgt?*

Diese Diversifizierungsstrategie der *Washington Post* ist tatsächlich interessant. Faktisch gibt Kaplan Inc. die *Washington Post* heraus, es handelt sich also streng genommen um keinen Zeitungsverlag mehr, sondern um ein Bildungsunternehmen. Vor zwei Jahren hat die Washington Post Company zum ersten Mal mehr Geld mit Kaplan Inc. Umgesetzt, als mit der Zeitung. Wirtschaftlich gesehen ist das sehr geschickt, aber wie verbindet man diese beiden Unternehmenssparten? Nun, das ist eigentlich genial, denn meiner Meinung nach ist es in Zukunft ohnehin notwendig, eine Bildungsfunktion im Journalismus zu verankern.

▌ *Was verstehen Sie unter »Bildungsfunktion«?*

Es gab in den 1920er Jahren eine Debatte in diesem Land zwischen dem Publizisten Walter Lippmann und dem Philosophen John Dewey, die den amerikanischen Journalismus geprägt hat. Lippmann vertrat die Position, dass wir uns auf die Ausbildung einer Elite konzentrieren müssen, um unser Land gut geführt zu wissen. Dewey hingegen war der Ansicht, dass der Journalismus eine Bildungsfunktion übernehmen und den Menschen etwas über ihre Rolle als aufgeklärte Staatsbürger beibringen müsse, statt sie sich selbst zu überlassen. Und die neue Interaktivität erlaubt uns jetzt, genau dies zu tun. Wenn wir das hinbekommen, werden die Leute auch bereit sein dafür zu bezahlen. Wir haben achtzig Jahre gebraucht um zu begreifen, dass Dewey Recht hatte.

»Wenn wir dieses Potenzial nutzen, können wir einen Journalismus schaffen, an dem die Öffentlichkeit Anteil hat.«

▌ *Inwiefern verändert diese »neue Interaktivität« den professionellen Journalismus?*

Ich möchte Ihnen dazu eine Geschichte erzählen: Bei einer unserer Weiterbildungen in Milwaukee gab es einen jungen Journalisten, der an einer Story über eine Frau arbeitete, die ein behindertes Kind adoptiert hatte. Die leibliche Mutter dieses Kindes wollte die Schwangerschaft ursprünglich abbrechen, weil sie wusste, dass das

Kind behindert zur Welt kommen würde. Der Bezirksstaatsanwalt hörte jedoch davon, klagte vor Gericht und zwang die Mutter das Kind zu bekommen. Direkt nach der Geburt gab sie das Kind zur Adoption frei. Darüber wollte der Journalist schreiben, und ich schlug ihm vor, einen Blog zu gründen. Er startete also einen Blog und bekam daraufhin Reaktionen von Menschen, die über ähnliche Fälle berichteten. So kam es, dass ein deutscher Spezialist für Wirbelsäulenmissbildungen, die Behinderung dieses Kindes, den Blog las und mit dem Journalisten zu kommunizieren begann. Auch andere Mediziner meldeten sich und sogar der Bezirksstaatsanwalt, der mittlerweile pensioniert war. Weil die Gerichtsverhandlung seinerzeit hinter verschlossenen Türen stattfand, waren alle Dokumente unter Verschluss. Der Staatsanwalt hatte sich seit damals immer schuldig gefühlt, die Geburt erzwungen zu haben, und fragte sich immer noch, ob er das Richtige getan hatte. Er erzählte dem Richter von dem Blog des jungen Journalisten. Und der Richter fragte: »Warum helfen Sie ihm nicht?«. Daraufhin stellte der Staatsanwalt ihm alle Dokumente zur Verfügung.

▌ *Was machte der Journalist damit?*

Er schrieb eine siebzehnteilige Serie, die größtenteils in einer Tageszeitung veröffentlicht wurde. Das Meiste wurde im Internet publiziert, trotzdem wurde es für die gedruckte Ausgabe die bislang am häufigsten nachgefragte Ausgabe einer Nachrichtenstory. Das ist mehr als ein Jahr her und die Geschichte dauert immer noch an – unglaublich! Tausende Menschen, nicht nur in Milwaukee, sondern auf der ganzen Welt lernten etwas über Wirbelsäulenmissbildungen. Und das ist es, was ich mit Bildungsjournalismus meine. Wenn wir dieses Potenzial nutzen, können wir einen Journalismus schaffen, an dem die Öffentlichkeit Anteil hat.

»Wir alle müssen an einem Strang ziehen.«

▌ *Wie wirkt sich diese neue Zusammenarbeit mit den Nutzern auf die Identität des Journalismus aus?*

Sie verändert die Methoden des Journalismus, nicht aber seine Werte. Wenn die Werte nicht dieselben blieben, wäre es kein Journalismus mehr. In einer freien Gesellschaft mit dem Recht auf freie Meinungsäußerung kann jeder Journalist sein – Blogger tun das zu jeder Zeit. Aber deshalb machen sie noch lange keinen Journalismus. Und genau darum geht es: Wir könnten uns »professionelle Journalisten« nennen, aber meine Generation steht diesem Begriff ablehnend gegenüber, denn »professionell« impliziert, dass es eine Lizenz geben muss. Wir wollen aber niemandem das Recht zugestehen, uns zu lizenzieren und daher akzeptiere ich die Blogger.

▌ *Warum braucht es überhaupt noch professionelle Journalisten?*

Wir unterstützen die Bürger dabei, kluge Entscheidungen zu treffen – unabhängig davon, ob das ökonomische, politische oder soziale Entscheidungen sind. Und sie unterstützen uns dabei, diesen Job für sie zu erledigen. Diesen Gedanken müssen wir dem Publikum einpflanzen, vor allem jungen Menschen, die gierig nach Informationen und mit ihren Smartphones ständig auf der Suche nach Neuigkeiten sind. Sie sollten einsehen, dass auch sie zur Finanzierung dieser Inhalte beitragen müssen. Übrigens plant das CCJ derzeit eine Aufklärungskampagne mit Prominenten wie George Clooney, dessen Vater Journalist war. Wir alle müssen an einem Strang ziehen, um dieses Bewusstsein weiterzuverbreiten.

▌ *Wie sähe das schlimmstmögliche Szenario aus, wenn die Zeitung eines Tages verschwände?*

Ich weiß es ehrlich gesagt nicht. Derzeit sind alle philanthropischen Gesellschaften schwer besorgt und treffen sich ständig, um über neue Stiftungsmodelle zu diskutieren wie bei der *St. Petersburg Times* in Florida. Nelson Poynter, deren langjähriger Besitzer und Chefredakteur, hat in seinem Testament verfügt, aus dem Zeitungskapital eine gemeinnützige Bildungseinrichtung zu gründen. Daraus entstand dann das Poynter Institute, das Journalisten aus- und weiterbildet und zugleich die *St. Petersburg Times* herausgibt. Seitdem arbeitet auch diese Zeitung nicht mehr gewinnorientiert.

▌ *Gibt es in den USA noch andere Modelle?*

Ja, wir stellen gerade gemeinsam mit der Wirtschaftsfakultät der Harvard-Universität eine »White-Knight-Konferenz« auf die Beine, das heißt wir bringen fünf oder sechs der reichsten Menschen des Landes zusammen, die daran interessiert sein könnten, eine Lokalzeitung zu kaufen. Wir wollen allerdings keinen weiteren Sam Zell, dessen ganze Philosophie darin besteht, aus seinem Vermögen noch mehr Kapital zu schlagen. Wir suchen eher Leute, die verstehen, dass sie eine Verpflichtung gegenüber der Gesellschaft haben, Menschen mit einem Haufen Geld, die eine Zeitung wie den *Philadelphia Inquirer*, den *Boston Globe* oder die *Los Angeles Times* kaufen wollen. Warum sollten sie dieser Demokratie und der Gemeinschaft, durch die sie ihr Geld verdient haben, nicht helfen?

▌ *Sollte sich neben Stiftungen und Mäzenen auch die Politik an der Rettung der Zeitungen beteiligen? Es gibt ja einige Modelle, wie die ARD oder die BBC, die sich bewährt haben …*

Ja, aber die funktionieren nur bis zu einem gewissen Grad. Ich liebe die BBC, aber ich würde staatlichen Organisationen niemals trauen. Ich weiß aus eigener Erfahrung, dass es Wege gibt, Geld von der Regierung anzunehmen, um guten Journalismus zu fördern. Deshalb hat sie durchaus eine wichtige Rolle, aber sie muss sehr streng von der Presse überwacht werden.

»Journalisten müssen selbstkritischer darüber nachdenken, wie sie ihren Job effektiver machen können.«

▌ *Was muss getan werden, um den Journalismus zu retten?*

Zwei Maßnahmen halte ich für unabdingbar. Die erste und wichtigste: Journalisten müssen selbstkritischer darüber nachdenken, wie sie ihren Job effektiver machen können, indem sie das Potenzial des Internets nutzen. Wir müssen einen Dialog in Gang setzen darüber, was die Beziehung zwischen Journalismus und Öffentlichkeit bedeutet. Journalisten müssen in Schulen gehen und mit jungen Leuten über deren Informationsbedürfnis reden und darüber, wie man erkennt, wem man vertrauen kann. Der zweite Punkt ist: Wir müssen neue Geschäftsmodelle entwickeln. Stiftungsmodelle wie das der unabhängigen Organisation *ProPublica* sind eine Möglichkeit, »White Knights« eine andere. Man könnte auch überlegen, wie Gemeinden über Fonds den Lokaljournalismus unterstützen können. Wir müssen also die Beziehung zwischen Journalismus und Bürgern überdenken, wie auch unsere Geschäftsmodelle, damit der Journalismus überlebt. Andernfalls wird die Demokratie verschwinden, und wir werden eine neue Welt mit neuen Formen des Regierens erleben, die stärker auf Macht und Einfluss gründen.

Jonathan Landman

1952 in New York geboren, studierte Geschichte in Amherst und Journalismus an der Graduate School of Journalism der Columbia University. Nachdem Landman für verschiedene Zeitungen gearbeitet hatte, begann er vor mehr als zwanzig Jahren seine Karriere bei der *New York Times*, für die er unter anderem als stellvertretender Leiter des Washingtoner Büros und verantwortlicher Redakteur des New-York-Ressorts tätig war. Seit zwei Jahren ist Landman Deputy Managing Editor der *New York Times* und verantwortlich für digitalen Journalismus. Er ist verheiratet und hat zwei Kinder.

© Iris Ockenfels

»Print ist nicht tot«

Medien tendieren zur Koexistenz: Jonathan Landman von der *New York Times* erklärt, wie professionelle Journalisten und Amateur-Blogger nebeneinander existieren können.

■ *Mr. Landman, viele gedruckte Nachrichtenmedien in den USA beklagen dramatische Auflagenverluste und Personaleinsparungen. Auch die New York Times, nach wie vor Aushängeschild der weltweiten Prestige-Presse, bleibt davon offenbar nicht verschont. Im April 2008 meldete die New York Times Company für das erste Quartal des Geschäftsjahres im Vergleich zum Vorjahr einen Umsatzverlust von 5,7 Prozent sowie einen Verlust an Anzeigeneinnahmen von 10,6 Prozent. Im Mai wurde aus einem Memo des Chefredakteurs, Bill Keller, außerdem bekannt, dass die New York Times an die 100 Mitarbeiter entlassen will.*

Nun, wir haben mit den gleichen übernatürlichen Kräften zu kämpfen, die das Pressegeschäft allerorten quälen: die Abwanderung der Kleinanzeigen ins Internet und der exorbitante Zuwachs neuer Publikationsplattformen. Das ist weder überraschend noch bleibt unsere Zeitung davon verschont. Alle diese Entwicklungen schaden uns ebenfalls, und die schlechte Wirtschaftslage tut das Übrige. Obwohl der US-Presse vor allem das Online-Anzeigengeschäft zu schaffen macht, haben wir hier einen unschlagbaren Vorteil gegenüber unseren Mitbewerbern, weil unsere Anzeigen ein nationales Publikum ansprechen. Ein weiterer Pluspunkt ist die Potenz und Reputation der Marke *New York Times*, die es uns ermöglichte, eine sehr nachgefragte Nachrichten-Webseite zu werden. Wir sind laut Nielsen die fünftgrößte in den USA – die BBC, die ebenfalls eine erfolgreiche Webseite betreibt, nicht mitgezählt. Außerdem haben wir einen überaus loyalen Leserstamm, der weiterhin die Printausgabe abonniert und so einen Großteil unserer Gewinne ausmacht. Ich möchte die schlechte Marktsituation gar nicht kleinreden, aber ich sehe für uns auch eine Reihe von Wettbewerbsvorteilen.

■ *Welche Rolle spielen Nebengeschäfte für die Erlöse der New York Times Company?*

Wissen Sie, für solche Fragen bin ich nicht der Richtige. Ich bin Zeitungsredakteur und kein Geschäftsmann. Wenn Sie über Business reden wollen, wenden Sie sich bitte an jemanden aus dem Management.

»Die Frage ist nicht, ob Print verschwindet, sondern wie man den Qualitätsjournalismus unterstützt.«

▌ *Also gut, lassen Sie uns stattdessen über das Schwarzbrot im Journalismus sprechen: die Nachrichten. In ihrer heutigen Ausgabe hat die New York Times auf der Titelseite eine Exklusiv-Geschichte über al-Qaida und eine weitere über irakische Söldner gebracht. Streben Sie mehr Exklusivität an, um sich von anderen Nachrichtenanbietern stärker abzugrenzen?*

Das würde ich so nicht sagen. Die *Times* hat sich schon immer durch originäre Berichte ausgezeichnet, die man anderswo nicht lesen konnte. Deshalb beschäftigen wir auch weiterhin viele Auslandskorrespondenten und unterhalten ein großes Büro in Washington, um unseren Fokus auf ganz unterschiedliche gesellschaftliche Phänomene zu lenken. Außerdem leisten wir uns einen großen Mitarbeiterstab in vielen Städten des Landes, weil wir uns jetzt, wie seit eh und je, zu originärem Journalismus verpflichtet fühlen. Es ist also nichts Neues, wenn wir solche Geschichten auf der Titelseite bringen. Diese Beiträge stechen allerdings stärker heraus als früher, weil zunehmend massenkompatible und immer weniger exklusive Nachrichten produziert werden.

▌ *Wie wichtig ist für Sie als Redaktionsleiter das Motto »online first«, gerade mit Blick auf Exklusiv-Storys?*

Normalerweise veröffentlichen wir ein Stück dann, wenn es fertig ist – also häufig auch online. Als wir die Sex-Affäre um den New Yorker Gouverneur Eliot Spitzer aufdeckten und zuerst online brachten, hatten wir sie für über eine Stunde exklusiv. So werden wir es wohl künftig in den meisten Fällen handhaben. Aber es gibt manchmal auch Gründe, sich Geschichten für die Druckausgabe aufzusparen.

▌ *Würde der Qualitätsjournalismus stark leiden, wenn die gedruckte Zeitung eines Tages verschwände?*

Das kommt auf die Alternative an. Gäbe es keine Alternative, dann wäre das eine Katastrophe. Wenn die Alternative hingegen ein wunderbares elektronisches Gerät wäre, mit dem man ein Buch, eine Zeitschrift oder Zeitung lesen kann, ist es egal, ob die Informationen auch auf Papier gedruckt sind oder nicht. Das Gleiche wird eben nur in anderer Form geliefert. Und wenn eine Hardware entwickelt würde, die es den Menschen erleichtert, Journalismus zu bekommen und dafür zu bezahlen, umso besser. Ich glaube nicht, dass die Frage ist, was passiert, wenn Print verschwindet, sondern eher, wie man den Qualitätsjournalismus unterstützt, der essentiell für das Funktionieren einer Demokratie ist.

▪ *Apropos: In den USA, aber auch in Deutschland wird gerade viel über gemeinnützige Initiativen wie Paul Steigers unabhängige Redaktion ProPublica diskutiert, die sich dem Recherchierjournalismus verschrieben hat und durch Stiftungsgelder finanziert wird. Was halten Sie davon?*

Ich wünsche ihnen gutes Gelingen. Diese Initiative ist gründlich durchdacht, und jeder, der qualitativ hochwertigen Recherchejournalismus betreibt, tut unserer Demokratie etwas Gutes, weil derzeit alle Zeitungen im ganzen Land als Erstes an investigativer Berichterstattung sparen.

▪ *Wie Sie vermutlich wissen, recherchiert ProPublica eigenständig Geschichten, bietet diese dann aber etablierten Nachrichtenmedien zur Veröffentlichung an. Könnten Sie sich eine solche Kooperation zwischen der New York Times und ProPublica vorstellen?*

Darüber ließe sich reden.

▪ *Stehen Sie Geschichten, die jemand anderes recherchiert hat, nicht skeptisch gegenüber?*

Es würde sicherlich einige Schwierigkeiten mit sich bringen, weil wir sehr auf unsere Standards wie das »Fact Checking« achten.

Wenn wir mit Redaktionen von außen zusammenarbeiten würden, müssten wir sicherlich in irgendeiner Form involviert sein. Ich kann mir jedenfalls nicht vorstellen, irgendetwas zu veröffentlichen, ohne zu wissen, was ich genau bekomme. Andererseits arbeiten wir schon seit vielen Jahren mit freien Journalisten zusammen, insofern ist eine solche Kooperation keine so abwegige Idee.

»Gratisinformation und professioneller Journalismus sind zwei Paar Schuhe.«

❚ *Die Reporter von ProPublica veröffentlichen einige ihrer Storys auch unmittelbar über Blogs. Wie wichtig ist Blogging inzwischen für den amerikanischen Journalismus?*

Das Bloggen ist zweifellos wichtiger geworden, aber wir dürfen nicht vergessen, dass ein Blog zunächst nicht mehr als eine Software ist, also eine Möglichkeit, Nachrichten zu liefern. Blogs sind für manche Dinge gut geeignet, für andere weniger. Sie eignen sich beispielsweise großartig, um bei aktuellen Ereignissen auf dem Laufenden zu bleiben. Deshalb haben wir Blogs ziemlich erfolgreich für »Breaking News« eingesetzt. Außerdem eignen sich Blogs hervorragend für bestimmte Kommentatoren. Sie sehen also, dass wir Blogs genauso für unsere Zwecke einspannen, wie es andere Zeitungen auch tun.

❚ *Könnte das Internet nicht doch irgendwann die Zeitung vollkommen verdrängen?*

Alle bisherigen Medien tendieren zu einer Koexistenz, oder etwa nicht? Als das Radio startete, sagten die Leute »Das ist das Ende der Zeitungen und Zeitschriften« – aber so kam es nicht. Als dann das Fernsehen entwickelt wurde, sagten die Leute »Das ist das Ende des Radios« – aber so kam es nicht. Jetzt kommt das Internet und die Leute sagen wieder: »Das ist das Ende von Fernsehen, Radio, Zeitungen und Zeitschriften.« Und vielleicht wird das Internet eines Tages tatsächlich ein Verteilsystem für alle diese Kommunikationsformen sein, aber dann ist es halt so. Es wäre sinnlos, sich dieser Entwicklung zu widersetzen.

■ *Warum brauchen wir überhaupt noch professionelle Journalisten?*
Man bekommt alle Informationen schließlich gratis im Internet,
man braucht bloß zu googeln …

Gratisinformation und professioneller Journalismus sind doch
zwei unterschiedliche Paar Schuhe. Die *New York Times* gibt
es online gratis, aber sie liefert ein professionelles Produkt. Ich
glaube, es gibt im Journalismus – wie überall – genug Platz für
Profis und für Amateure. Das bedeutet aber nicht, dass sie das
Gleiche tun. Ich habe überhaupt kein Problem mit Amateurmu-
sikern, die ein Streichquartett in ihren Wohnzimmern spielen.
Aber das ist natürlich nicht dasselbe wie Berufsmusiker, denen
Tausende Menschen in einer Konzerthalle begeistert zuhören.
Genauso sind professionelle Journalisten, die über besondere
Talente und eine Ausbildung verfügen, besonders gut in man-
chen Dingen, in denen Amateure nicht so gut sind. Folglich sind
die Ergebnisse vollkommen automatisierter News-Angebote wie
Google News nicht wirklich befriedigend. Die Idee, dass das Internet irgendwie Amateure zusammenbringt, die dann auf ma-
gische Weise qualitativ hochwertige Nachrichten produzieren,
kann gar nicht funktionieren. Professor Jay Rosen von der New
York University hat beispielsweise eine sehr interessante Kombination von Profis und Amateuren entwickelt, die vielverspre-
chend ist.

»Beiträge von Amateuren sind nicht zu unterschätzen.«

■ *Sie meinen das Format Off the Bus, das Jay Rosen für die Online-*
Zeitung Huffington Post entwickelt hat.

Genau, dort beaufsichtigen professionelle Redakteure Amateur-
reporter und produzieren gemeinsam mit ihnen Videos und
News-Beiträge. Was ich Ihnen an diesem Beispiel illustrieren
möchte: Beiträge von Amateuren sind nicht zu unterschätzen.
Sie können sich Amateurfotos auf der Online-Plattform *flickr*
ansehen, Texte von Amateuren in der *Huffington Post* lesen und
so weiter. Und ein kleiner Teil davon ist gut, ein großer sehr
schlecht. Die Trefferquote bei professionellen Journalisten ist
naturgemäß höher, weil sie dafür entlohnt werden. Das ist bei

Amateuren anders, was aber nicht heißt, dass sie nichts beitragen können. Manchmal berichten Amateure wirklich sehr gut. Es gab beispielsweise einen Blog, in dem Amateure über den Prozess gegen Lewis Libby, den ehemaligen Sicherheitsberater von Dick Cheney, berichteten. Keiner von ihnen wurde dafür bezahlt, sie waren aber trotzdem überaus engagiert. Ich weiß nicht, wie diese Leute ihren Lebensunterhalt verdienen, denn irgendjemand muss ja schließlich die Miete bezahlen. Aber wie auch immer sie das geschafft haben: Sie haben sehr gut berichtet. Ich finde so etwas großartig, nur darauf alleine kann sich eine Demokratie nicht verlassen.

▌ *Wir alle wissen, dass es immer schwieriger wird, junge Menschen davon zu überzeugen, für guten Journalismus zu bezahlen. Wie wollen Sie als reines Verlagshaus im digitalen Zeitalter neue Geschäftsmodelle finden?*

Das tun wir täglich. Aber noch einmal: Print ist nicht tot. Also lassen Sie uns die Todesanzeige nicht zu früh aufsetzen. Klar, Print könnte eines Tages aussterben, möglich ist alles. Aber momentan verdienen wir mehr Geld mit unseren Abonnements als jemals zuvor. Die Auflage der Zeitung ist in den vergangenen paar Jahren marginal gesunken, für uns war das jedoch im Ergebnis effizient, weil die Leser am Rande der Auflagenskala sehr teuer sind: Man muss sie ständig bewerben und ihnen Prämien schenken. Wir haben jetzt ungefähr 800.000 Abonnenten, die die *Times* seit mindestens zwei Jahren beziehen und sie nach Hause geliefert bekommen, sie also nicht am Kiosk kaufen. Das ist bedeutsam, weil sich in der Vergangenheit gezeigt hat, dass Leser, die unsere Zeitung zwei Jahre abonniert haben, Abonnenten auf Lebenszeit werden – oder zumindest annähernd. Das sind also 800.000 loyale Leser bei einer Gesamtauflage von über einer Million, die über 500 Dollar für ein Jahresabo zahlen. Für uns und unsere Werbekunden sind diese Leute sehr wertvoll, weil sie gebildet, wohlhabend und neugierig sind, viele Interessen haben, reisen, konsumieren. Dieses Geschäftsmodell ist also noch lange nicht tot. Es ist bedroht, soviel steht fest. Und die Abwanderung der Kleinanzeigen ist natürlich ein großes Problem. Aber es gibt ja noch unsere Online-Umsätze, die stark ansteigen und derzeit bei elf Prozent liegen. Sie sehen also, es werden neue Geschäftsmodelle entwickelt, allerdings sind sie nicht wirklich neu, sondern basieren immer noch auf Werbung.

Nicholas Lemann

Jahrgang 1954, ist seit September 2003 Dekan der Graduate School of Journalism an der Columbia University in New York. Lemann wuchs in New Orleans auf, wo er im Alter von 17 Jahren seine journalistische Karriere bei dem alternativen Wochenblatt *Vieux Carre Courier* begann. Nach seinem Studium arbeitete Lemann als Redakteur, später Redaktionsleiter für die Magazine *The Washington Monthly* und *Texas Monthly*, war danach Redaktionsmitglied der *Washington Post* sowie Washington-Korrespondent von *Atlantic Monthly* und des *New Yorker*. Lemann ist Autor mehrerer Fachbücher, zuletzt erschien »Redemption: The Last Battle of the Civil War« (2006). Lemann arbeitete u. a. für den Discovery Channel und die BBC, lehrte an zahlreichen Universitäten und schreibt regelmäßig für *The New York Times*, *The New York Review of Books*, *The New Yorker*, *The New Republic*, *Slate*, und *American Heritage*. Er ist Mitglied im Aufsichtsrat des Autorenverbands Authors Guild, des Zentrums für Geisteswissenschaften an der City University of New York, der Gesellschaft der amerikanischen Historiker und ist Mitglied des New Yorker Instituts für Geisteswissenschaften.

»Das Internet ist für Journalisten ein echtes Wunderwerk«

Journalisten müssen noch viel dazulernen: Nicholas Lemann, Dekan und Henry R. Luce Professor an der Journalism School der Columbia University, New York spricht über alternative Konzepte und Finanzierungsquellen für den Qualitätsjournalismus.

■ *Mr. Lemann, »You better start swimmin', or you'll sink like a stone« sang Bob Dylan Mitte der 1960er Jahre – heute scheinen diese Zeilen mehr denn je auf die amerikanische Medienlandschaft zuzutreffen. Wie bereiten Sie den Journalisten-Nachwuchs auf den tief greifenden Wandel im Journalismus vor?*

Wir an der Graduate School of Journalism denken, dass es nicht ausreicht, den Job richtig zu machen: Heute brauchen Medienunternehmen Journalisten mit Internet-Kompetenz. Mittlerweile ist auch dem Letzten klar geworden, dass sich Online-Auftritte in den kommenden Jahren stark verändern werden, selbst wenn noch unklar ist, welchen Stellenwert sie ökonomisch und kulturell einnehmen. Darüber hinaus sind wir auch international ausgerichtet und unterrichten Studierende aus 35 verschiedenen Ländern, von denen viele später im Ausland und nicht in den USA arbeiten werden.

■ *Brauchen wir künftig überhaupt noch Journalisten – immerhin gibt es viele nicht-journalistische Informationsangebote im Internet, von denen die meisten auch noch kostenlos sind?*

Die wichtigste Aufgabe von Journalisten ist nach wie vor und mehr denn je das Sammeln relevanter Informationen. Das Internet und speziell die Blogosphäre haben dem öffentlichen Diskurs sehr viele Stimmen hinzugefügt. Durch Blogs gibt es einen Zuwachs an politischen Debatten, allerdings bisher keinen Zuwachs an politischer Tiefe. Journalisten sind dafür da, einen alternativen, kritischen Blick auf öffentliche Angelegenheiten zu werfen. Außerdem ordnen sie die enorme Informationsmasse, mit der wir heutzutage konfrontiert sind und setzen die Informationen in einen Sinnzusammenhang.

■ *Die – berechtigte – Prognose ist aber doch, dass der Qualitätsjournalismus durch den wachsenden Einfluss von Bloggern künftig überhaupt nicht mehr gefragt sein könnte.*

Vor nicht allzu langer Zeit glaubte die Blogosphäre noch, sie könne die klassischen Medien einfach ersetzen. Blogger waren der

Überzeugung, sie seien nicht nur eine willkommene Ergänzung zu den professionellen Journalisten, sondern ein Ersatz dafür. Mittlerweile hat sich die Koexistenz von Profis und Bloggern etabliert und bewährt. Man findet in den USA vermutlich keine einzige Zeitung mehr, die nicht einen oder mehrere Blogger beschäftigt.

»Inzwischen haben Blogs längst nicht mehr diese Weltverbesserer-Attitüde.«

■ *Welche Strategie steckt dahinter, immer weniger professionelle Schreiber zu beschäftigen?*

Die Strategie der Zeitungsverlage ist es zunächst herauszufinden, welche Blogger in New Jersey das größte Publikum anziehen und zu einem interessanten Themengebiet schreiben können. Wenn beides gegeben ist, bieten sie ihnen einen eigenen Blog auf der Website an. Inzwischen haben Blogs eher einen lokalen Einschlag und längst nicht mehr diese Weltverbesserer-Attitüde.

■ *Paul E. Steiger, ehemaliger Chefredakteur des Wall Street Journals und inzwischen Leiter des unabhängigen Redaktionsbüros ProPublica, gibt sich euphorisch, da durch das Internet neue journalistische Formen des Geschichtenerzählens und der Interaktion entstanden seien.*

An dieser Sache ist tatsächlich etwas dran, sie hat jedoch eine Kehrseite. Das Positive sind die neuen Präsentations- und Interaktionsformen im Journalismus. Im Internet können Sie alles integrieren: Fotos, Slideshows, Videos, Bewegtbilder, Text. Außerdem gibt es Töne, Links zu anderen Seiten, interaktive Grafiken und hunderte anderer Ausdrucksformen. Man kann Webseiten in Echtzeit aktualisieren, und es gibt etliche Möglichkeiten der Publikumsbeteiligung.

■ *Die Kehrseite betrifft vermutlich das Finanzierungsdilemma der Zeitungsverlage im Netz, das durch die Finanz- und Wirtschaftskrise noch verstärkt wurde.*

Genau. Wir müssen noch viel dazulernen und davon ausgehen, dass wir frühestens in zehn Jahren soweit sind zu wissen, wie man journalistische Websites gewinnbringend betreibt. Dann wird sich auch niemand mehr damit zufrieden geben, das Zeitungsprinzip einfach aufs Internet zu übertragen. Websites werden dann vollkommen anders aufbereitet sein, sie werden sich in ihrem Geschäftsmodell völlig von dem unterscheiden, was wir heute kennen. In punkto Finanzierung dürfen wir nicht dem Irrglauben aufsitzen, Auflagenzahlen und Anzeigen seien das Nonplusultra, sondern wir müssen analog dazu Lösungsansätze entwickeln.

▌ *Denken Sie dabei auch an finanziell unabhängige Redaktionsbüros wie ProPublica?*

Eine Lösung liegt sicherlich darin, den Journalismus losgelöst von Marktmechanismen zu fördern. Und gemeinnützige Stiftungen, die dahinter stehen, sind ein Szenario, das funktionieren kann. *ProPublica* ist ein Redaktionsbüro, das wesentlich von Mäzenen unterstützt wird.

▌ *Sehen Sie auch in der staatlichen Alimentierung des Journalismus einen gangbaren Weg?*

Ich stehe damit wahrscheinlich alleine auf weiter Flur, aber ich finde, dass direkte Finanzhilfen vom Staat für Medienbetriebe durchaus eine Option darstellen. Man muss aber mit solchen Meinungen vorsichtig sein, vor allem in den USA.

▌ *Warum eigentlich? Es gibt in Großbritannien das erfolgreiche BBC-Modell und auch in Deutschland haben wir ein intaktes öffentlich-rechtliches Mediensystem.*

Natürlich wäre das eine Lösung. Auch *ProPublica* wird öffentlich gefördert, zumindest indirekt. Wenn Sie das aber zu Paul Steiger sagen, hören Sie sofort: »Was, wovon sprechen Sie überhaupt?!« Dabei erlässt die Regierung ihm, beziehungsweise seinen Geldgebern, eine Menge Steuern und gewährleistet damit die kontinuierliche Arbeit vieler Non-Profit-Organisationen. Oder nehmen Sie National Public Radio, Public Radio International und das Public Broadcasting System: Alle diese Sender sind Quasi-Regierungsorganisationen, aber es würde niemand auf die Idee kommen zu sagen, sie würden von der Regierung kontrolliert – dazu gibt es einfach zu viele Regularien, die dies verhindern. Genauer betrachtet hat also ein Großteil des derzeitigen Journalismus in den USA einen öffentlichen oder quasi-öffentlichen Träger.

»Junge Menschen lesen die Zeitung nun mal nicht, um Verlegern einen Gefallen zu tun oder weil sie sich dazu verpflichtet fühlen.«

▍ *Sie haben viele Jahre lang als Printjournalist gearbeitet. Können sie sich die großen amerikanischen Städte in naher Zukunft ganz ohne Zeitungen vorstellen?*

Vor 100 Jahren gab es in den meisten Großstädten eine Fülle von Zeitungen. Heute gibt es oft nur noch eine. Zwei Generationen, mich eingeschlossen, sind damit aufgewachsen, sich über die Monopolisierung des Zeitungsmarktes in den Großstädten zu beklagen. Aber viele Leute vergessen, dass das ein schleichender Prozess war. Man kann zwar ein Verschwinden der Zeitung konstatieren, aber das heißt noch nicht, dass es automatisch einen Schwund des Nachrichtenjournalismus gäbe. Man kann etwa die Umwandlung von Printmedien in reine Online-Angebote beobachten. Einige Zeitungen verfolgen neuerdings auch eine Doppelstrategie mit einer Printausgabe und einem Internetauftritt.

▍ *Sie weichen der Frage aus, deshalb noch mal anders gefragt: Ist es nicht das größere Problem, dass Zeitungen und Zeitschriften gerade bei jungen Menschen an Relevanz verlieren?*

Abonnenten von Tageszeitungen stellten in amerikanischen Großstädten schon immer eine Minderheit dar. Junge Menschen lesen die Zeitung nun mal nicht, um Verlegern einen Gefallen zu tun oder weil sie sich dazu verpflichtet fühlen. Man muss die Leser schon davon überzeugen, dass in der Zeitung etwas steht, was für sie nützlich sein könnte. Wenn man das bei Personen unter vierzig schafft, hat man ganze Arbeit geleistet.

▋ *Sehen Sie eine Gefahr für die Demokratie oder die Verfassung einer prosperierenden liberalen Gesellschaft, wenn eines Tages alle gedruckten Zeitungen verschwänden – so wie es Eric Alterman vor ein paar Monaten in einem Essay für den New Yorker beklagt hat?*

Aus der Perspektive der Demokratie gehört es zu den wichtigsten Aufgaben von Zeitungen, über öffentliche Angelegenheiten zu berichten. Aber mit dieser Aufgabe haben die Verlage noch nie den Löwenanteil ihrer Gewinne gemacht. Diese Funktion war schon immer quersubventioniert. Nichtsdestotrotz gab es ausreichend ökonomischen Spielraum, um diese Rolle von Zeitungen aufrechtzuerhalten. Viele Qualitätszeitungen haben eine Leuchtturmfunktion, daher können wir auf keinen Fall auf sie verzichten.

▋ *Ihr Idealismus in allen Ehren: Aber was nutzt uns der hellste Leuchtturm in der Presselandschaft, wenn allerorten rabiat gespart wird, zum Beispiel bei der Los Angeles Times?*

Immer, wenn ich nach Los Angeles fliege, greife ich mir die aktuelle *L.A. Times*-Ausgabe und weiß, was Sache ist. Die Zeitung führt seit längerem eine Debatte über ihre eigene Zukunft, beschäftigt aber – das wird oft vergessen – noch immer knapp 800 Journalisten …

▋ *Von ursprünglich einmal über 1.100 Mitarbeitern …*

Die Einschnitte waren natürlich heftig, aber wenn man anderswo hinschaut, etwa zur *San Jose Mercury News*, ist es noch schlimmer: Dort mussten seit 2001 fast zwei Drittel der Mitarbeiter ihre Schreibtische räumen. Von 400 sank die Zahl der beschäftigten Journalisten auf etwa 170. Auch der *San Francisco Chronicle* macht mir Sorgen, so sehr, dass ich mittlerweile sage, dass es in der ehemals großen Zeitungsstadt keine Zeitung mehr gibt, die akkurat, umfassend und aktuell informiert. Das ist eine Entwicklung, die wir stoppen müssen.

John Lloyd

Jahrgang 1946, ist Direktor am Reuters Institute for the Study of Journalism an der Oxford Universität, Mitherausgeber der Financial Times und Kolumnist für La Repubblica. Zuvor leitete er mehrere Jahre das Moskauer Redaktionsbüro der Financial Times und war Gründungsherausgeber des FT Magazine. Darüber hinaus gehört er dem Direktorium des Prospect Magazine sowie der Moscow School of Political Studies an, arbeitet als Referent des St. Anne's College in Oxford und hat eine Gastprofessur der School of Journalism an der City University. Lloyd wurde mehrfach ausgezeichnet, u. a. als Journalist des Jahres, Fachautor des Jahres und mit dem David Watt Prize. Zu seinen jüngsten Veröffentlichungen gehören »Rebirth of a Nation: An Anatomy of Russia« (1998) und »What the Media are Doing to Our Politics« (2003). Lloyd ist verheiratet, hat einen Sohn und lebt in London.

© University of Oxford

»Google News ist unser Feind«

Mehr Einsparungen, weniger Qualitätsberichterstattung: John Lloyd, Direktor am Reuters Institute for the Study of Journalism an der Oxford Universität, Kolumnist und Mitherausgeber der *Financial Times* spricht über die Personalisierung des Journalismus und erklärt, wie die Tageszeitung den Kampf um den Leser gewinnen kann.

■ *Mr. Lloyd, mittlerweile ist es fast schon beängstigend still ge-worden um Rupert Murdochs neueste Errungenschaft, das Wall Street Journal. Ist das nur die Ruhe vor dem Sturm?*

Um es mal so zu sagen: Es hat für mich den Anschein, als ob Fa-milienunternehmen wie das der Grahams mit der *Washington Post* und der Sulzbergers mit der *New York Times*, immer noch besser darin sind, Qualität und Unabhängigkeit aufrecht zu erhalten. Das gilt übrigens auch für Stiftungen wie die, die den *Guardian* und *Le Monde* herausgeben oder für kleinere Unternehmen wie Pear-son mit der *Financial Times* und Dow Jones mit dem *Wall Street Journal*. Diese Unternehmen geraten jetzt allerdings zunehmend unter Druck, wie die Übernahme von Dow Jones zeigt. Das heißt: wir müssen mit noch mehr Einsparungen, weniger Qualitätsbe-richterstattung und wahrscheinlich auch weniger Unabhängigkeit rechnen.

■ *Wo liegt denn das Problem? Geht die Qualitätspresse vielleicht nicht konsequent genug auf die veränderten Nutzungsgewohnhei-ten ihrer Leser ein?*

Das kommt drauf an. *Washington Post*, *Guardian*, *Le Monde* und *La Repubblica* haben beispielsweise sehr erfolgreiche Internetauf-tritte etabliert, die inzwischen viel mehr Leser erreichen als ihre Druckausgaben. Doch genau darin liegt das Paradoxe: Ihre Inhalte werden von einem größeren Publikum gelesen, aber ihre Auflagen und Einnahmen sinken – für einige Titel sogar in sehr kritische Regionen. Ich sehe da momentan keinen Ausweg.

■ *Dabei mangelt es ja nicht an Versuchen, das Ruder herumzurei-ßen.*

Die Qualitätsblätter haben ja schon alles versucht. Schauen Sie sich *The Times* und *The Independent* an, das waren mal die führenden Stimmen Großbritanniens. Aber nachdem beide auf das Tabloid-Format umgestellt haben und jetzt häufiger mit Gesundheits- und Lifestyle-Geschichten als mit den wirklich großen Themen von nationaler oder internationaler Bedeutung aufmachen, hat zumindest die *Times* ihre Rolle als offizielle Chronistin des politischen Zeitgeschehens eingebüßt. Der *Independent* ist dagegen zu einem »Viewspaper« mit meinungslastigen, fettgedruckten Storys auf der Titelseite verkommen. Egal ob *Times, Independent, Guardian* oder *Telegraph* – alle verlieren kontinuierlich an Auflage. Die einzige Qualitätszeitung, die noch zulegt, ist die *Financial Times* – und die hat sich am wenigsten verändert. Meiner Meinung nach liegt der Großteil ihres Erfolg an der globalen Leserschaft und einer thematischen Nische: die der hochrangigen Wirtschaft und Politik.

»Zeitungen stellen Google unfreiwillig ihre Ressourcen zur Verfügung und bekommen nichts zurück.«

❙ *Könnten traditionelle Stilformen wie die Reportage oder der investigative Report nicht die Ehrenrettung für die Qualitätspresse bedeuten?*

Viele denken ja, dass gerade lange Reportagen und die investigative Berichterstattung das Hauptproblem sind für die desolate Situation der Presse, und zwar deshalb, weil die Leute das alles gar nicht lesen. Unsere Aufgabe als Journalisten ist es also herauszufinden, wie wir diese Formate, die wir für besonders wichtig halten, lesbar machen. Was wir dabei nicht übersehen dürfen ist, dass die meisten der langen Formate inzwischen in Büchern publiziert werden. Noch vor zwanzig Jahren hat kaum ein Journalist Bücher geschrieben. Jetzt tun das offenbar alle.

❙ *Könnte der Staat der Presse nicht mit Beihilfen unter die Arme greifen?*

Nein! Zeitungen sind reine Markterzeugnisse. Jede bezuschusste Zeitung würde früher oder später harmlos werden.

❙ *Wie viel Zeit geben Sie der Papierzeitung noch, welche Titel wird es auch in zwanzig Jahren noch geben?*

Zu den Qualitätszeitungen, die überleben, gehören wahrscheinlich *FAZ, Die Zeit, Figaro, Financial Times, New York Times, Washington Post, Corriere della Sera, La Repubblica, El País* und einige andere. Sie werden überleben, weil sie eine Kernleserschaft haben, die sie am Leben hält, weil sie eine Online-Strategie gefunden und Unterstützer haben oder in Zukunft noch welche finden werden. Zeitungen, die ich für gefährdet halte, sind einige der großen Stadtzeitungen in den Vereinigten Staaten, *Libération* in Frankreich, *La Stampa* in Italien und möglicherweise *Die Welt*, wenn es für den Verlag irgendwann zu teuer wird, sie zu halten. Der springende Punkt ist, dass Papierzeitungen den Übergang ins Netz schaffen und dort genug Geld verdienen müssen, um eine beachtliche Belegschaft an Korrespondenten zu finanzieren. Scheitern sie damit, ist es egal, ob sie überleben oder nicht.

▌ *Sehen Sie in Googles News eher einen Freund oder Feind für die Zeitungswirtschaft?*

Google News ist derzeit eher unser Feind als Verbündeter. Und zwar weil dort Nachrichten nicht selbst produziert, sondern einfach Anderen weggenommen werden. Dadurch wird die Anziehungskraft derer geschwächt, die fürs Nachrichtensammeln bezahlen müssen. Die stellen Google unfreiwillig ihre Ressourcen zur Verfügung und bekommen nichts zurück.

»Der Konsument ist nicht mehr länger Kunde, sondern ein ›Freund‹.«

▌ *Werden soziale Netzwerke wie Facebook das Internet revolutionieren?*

Facebook und andere Social Networks ziehen radikale Effekte nach sich, gar keine Frage. Die Kombination aus Networking und der Bereitstellung von Nachrichten und Videos ergänzt die klassischen Nachrichtenmedien um einen völlig neuen Faktor: Der Konsument ist nicht mehr länger Kunde, sondern ein »Freund« oder sagen wir besser: ein »Kontakt«, dessen Interessen seine anderen »Kontakte« bestens kennen. Über diese Kontakte erhält eine neue Generation von Mediennutzern das Gros ihrer Information, und nicht aus der Presse oder dem Fernsehen.

▍ *Welche Bedeutung räumen Sie Heimvideos nach dem »WeTube«-Prinzip ein?*

Das weitet den Journalismus ins Persönliche. Dort sehe ich große Wachstumschancen für den Journalismus, allerdings wird das nicht als Journalismus anerkannt. Es sind vor allem jüngere Leute, die über sich selbst und ihre Welt berichten und so mit Nachrichten größere oder kleinere Kontaktkreise beliefern. Das ist eine Form von Journalismus – und wenn wir nach den reinen Nutzungszeiten gehen wollen, ersetzt es sogar den eher konventionellen Journalismus.

▍ *Stehen in naher Zukunft noch weitere Medienrevolutionen an?*

Die nahe Medienzukunft wird eine Konsolidierung heutiger Trends sein: Es wird noch einfacher, schneller und bequemer werden, einen Zugang zu Programmen, Unterhaltung, Kommunikation und Information über einen Bildschirm oder ein Mobiltelefon zu erhalten. Unsere Kommunikation wird flüchtiger und zugleich intensiver. Das größte Problem für den Journalismus aber ist, ob das, was wir »Public Service Journalism« nennen, also die Analyse und Recherche, aber auch Schlagzeilen, überlebt oder nicht – und wer das finanzieren wird.

Philip Meyer

Jahrgang 1930, ist Professor für Journalismus und begann seine Zeitungskarriere 1944. Sein Urgroßvater war ein deutschsprachiger Einwanderer aus der Schweiz, der 1870 eine Farm in Nordkansas unter dem »Homestead Act« von Präsident Lincoln aufbaute. Nach seinem Abschluss an der Kansas State University, diente er in der Navy und arbeitete er für den *Topeka Daily Capital*, danach absolvierte er ein Masterstudium in Politikwissenschaft an der University of North Carolina in Chapel Hill. Meyer kann auf eine 23-jährige Karriere bei dem ehemaligen US-Zeitungsgiganten Knight Ridder (heute: McClatchy Company) zurückblicken, u. a. als Reporter, Washington-Korrespondent und Leiter der Nachrichtenforschung des *Miami Herald*. Seit 1981 hat er noch bis Ende 2008 den von der Knight Stiftung finanzierten Lehrstuhl für Journalismus an der University of North Carolina inne. Meyer hat zahlreiche Bücher verfasst, u.a. »The Vanishing Newspaper« (2004), »Precision Journalism« (4. Ausgabe, 2002) und »The Newspaper Survival Book« (1985). 2000 verlieh ihm die American Association for Public Opinion Research ihre höchste Ehre: den AAPOR Award für besondere Leistungen.

»Das ist eine phantastische Chance
für die gute alte Zeitung«

Qualitätssteigerung statt Kosteneinsparung: Philip Meyer, Zeitungs-wissenschaftler und Autor (»The Vanishing Newspaper«) erklärt, warum er dem wachsenden Online-Journalismus wohlwollend ge-genüber steht.

▌

■ *Mr. Meyer, Sie haben einigen Zeitungsleuten durch Ihren Bran-*
chen-Bestseller »The Vanishing Newspaper« (»Die verschwin-
dende Zeitung«) einen gehörigen Schrecken eingejagt. Darin
schreiben Sie, dass um das Jahr 2040 herum die letzte Zeitung
von der Druckwalze läuft. Gibt es einen Grund, warum wir heute
überhaupt noch gedruckte Zeitungen brauchen?

Es ist doch ganz offensichtlich, dass wir sie für den Übergang ins
digitale Zeitalter benötigen. Aber wenn wir mal ganz weit in die
Zukunft blicken, kann ich mir durchaus elektronische Produkte
vorstellen, die tatsächlich so aussehen und sich anfühlen werden
wie die traditionelle Zeitung. Denn wenn ein tägliches Nachrich-
tenprodukt, das verständlich und unterhaltend ist, auf diese Weise
vertrieben werden kann, dann haben wir doch immer noch unsere
Zeitungen – mit dem einzigen Unterschied, dass diese nicht mit
Druckerschwärze auf Papier bedruckt sind!

■ *Wie viel Zeit bleibt dann der klassischen Zeitung auf Papier über-*
haupt noch, und welche Titel werden Ihrer Ansicht nach überle-
ben?

Es werden nur diejenigen Zeitungen schaffen, denen es gelingt,
ihren »good will« ins Web zu übertragen. Im Grunde ist das eine
phantastische Chance für die gute alte Zeitung, denn das Internet
ermöglicht es, die ganzen Kosten für Papier, Tinte und Transport
zu umgehen, also Faktoren, die ihr Wachstum derzeit behindern.
Diejenigen, die kapieren, wie man stattdessen diese Kosten, die
üblicherweise ein Drittel der Gesamtkosten einer Zeitung ausma-
chen, in inhaltliche Qualität investiert, werden nicht nur überleben, sondern wachsen.

> »Verleger versuchen die Kosten zu drücken, was zu ei-
> nem Qualitätsverfall führt – eine Todesspirale!«

■ *Bisher waren es ja vor allem die Zeitungen, die im Vergleich zu*
ihren Online-Ablegern weitaus mehr Ressourcen zur Verfügung
hatten. Könnte sich das bald ändern?

Das Problem der Verleger ist ein historisches: Ihre Monopolstellung in den meisten ihrer Verbreitungsgebiete hat es ihnen in den vergangenen Jahren ermöglicht, unnatürlich hohe Preise zu verlangen, was ihre Profiterwartungen dementsprechend in die Höhe getrieben hat. Das Internet hat diesen Monopolen jedoch ein Ende bereitet. Anstatt nach neuen Möglichkeiten für Investitionen zu suchen, versuchen die meisten Verleger jetzt, die Kosten zu drücken, was zu einem Qualitätsverfall und weniger Lesern führt – eine Todesspirale!

■ *Shopping-Touren im Pressemarkt sind in den USA ja derzeit schwer in Mode. Sehen Sie durch solche Übernahmen à la Rupert Murdoch die Existenz der Qualitätspresse in Gefahr?*

Es kommt auf die Motive für die jeweilige Übernahme an. Einige Besitzer wollen nur Profite abernten, indem sie den letzten Cent aus dem Unternehmen herausquetschen, bevor es stirbt. Ich glaube nicht, dass Rupert Murdoch zu dieser Sorte »Squeezer« gehört. Tatsächlich war es ja die Bancroft-Familie selbst, die das *Wall Street Journal* qualitativ verkommen ließ, um kurzfristige Profite aus dem Verlag zu schlagen. Murdoch hat da wohl – trotz seines Alters – einen längeren Zeithorizont im Blick und wird meiner Ansicht nach eher in Qualität investieren, die letztlich immer noch das Erfolgsgeheimnis des *Wall Street Journal* ausmacht.

■ *Könnten Sie sich vorstellen, dass Redakteure und Reporter bald vollständig in den Online-Journalismus übersiedeln, wie es Murdoch für die Beschäftigten des Wall Street Journal angekündigt hat?*

In nächster Zeit wird es deutlich mehr Bewegung in diese Richtung geben. Aber ich bin der festen Überzeugung, dass wir auch weiterhin Zeitungen brauchen, in welcher Form und Frequenz auch immer, ganz einfach, weil sie haltbarer und portabler sind. Die Gratiszeitungen an U-Bahnhöfen belegen das ja auch: Sie decken offensichtlich einen Bedarf, den das Internet so nicht erfüllt – obwohl wir uns während der Bahnfahrt künftig noch viel mehr mit unseren iPhones beschäftigen werden. Die technologische Zukunft vorherzusagen, ist also sehr schwierig, wie schon Ithiel de Sola Pool zu Recht in seinem Buch »Forecasting the Telephone« bemerkte.

> »Wenn Zeitungen elektronisch vertrieben würden, könnten sie mehr Geld in die Recherche stecken.«

■ *Welches Potenzial sehen Sie in Zeitungshybriden aus gedruckten und digitalen Inhalten?*

Sie sind nicht nur möglich, sondern auch dringend notwendig. Niemand wird wissen, wie man es richtig macht, bis nicht viele verschiedene Versuche unternommen worden sind. Das war mit neuen Technologien schon immer so: Es gab 150 Automobilhersteller in den USA, bevor Henry Ford das Fließband erfand und später zum führenden Autobauer wurde.

■ *Zurzeit planen ja zwei deutsche Verlagshäuser (Süddeutscher Verlag, WAZ-Gruppe) jeweils eine Internet-Kooperation mit den öffentlich-rechtlichen TV-Sendern ZDF und WDR. Sind solche Online-Strategien sinnvoll, um das Überleben von traditionellen Zeitungsverlagen zu sichern?*

Ja, natürlich. Oder um es mit den Worten des Verlegers der *New York Times* ausdrücken: »Wir müssen plattformagnostisch werden«, sprich: Nachrichten zu produzieren, das ist unser Ding, wir sollten uns nicht von den Vertriebswegen beirren lassen. Internet und Rundfunk haben ja einen Riesenvorteil gegenüber Zeitungen, weil ihre Vertriebskosten fix sind. Bei Zeitungen sind die Kosten direkt an die Auflage gekoppelt, was ihrem Wachstum natürliche Grenzen setzt. Wenn Zeitungen elektronisch vertrieben würden, könnten sie mehr Geld in die Recherche stecken.

■ *Auch wenn das schwer zu prognostizieren ist: Sehen Sie irgendeine Chance, den Qualitätsjournalismus im Zeitalter der Informationsverschleuderung zu erhalten?*

Das hängt von den Arbeitern ab und nicht von den Typen in den Anzügen. Wir müssen uns als Berufsgruppe organisieren und uns auf Leistungsstandards verständigen, die uns den Respekt des Publikums einbringen. Diese Idee stößt natürlich auf heftigen Widerstand – was aber nicht anders zu erwarten ist von einer Branche, die es so lange so leicht gehabt hat. Da aber die Situation immer schlechter wird, gehe ich davon aus, dass auch der Widerstand schwindet.

»Nutzerbeteiligung ist eine mächtige Kraft.«

▮ *Stellen nutzergenerierte Inhalte eine ernsthafte Konkurrenz für den professionellen Journalismus dar?*

Wenn sie mit dem Journalismus konkurrieren wollen, müssen sich diejenigen, die nutzergenerierte Inhalte anbieten, so organisieren, dass sie eine Ausbildung bekommen, sich professionelle Standards setzen und ihre Peers an die moralischen Standards des Journalismus gewöhnen. Nutzerbeteiligung ist eine mächtige Kraft und muss – wie jede andere mächtige Kraft auch – auf eine Weise gesteuert werden, die sie sicher und vertrauenswürdig macht.

▮ *Was halten sie von privatfinanzierten Initiativen wie ProPublica oder dem Center for Investigative Reporting, die sich der Stärkung des Qualitätsjournalismus verschrieben haben?*

Es ist noch viel zu früh, um sagen zu können, ob *ProPublica* seine Ziele erreichen kann. Aber das Center for Investigative Reporting macht seine Arbeit bisweilen sehr gut und hat schon eine ganze Reihe wichtiger Preise für investigativen Journalismus gewonnen. Auch vom Center for Responsive Politics, die führende Informationsquelle zur Finanzierung von politischen Kampagnen, halte ich viel.

▮ *Werden auch staatliche Subventionen oder Stiftungsgelder zur Unterstützung der Qualitätspresse früher oder später notwendig?*

Zurzeit erleben wir, wie der von Stiftungen unterstützte Journalismus in den USA wächst. Und ich erwarte, dass es noch mehr wird, um die Lücke der dahinsiechenden Zeitungen zu schließen. Staatliche Förderung halte ich demgegenüber für gefährlich, auch wenn es bisher für mich nicht so aussieht, dass diese bislang den öffentlichen Rundfunk korrumpiert hätte. Ich bin aber der Überzeugung, dass Privatunternehmen auf lange Sicht weiterhin profitable Wege finden werden, wenn sie Wahrheiten aufdecken und vermitteln.

Jay Rosen

Jahrgang 1956, ist Professor für Journalismus an der New York University und betreibt seit fünf Jahren das führende Journalismus-Blog *PressThink*, das 2005 mit dem Freedom Blog Award von Reporter ohne Grenzen ausgezeichnet wurde. Im Juli 2006 gründete er *NewsAssignment.Net*, eine Open-News-Plattform für Amateurschreiber und professionelle Journalisten, die unter anderem von der Nachrichtenagentur Reuters mit 100.000 Dollar gefördert wird. Rosen bloggt außerdem regelmäßig für *The Huffington Post*, für die er zur US-Präsidentschaftswahl 2008 zuletzt die Rubrik *Off The Bus* entwickelte, einen Blog, der von Amateuren in Ko-Produktion mit Redakteuren der *The Huffington Post* produziert wird. Rosen ist außerdem Beiratsmitglied der Enzyklopädie Wikipedia und Autor des Buchs »What are Journalists for?« (1999), das sich mit der Etablierung des Ziviljournalismus beschäftigt.

© Jay Rosen

»Es ist alles keine Katastrophe«

Ein hoffnungsvoller Blick in die Zukunft: Jay Rosen, Professor für Journalismus an der New York University und Betreiber des Blogs PressThink erklärt, warum das Internet große neue Möglichkeiten für den Qualitätsjournalismus eröffnet.

▮ *Mr. Rosen, in Deutschland streiten sich Zeitungsverlage und öffentlich-rechtliche Rundfunkanstalten über die Ausbreitung der Online-Aktivitäten gebührenfinanzierter Sender. Was halten Sie davon?*

Die Zeitungsverlage haben natürlich Recht, wenn sie darin eine Wettbewerbsverzerrung sehen. Aber wenn sie schon so etwas aufregt, haben sie wahrscheinlich nicht das Zeug dazu, gute eigene Online-Angeboten anzubieten.

▮ *Wie stehen Sie zu der verbreiteten Strategie, bekannte Zeitungsmarken auf das Internet auszuweiten?*

Anfangs haben Verleger im Netz nur eine Möglichkeit gesehen, ihr schon vorhandenes Produkt weiterzuverwerten: die gedruckte Zeitung. Sie nahmen also die Zeitung und stellten sie eins zu eins ins Internet. Das war in den USA von etwa 1996 bis 2004 übliche Praxis. Aber das Netz ist ja bekanntlich flexibel und kann viele Sachen. Als die Zeitungsverleger das Internet also baten, ihrer alten gedruckten Zeitung eine zweite Heimat zu geben, antwortete es: Okay, Boss! Und das hieß dann schmissig: die Marke ausbauen. Doch unterm Strich war es eine Verweigerung, sich auf die neue Plattform wirklich einzulassen.

▮ *Was bedeutet es denn, sich auf das Internet »einzulassen«?*

Wer sich im Netz engagieren will, muss zuerst fragen: Was kann das Internet überhaupt? Aber das passierte in den USA bis vor drei oder vier Jahren kaum. Erst dann wurden die Web-Auftritte der Zeitungen plötzlich interaktiver, verlinkten sich mit dem Rest der Online-Welt, ermutigten ihre eigenen Leute zu bloggen und mit dem »gegenläufigen Publizieren« zu beginnen, sprich: zuerst fürs Netz zu produzieren und daraus dann das beste Material herauszufiltern, um es später zu drucken. In Deutschland ist eigentlich nur ein Unternehmen auf der Höhe der Zeit, was diese Strategie angeht: Burda. Und das auch nur wegen eines Mannes: Hubert Burda, der bereit ist, voraus zu denken und sich ständig weiterzubilden.

■ *Wie gesund ist es für die Traditionsverlage, sich im Internet ver-*
stärkt Audio- und Videoformaten zuzuwenden?

Plötzlich Audio und Video gutzuheißen, nur, weil die Zukunft
»Multi-Media« oder so etwas in der Art sein soll, halte ich, gelinde
gesagt, für dumm. Genauso halte ich es aber auch für dumm,
wenn ich Jemanden sagen höre: »Wir sind Verleger, wir machen
kein Fernsehen.« Die enormen Stärken der Verlage liegen in ihrer Begabung, Ereignisse zusammenzufassen, auszusieben und
für eine breite Öffentlichkeit das auszuwählen, was heute unsere
Aufmerksamkeit verdient, kurzum: die uns dabei helfen, Zeit zu
sparen. Wenn das also der Vorzug der Zeitungen ist, dann sollten
sie auch daran arbeiten, diese Fertigkeiten auf Audio und Video,
aber auch auf Texte, Fotos, Blogs, Links und Daten zu übertragen.
Die wirkliche Herausforderung liegt also nicht in der Frage »Sollen wir auch noch Fernsehen machen?«, sondern: »Wie können
wir auf intelligente Weise das herausfiltern, was da draußen vor
sich geht?« Und die Antwort darauf ist: stärker mit den Leuten,
für die man diese Informationen filtert, ins Gespräch zu kommen.
Nichts anderes tut ein sehr guter Blogger, wenn er mit den Nutzern kommuniziert.

»Manche Verleger denken bis heute, dass Begriffe wie
»Neu-Erfindung« ein schlechter Witz seien.«

■ *Könnten Blogger und Bürgerjournalisten dann nicht irgendwann*
den professionellen Journalismus ersetzen?

Wir werden auch im Web 2.0 Journalisten brauchen, sie werden
aber kein Monopol mehr als »die Presse« besitzen. Zeitungshäuser
haben nun mal die schlechte Angewohnheit, Lernprozessen gegenüber feindlich eingestellt und in technischen Dingen Analpha-
beten zu sein. In den ersten acht bis zehn Jahren, seit das Internet
existiert, waren die für die Online-Ausgabe zuständigen Leute bei
den meisten Zeitungen in einer anderen Abteilung und manchmal
– wie bei den *San Antonio Express-News*, der *New York Times* und
der *Washington Post* – sogar in einem anderen Gebäude unterge-
bracht! Eine Folge davon ist, dass sich die meisten Redakteure erst
gar nicht in die Arbeitsweisen des Internet einarbeiten mussten

und sich die Zeitungsmacher keinerlei tiefer gehende Fragen darüber stellten, was nun eigentlich das Besonderes am Web ist.

■ *Wie konnten die Verleger nur so blind für die neuen Möglichkeiten sein?*

Nachrichtenorganisationen sind kein sonderlich gutes Lern-Umfeld: Die Verlage sind es gewohnt, sehr wenig für die Aus- und Fortbildung ihrer Mitarbeiter auszugeben, und die Newsroom-Kultur steht Veränderungen häufig skeptisch gegenüber. Manche Verleger denken bis heute, dass Begriffe wie »Neu-Erfindung« ein schlechter Witz seien, der auf Gurus zutrifft, aber nicht auf Journalisten. Bis vor kurzem noch gaben die Reaktionäre den Ton an. Jetzt müssen sich dieselben Leute, die zuvor dachten, Wiederverwertung sei eine gute Idee, sehr beeilen, um mit dem Web zurechtzukommen – bevor es zu spät ist. Und viele von ihnen sind nicht glücklich darüber. Das ist natürlich besonders frustrierend für jüngere Leute, die den Zeitungen dabei helfen wollen, zu überleben und in ihrer neuen Umgebung zu gedeihen.

■ *Wozu brauchen wir künftig überhaupt noch Zeitungen auf Papier?*

Ich bin mir gar nicht sicher, ob wir wirklich noch gedruckte Zeitungen brauchen. Diese spezielle Publikationsform, also auf billiges Papier gedruckte und von Werbeanzeigen umgebene Nachrichten, wird möglicherweise nicht überleben. Was wir dagegen brauchen, sind Nachrichtenorganisationen mit jeder Menge kluger Leute, die zusammenarbeiten, um herauszufinden, was in der Welt passiert und das Publikum möglichst schnell darüber zu informieren – ohne für ihr Endprodukt viel Geld zu verlangen. Der Grund, warum wir solche Organisationen brauchen, ist simpel: Die Reichen und Mächtigen, die Unternehmensbosse, haben es sich schon immer leisten können, informiert zu sein. Das war ja auch ursprünglich die Idee der modernen Zeitung mit einer hohen Verbreitung: Jeder, der lesen kann, jeder, der wählen kann, sollte in der Lage sein, sich zu informieren, und nicht nur die Reichen und Mächtigen.

Das ist auch heute noch der Grund, warum wir Zeitungen – sorry, ich meine natürlich: Nachrichtenorganisationen – brauchen: Diese Idee lebt deshalb weiter, weil es immer noch einen demokratischen Impuls in unserer Gesellschaft gibt. Die »öffentliche Meinung« und die moderne Presse hängen zusammen. Lesen Sie Habermas' »Strukturwandel der Öffentlichkeit« um zu verstehen, wie eng diese Verbindung ist. Daran wird sich nichts ändern, und deshalb ist es so wichtig, sich um die Zukunft der Presse Sorgen zu machen.

❙ *Wie viel Zeit bleibt der gedruckten Zeitung noch?*

Qualitätszeitungen wie *New York Times, Washington Post* und *Wall Street Journal* oder der *Guardian* in Großbritannien werden uns wohl erhalten bleiben. Aber eben nicht als »Zeitungen«, sondern als Nachrichtenorganisationen, die viele Dinge tun werden und nur gelegentlich Papier bedrucken.

»Katastrophe für Verlage, nicht für die freie Presse«

❙ *Höhlt das Internet langsam aber sicher den Qualitätsjournalismus aus?*

Im Gegenteil. Das Internet schafft riesige Möglichkeiten für Qualitätsjournalismus. Das alte Geschäftsmodell der Verleger ist jedoch durch das Internet bedroht: Werbung in Zeitungen und Zeitschriften, die einen Großteil des Journalismus ermöglichte, funktioniert nicht mehr. Diese Entwicklung ist nicht aufzuhalten, sie ist längst da.

❙ *Worin sehen Sie denn das journalistische Potenzial von Online?*

Ein Grundprinzip ist die unkomplizierte Teilhabe vieler Menschen. Wir leben in einer neuen Ära von Konkurrenz und Innovation. Es gibt eine Vielzahl neuer Wettbewerber, wir können aber auch mehr ausprobieren. Jeder kann heute mit den Werkzeugen der Medienproduktion umgehen, das macht diese neue Phase für die Presse so spannend.

▌ *Zukunftsforscher sagen schon das Ende des gedruckten Wortes voraus ...*

Solche Prophezeiungen basieren auf der Annahme, dass zwei Dinge auf einmal eintreffen: Dass die Auflagen ins Bodenlose sinken, und die Zeitungsmacher es bis dahin nicht schaffen, ihr Produkt neu zu erfinden. Vor wenigen Jahren waren die Zeitungsverlage noch sehr mächtig und stabil, was heute nicht mehr unbedingt der Fall ist. Ich hoffe sehr, dass sie Wege finden, die Unterstützung der Bürger in ihre Berichterstattung einzubinden. Ich gehe aber davon aus, dass der Journalismus aus der aktuellen Situation gestärkt hervorgeht. Es könnte eine Katastrophe für einige Verlage werden, aber mit Sicherheit nicht für die freie Presse als solche.

▌ *Wie beurteilen Sie die Zukunftschancen traditioneller Familien-verlage wie der Washington Post Company oder der New York Times Company?*

Der Schritt ins Internet ist für sie überlebenswichtig, das wissen sie und haben darauf reagiert: Ihre Websites sind hervorragend, sie sind auf einem guten Weg, sich von klassischen Zeitungs-unternehmen zu webbasierten Nachrichtenorganisationen zu entwickeln. Dennoch gibt es in den Köpfen der Manager vieles, das einen kreativeren Umgang mit dem Web verhindert. Bei der *Washington Post* wird es unter dem neuen Chef Marcus Brauchli zu einem Kurswechsel kommen, die *New York Times* hinkt noch etwas hinterher.

▌ *Gibt es Zeitungen, die besonders kreativ mit der aktuellen Situation umgehen?*

Erstaunlicherweise ein paar Provinzzeitungen, die sehr innovative und gut laufende Web-Produkte geschaffen haben. Diese Zeitungen haben eine Vorreiterrolle inne, weil sie von Familien geführt werden, die progressiv denken – zum Beispiel die *Lawrence Journal-World* und der *Bakersfield Californian*. Einige ihrer Mitarbeiter sind bereits von größeren Unternehmen abgeworben worden. Es gibt also Lösungen, die aus der Nachrichtenbranche selbst stammen, allerdings nicht von den großen Medienkonzernen. Jenseits der Verlage gibt es noch das *Talking Points Memo* des Bloggers und politischen Journalisten Joshua Micah Marshall. Er hat gemeinsam mit seinen loyalen Lesern ein kleines Medienimperium geschaffen, das mittlerweile vier Ableger umfasst, die alle zusammenarbeiten. Die erzeugen mehr Traffic als die *Los Angeles Times* und sind genauso einflussreich wie eine große Tageszeitung – und das alles ist im Web entstanden. Oder nehmen sie andere erfolgreiche Blogs wie *paidcontent.org*, eine nachrichtenlastige Website, die es drauf hat, qualitativ hochwertige Nachrichten im Internet zu verbreiten. Aber es gibt noch etliche andere Erfolgsgeschichten.

❚ *Könnten Subventionen der drohenden Erosion des Qualitätsjournalismus entgegenwirken?*

Die moderne Presse ist ja bereits subventioniert. Lange Zeit war der Nachrichtenteil durch Werbeanzeigen subventioniert, niemand zahlte also den vollen Preis für das Nachrichtenangebot. Inzwischen erlebt die Werbewirtschaft einen derart dramatischen Wandel, dass auch die Subvention durch Werbung bedroht ist. Ich rate daher jedem, der sich um die Qualitätspresse Sorgen macht, sich auf die Suche nach jeglicher Form der Förderung zu machen, die es gibt. Natürlich ist jede davon mit besonderen Problemen und Unwägbarkeiten behaftet, und manche werden sich als unpraktikabel herausstellen.

»Qualitätszeitungen werden uns wohl erhalten bleiben.«

❚ *Sehen Sie auch den Staat in der Pflicht?*

In den USA wäre eine staatliche Alimentierung ein Desaster. Unsere Erfahrung mit dem öffentlichen Rundfunksystem PBS lehrt uns, dass die Republikanische Partei bei staatlicher Subvention diese Art der Finanzierung politisieren und der Presse eine linke Befangenheit vorwerfen würde. Das würde keine Woche dauern. Aber es gibt ja auch noch Stiftungen, die finanziell viel stärker sind als der Staat, und auch der Non-Profit-Sektor ist riesig. Trotzdem sind reiche Leute, die ein Problembewusstsein dafür haben und es sich leisten können Geld zu verlieren, manchmal die beste Lösung. Praktisch alle politischen Magazine in den USA finanzieren sich so.

▌ *Aber in einigen Ländern scheinen staatliche Zuwendungen ja trotzdem zu funktionieren.*

In Skandinavien vertrauen die Menschen dem Staat mehr, weshalb staatliche Subventionen dort offenbar eine Option darstellen – aber auch nur, solange sich die Regierung aus dem Nachrichtengeschäft heraushält. Mein Bauchgefühl sagt mir, dass wir allen Wegen folgen müssen, um zu sehen, wohin sie führen. Wir sollten keine Möglichkeit auslassen. Dafür brauchen wir eine Menge Leute und Ideen, um viele unterschiedliche Dinge auszuprobieren. Und wir brauchen neue Leistungsfähigkeiten genauso wie neue Finanzierungsmodelle – oder, wie man in Amerika sagen würde: »New players, new instruments, new melodies, new beats«.

▌ *Worin besteht eigentlich Ihre persönliche Motivation, zu bloggen?*

Mit meinen Blog *Pressthink* habe ich aus unterschiedlichen Gründen begonnen: Erstens wollte ich etwas über diese »Blog-Revolution« erfahren, indem ich das Bloggen selbst ausprobiere und mir mein Wissen darüber nicht aus in einem Buch aneigne, sprich: Ich wollte das Phänomen von der Teilnehmerseite kennen lernen. Zweitens wollte ich schon immer ein eigenes unabhängiges Magazin für Pressekritik gründen, das den aktuellen Übergang der Presse ins digitale Zeitalter verfolgt. Um diese gravierenden Veränderungen besser verstehen und sie auch beeinflussen zu können, begann ich zu bloggen.

▌ *Verfolgen Sie auch die Bloggerszene in Europa und speziell in Deutschland?*

Ich kann zwar kein deutsch, trotzdem weiß ich, dass in Deutschland nicht zur gleichen Zeit wie in den USA eine unabhängige Szene entstanden ist – das kam etwas verspätet. Mehr weiß ich nicht, erzählen Sie mir doch, wie es zurzeit läuft.

▮ *Es passiert sehr viel, es gibt inzwischen sogar eine kleine Gruppe einflussreicher politischer Blogger in Deutschland, es sind aber bei weitem nicht so viele wie in den USA.*

Das hat etwas mit der amerikanischen Kultur zu tun, weil die Amerikaner noch nie ein Problem damit hatten, bei Null anzufangen. Wenn Sie bei uns die Idee äußern, Sie würden demnächst Verleger, halten die Leute das für normal, während sie in anderen Ländern schief angeguckt werden. Für Amerikaner ist es die normalste Sache der Welt, eine eigene Partei, ein Unternehmen oder eine Zeitung zu gründen – niemand würde Sie für verrückt erklären, wenn Sie so etwas erzählten. Diese Grundeinstellung hat also etwas damit zu tun, aber auch der Umstand, dass die Massenmedien in den USA verantwortungslos geworden sind. Dass die Leute die Geschlossenheit und Teilnahmslosigkeit der Medien spürten, ist definitiv ein wichtiger Grund für die Popularität des Bloggens.

▮ *Derzeit wird in Deutschland wieder viel über den Einfluss von Google diskutiert. Müssen sich die Verleger Sorgen machen, dass Google sie irgendwann vereinnahmt?*

Nein. Einige Verleger meinen zwar, dass *Google News* ihre Inhalte stehle und nichts dafür bezahle. Das ist aber nur die halbe Wahrheit: Die Google-Mitarbeiter wissen, dass sie keine Information produzieren. Und laut Google-Chef Eric Schmidt, der schon tausendmal dazu befragt wurde, soll das auch so bleiben. Google wird nach jetzigem Stand also nicht zu einem künftigen Wettbewerber der Verlage. Außerdem organisiert Google den Traffic im Live-Web, vor allem zu vertrauenswürdigen Quellen. Das ist wirklich ein riesiger Vorteil für alle Nachrichtenanbieter. Sie sollten sich deshalb nicht beklagen, weil Google ihnen tatsächlich hilft. Das gilt übrigens auch für die Zugänglichkeit von Informationen, deren Veröffentlichung schon länger zurückliegt – das macht ja gerade den Reiz der Internetrecherche aus: Dass Google es den Nutzern erleichtert permanent Dinge zu finden, noch lange, nachdem sie veröffentlicht worden sind. Und das ist letztlich gut für die Verleger und kein Anlass für Panikreaktionen.

»Journalisten müssen sich selbst neu erfinden.«

▍ *Was empfehlen Sie dann Betreibern von kostenpflichtigen Archiven?*

Suchmaschinen sind zum Beispiel der Grund, warum das Gebührenexperiment der *New York Times* für die Online-Nutzung ihres Archivs und der Meinungsseite gescheitert ist: An diesem Projekt hat die *Times* tatsächlich Geld verdient, es wurden sogar die geplanten Umsatzziele erreicht, was bedeutet, dass es genügend willige Abonnenten gab. Allerdings bemerkten die *Times*-Leute schnell, dass noch viel mehr Nutzer über Suchmaschinen auf ihre Seite gelenkt werden, so dass sie besser damit fuhren ihre Archive kostenfrei zu öffnen. Die *Times* entschied, dass Google immer noch viel versprechender sei als sich völlig abzukapseln – eine weise Entscheidung.

▍ *Worauf müssen sich Journalisten in Zukunft noch einstellen?*

Sie werden viele Dinge ändern müssen, vor allem ihre Einstellung zur Technologie. Früher mussten Journalisten bloß die Schreibmaschine bedienen, um alles Weitere hat sich eine andere Abteilung gekümmert. Heute sind Journalisten wertvoller, wenn sie mit der Technologie flexibler umgehen und auf mehreren Ebenen publizieren. Zudem müssen sie lernen von Lesern gelieferte Informationen zu nutzen, um ihre Berichterstattung und ihre Recherche zu optimieren. Sie werden ja nicht mit dieser Fähigkeit geboren, aber sie kann entwickelt, gefördert und kultiviert werden. Schließlich müssen Journalisten bereit sein, sich selbst neu zu erfinden. Die guten alten Zeiten sind vorbei, in denen man in einer stabilen Organisation eine Position ausfüllen konnte – das gibt es in der heutigen Medienwelt nicht mehr.

■ *Und wie geht man damit um?*

Journalisten müssen lernen, unternehmerischer zu denken, eigene Unternehmen zu gründen und allein oder in kleinen Gruppen zusammenzuarbeiten. Journalisten sind abhängige Geschöpfe, sie glauben immer noch an einen »Big Daddy« im Hintergrund. Sie haben »Big Daddy« zwar nie über den Weg getraut, aber immer daran geglaubt, dass er für Anzeigenerlöse sorgt, Büros bereitstellt, Druckereien zur Verfügung stellt, sich um alles kümmert. Sie dachten, sie hätten ein Recht dazu in Ruhe gelassen zu werden, um ihre Berichterstattung zu erledigen. Das ist eine ganze Weile gut gegangen. Aber jetzt gibt es keinen »Big Daddy« mehr. Ich weiß, das ist schwer zu akzeptieren und macht viele betroffen, aber es ist die Wahrheit. Diese Erkenntnis kann andererseits sehr befreiend sein, etwa dann, wenn die Leute aufhören, etwas zu erwarten, von dem sie ohnehin nur enttäuscht werden. Und in dieser Phase befinden wir uns derzeit in den USA: Die Menschen wollen nach wie vor die öffentliche Presse, die ihnen das Gefühl gibt, der gleichen Gemeinschaft anzugehören. Daher müssen wir so viele Rettungsboote wie möglich aussenden, um die digitale Kluft zu überwinden. Wir Amerikaner haben schon etliche Boote zu Wasser gelassen, von denen es einige auf die andere Seite schaffen. Mit welchen Modellen sie erfolgreich sein werden, weiß allerdings niemand.

Tom Rosenstiel

Jahrgang 1956, ist Gründer und Direktor des *Project for Excellence in Journalism* (PEJ) in Washington DC. Vor seiner Forschungsarbeit war Rosenstiel zwanzig Jahre lang Journalist, u. a. als Medienkritiker der *Los Angeles Times*. Zusammen mit Bill Kovach schrieb er das mehrfach ausgezeichnete Buch »The Elements of Journalism: What Newspeople Should Know and the Public Should Expect« (Crown 2001), das heute fast in jeder amerikanischen Journalistenschule Bestandteil des Curriculums ist. Die jüngste Version des jährlich erscheinenden Berichts zur Situation der Nachrichtenmedien ist im März 2008 erschienen: Der »State of the News Media«-Report bietet jedes Jahr tiefgehende Analysen zur Lage des Journalismus in den USA.

© Iris Ockenfels

»Die Zeitungsbranche erlebt das schlechteste Jahr aller Zeiten«

Online ist das überlegene Medium: Tom Rosenstiel, Gründer und Direktor des Project for Excellence in Journalism, spricht über die Schwierigkeit der Verleger im Internet rentabel zu arbeiten.

Mr. Rosenstiel, während die Nachrichtenmedien sparen müssen,
expandieren diejenigen, die sie erforschen. In ihrem Statusreport
»State of the News Media 2008« kommen Sie teils zu düsteren
Schlussfolgerungen – wie dramatisch ist die Lage wirklich?

Die technologische Revolution, die wir aktuell erleben, ist enorm
– eigentlich nur vergleichbar mit der Erfindung des Telegraphen
und der Druckerpresse. Sie hat weitaus schwerwiegendere Folgen
als die Entwicklung von Radio und Fernsehen. Nachrichtenkonsu-
menten können aus einer schier unendlichen Anzahl an Informa-
tionsmöglichkeiten wählen und selbst Redakteur spielen. Das hat
die ehemalige Gatekeeper-Rolle von uns Journalisten vollkommen
umgekrempelt.

Was meinen Sie damit?

Wenn Sie vor fünf oder sechs Jahren eine heiße Geschichte im Kö-
cher hatten, mussten Sie diese einer Redaktion anbieten, um die
Öffentlichkeit zu erreichen. Heute haben Sie durch das Internet
unzählige Möglichkeiten zur Veröffentlichung – und können die
Presse umgehen. Journalisten sind deshalb zwar nicht überflüs-
sig, aber sie sind heute nur noch ein Kanal unter vielen. Dadurch
wurde zum einen die Größe des herkömmlichen Nachrichtenpub-
likums reduziert, und zum anderen konkurrieren Journalisten ab
sofort mit Nicht-Journalisten. Die Interpretation von Fakten liegt
nicht mehr in ihren Händen.

Ist das eine Zäsur, die sich schon seit längerem abzeichnet?

Wir nutzen das Internet ja schon seit zehn, zwölf Jahren, aber die
dramatischen Auswirkungen auf die Ökonomie des Zeitungsgeschäfts und andere Branchen erleben wir buchstäblich in diesem
Moment. Für die US-Zeitungsbranche ist dieses Jahr das schlechteste aller Zeiten, noch schlimmer als vergangenes Jahr, das wiederum schlechter war als das Jahr zuvor. Teilweise ist das auf den
wirtschaftlichen Abschwung in den Vereinigten Staaten zurück-
zuführen, der den technologiebedingten Strukturwandel noch

einmal erheblich beschleunigt hat. Trotzdem sind viele Dinge, die prognostiziert wurden, bisher nicht eingetreten, zum Beispiel, dass die Menschen dem Journalismus den Rücken zukehren und sagen »Ich möchte Informationen ausschließlich von meinen Mitbürgern erfahren oder durch Blogs.« Das Gegenteil trifft zu: Wenn man deren Internet-Publikum dazu zählt, hat die traditionelle Presse weitaus mehr Leser als noch vor zehn Jahren.

»Es ist einfach nicht klar, wie das Geschäftsmodell der Zeitungsbranche in fünf Jahren aussehen wird.«

▐ *Wo genau liegt das Problem der gedruckten Presse?*

Das Internet ist keine ideale Werbeplattform für Zeitungen. Selbst wenn die Leser ihrer Nachrichtenmarke treu bleiben, hat die Abwanderung ins Internet fatale Folgen für die Einnahmen der Verlage. Etwas weniger drastisch ist es beim Fernsehen: Es verliert zwar schon seit längerem mehr Zuschauer als die Zeitungen ihre Leser, weil es in den USA inzwischen Hunderte Nachrichtensender gibt – aber es verliert bei weitem nicht so viele Werbeaufträge.

▐ *Worin liegt die größte Herausforderung für überregionale Zeitungsmarken wie New York Times oder Wall Street Journal?*

Deren Probleme sind tatsächlich etwas anders gelagert, weil sie – anders als die Regionalzeitungen – über eine landesweite Einkommensbasis verfügen. Die Werbung von *New York Times, USA Today* oder *Wall Street Journal* erreicht auch ein nationales Publikum. Trotzdem steht die *New York Times* vor dem Dilemma, dass ihre Druckauflage schrumpft und sie noch keine Idee hat, wie sie gewinnbringend Werbung im Internet machen kann. Das Zeitungspublikum ist so groß wie nie, aber ein Großteil davon tummelt sich im Internet. Anders als früher, macht die *New York Times* Verluste, weil ihre Werbekunden merken, dass sie dank Internet auf gedruckte Zeitungen überhaupt nicht mehr angewiesen sind, um die Verbraucher zu erreichen.

■ *Wie steht es um Washington Post und Los Angeles Times?*

Bei der *Los Angeles Times* sind die Probleme noch akuter, weil zum einen die Wirtschaft in Südkalifornien viel schwächer ist als – sagen wir mal – in Washington DC. Zum anderen hat die *Los Angeles Times* keine landesweite Leserbasis, auf die sie zurückgreifen könnte, weil sie völlig regional orientiert ist.

■ *Eigentümer ist der Immobilienunternehmer Samuel Zell, der bislang Medien nicht sehr verbunden war.*

Für Sam Zell sind Zeitungen ein Experiment, für das er Kredite aufgenommen hat. Und wenn er die nicht tilgen kann, kürzt er eben. Es ist im Grunde ein reines Geschäft. Die *Los Angeles Times* krankt noch an anderen Dingen: Ihre Website ist unterentwickelt und ihr Einzugsgebiet bleibt auf Südkalifornien begrenzt, während die Websites von *New York Times* und *Washington Post* ein Publikum aus aller Welt anziehen. Hinzu kommt, dass der Verlag ziemlich lange schlecht geführt wurde. Die Situation der *Los Angeles Times* ist typisch für alle Zeitungen, die keinen Traditionsverlag mehr im Rücken haben, der in Zeitungen eine gesellschaftliche Verpflichtung sieht – und der hin und wieder geringere Gewinne in Kauf nimmt und bereit ist, sein Blatt über andere Geschäftsfelder quer zusubventionieren.

■ *So wie bei der Washington Post?*

Die *Post* hat in der Tat größere Sicherheiten dadurch, dass knapp die Hälfte der Unternehmensgewinne aus dem zur Washington Post Company gehörenden Bildungsunternehmen Kaplan erzielt werden. Die *Post* ist also kein reiner Journalismusbetrieb, aber dieses Standbein ermöglicht es ihr, die journalistische Arbeit der *Washington Post* zu finanzieren. Die Zeitung leidet allerdings nach wie vor unter der schlechten Zusammenarbeit von Zeitungs- und Website-Redaktion. Erst seit kurzem wird versucht, dieses Problem zu beheben. Die Einstellung Marcus Brauchlis als neuen Chefredakteur ist Teil dieser Problembekämpfung.

▮ *Was empfehlen Sie traditionellen Zeitungsverlegern?*

Unter diesen Bedingungen ist das Zeitungsgeschäft extrem schwierig. Es ist einfach nicht klar, wie das Geschäftsmodell der Zeitungsbranche in fünf Jahren aussehen wird, denn Print schrumpft stetig und Online wächst ökonomisch nicht mit seinem Publikum mit. Bei der *New York Times* ist man offenbar sehr geduldig, aber auch willens, neue Modelle zu erproben. Immerhin liegt die ganze Familienehre der Ochs-Sulzbergers auf den Schultern dieser Zeitung. Auch bei der Washington Post Company ist die Zeitung das Juwel einer traditionsbewussten Verlegerfamilie, der Grahams. Bei allen anderen amerikanischen Zeitungen ist es inzwischen eine unternehmerische Frage, die sich fast ausschließlich an der Wall Street orientiert.

»Es macht keinen Unterschied, ob Zeitungen gedruckt werden oder nicht.«

▮ *Stirbt die gedruckte Zeitung eines Tages aus?*

Das ist sehr kompliziert, weil die Verleger ungefähr vierzig Prozent ihrer Fixkosten einsparen könnten, wenn sie die gedruckte Ausgabe aufgäben – so viel kostet es nämlich, Zeitungen zu drucken und zu vertreiben. Aber zugleich machen nach wie vor Printwerbung und Vertrieb neunzig Prozent der Einkünfte der meisten Zeitungen aus, während online nur ein Bruchteil dessen zu erzielen ist. Im Internet kann man von den Lesern keine Zugangsgebühr verlangen, noch gibt es Abonnements. Das ist zwar auch im Printbereich kein Riesenbetrag, aber es sind immerhin zwanzig Prozent, die verlorengehen, weil man von den Onlinelesern keine Abo-Zahlung erwarten kann. Auch lassen sich die bisherigen Werbeformate nicht so ohne weiteres übertragen, weil das Internet eher wie die »Gelben Seiten«, als wie eine Zeitung funktioniert: Für die Nutzer ist das Internet ein Weg, direkt an jemanden zu gelangen, der Waren oder Dienstleistungen anbietet. Sie brauchen nicht wirklich die Presse als Vermittler, um jemanden mit Werbung zu erreichen.

■ *Welche Strategien könnten dann die Probleme lösen?*

Die Lösung könnte im »local search« liegen, einem regionalen Äquivalent zu Googles Suchmaschine. Sie könnte auch in einer Art Vermittlungsgebühr vom Verkäufer oder Dienstleister an die Zeitung liegen, für den Fall, dass ich durch die Lektüre geworben wurde. Eine weitere Strategie ist, auch wenn wir noch nicht so weit sind, eine Zugangsgebühr für den Inhalt zu erheben, die in der Internet-Nutzungsgebühr, die jeder monatlich an seinen Provider abführt, bereits enthalten ist. So funktioniert ja auch das amerikanische Kabelfernsehen: Man zahlt eine Gebühr an den Kabelbetreiber, und der verteilt einen Teil davon an die Inhalte-Produzenten. In Wirklichkeit ist es keine unendlich große Gruppe, die den Internetverkehr regelt – und wenn sie sich über einige kartellrechtliche Probleme erst einmal einigt, ist sie in der Position, auf einen Internetanbieter wie *Verizon, EarthLink* oder *Comcast* zuzugehen und zu sagen: »Wenn Nachrichten aus dem Internet verschwinden, nutzen es auch weniger Menschen. Es ist also in deinem eigenen Interesse, ein Abkommen mit uns zu treffen. Und wenn du das nicht tust, müssen wir dich notfalls verklagen. Also erhöhst du entweder deine Preise und teilst den Gewinn mit uns, oder wir ziehen in den Krieg – denn es geht ums Überleben.«

■ *»In den Krieg ziehen« – ist das Ihre Vision eines Geschäftsmodells?*

Ich denke, diese Diskussion wird unweigerlich kommen. Ich vermute, dass die finanzielle Zukunft des Nachrichtengeschäfts eine Kombination dieser Dinge ist: Transaktionsgebühren, »local search«, Zugangsgebühren durch die Provider und vielleicht noch ein paar andere Dinge. Wir haben heute einen großen Teil unseres Grundstocks an Kleinanzeigen durch Tatenlosigkeit, Unaufmerksamkeit und Schlampigkeit verloren. Der Zug ist abgefahren.

> »Print-Journalismus ist zweidimensional, Online-Journalismus hat viele Dimensionen.«

■ *Was passiert, wenn gedruckte Zeitungen eines Tages verschwän-*
den?

Ich glaube, es macht keinen Unterschied, ob Zeitungen gedruckt
werden oder nicht. Der einzige Vorteil der gedruckten Ausgabe ist,
dass damit mehr Geld zu verdienen ist. Aber wenn Verleger das
Geld auch online verdienen könnten, ist das Potenzial des Online-
Journalismus dem des Print-Journalismus haushoch überlegen.
Print-Journalismus ist zweidimensional, er nutzt Worte und Bilder
sowie Grafiken. Online-Journalismus hat viele Dimensionen: Bild,
Ton, Bewegtbild, Interaktivität, Daten, alles Mögliche eben. Wenn
Sie als Redakteur eine Print-Geschichte produzieren möchten,
haben Sie fünf Zutaten: Überschrift, Foto, Grafik, Seitenleiste und
die Geschichte an sich. Im Onlinebereich haben Sie 56 Elemente.
Es ist also eindeutig das überlegene Medium – wenn Sie einen Weg
finden, um es wirtschaftlich rentabel zu machen.

■ *Glauben Sie, dass professioneller Journalismus einen gesellschaft-*
lichen Auftrag hat?

Ja, das glaube ich zumindest so lange, bis das Gegenteil bewiesen
wird. Amerika steht besser als Nation da, wenn uns professionelle
Journalisten Nachrichten über den Irak-Krieg liefern als irgendein
Netzwerk aus Bloggern. Andererseits ist eine Kombination aus *New*
York Times und Bloggern vielleicht besser, als einfach nur die *New*
York Times zu lesen. Die *New York Times* wird zunehmend zur einzig
verlässlichen Quelle von Nachrichten in den USA, weil alle anderen
Zeitungen sparen und auf Auslandsberichterstattung verzichten.

■ *Kennen Blogger also keine Objektivität?*

Objektivität ist nicht Teil der neuen Bloggerkultur, die ich beob-
achte. Das kann sich aber entwickeln, es war ja auch ursprünglich
kein Element im Journalismus. Professionelle Ideale entwickelten
sich erst, als Journalisten merkten, dass ihre Arbeit dadurch glaub-
würdiger ist. Blogger sind im Prinzip die Journalisten des 16. und
17. Jahrhunderts. Sie befinden sich noch in einem frühen Ent-

wicklungsstadium. Mag sein, dass sie eines Tages objektiv berichten, aber zurzeit müssen sie das nicht, denn sie reagieren eher auf professionellen Journalismus, als ihm voraus zu sein. Sollte professioneller Journalismus irgendwann einmal verschwinden, werden die Bürger von den Amateuren diese Professionalität einfordern. Und dann entsteht wieder eine Profession, die auf Werbegelder zugreifen will und die ganze Sache wiederholt sich.

▮ *Könnte man nicht auch sagen, dass das Internet den Journalisten erstmals die Möglichkeit bietet, ihre Geschichten durch Zusatzinformationen transparent zu machen?*

Das stimmt, das Internet bietet eine ganz neue Ebene der journalistischen Transparenz und Übersichtlichkeit, die es vorher nicht gegeben hat – und das ist sehr wichtig. Wenn die Journalisten einfach den Begriff der Objektivität mit »Transparenz« ersetzen würden, käme man der ursprünglichen Idee der Objektivität begrifflich viel näher. Und wenn man eine gedruckte Zeitung hat, ist das ein Nachteil, weil man nicht auf verschiedenen Ebenen arbeiten kann, also nicht die Geschichte über die Geschichte veröffentlichen kann und keine Links zu anderen Quellen hat.

▮ *Also eigentlich ein völlig neues Publikationsprinzip.*

Ja, eine ganz andere Erfahrung. Online überlässt man viel weniger dem Zufall, weil es auf der Website, die man sich gerade anguckt, fünfzigLinks gibt, die man durchforsten muss. Sie fallen einem nicht ins Auge, wie sie es bei einer Zeitung tun. Andererseits bietet das Internet all diese neuen Möglichkeiten.

»Die besten Marken werden erfolgreich bleiben.«

▮ *Wo steht der Zeitungsjournalismus in den nächsten zehn bis 15 Jahren?*

Schwierige Frage. Es ist gut möglich, dass in ein paar großen Städten noch gedruckte Zeitungen erscheinen werden. Auch die Gemeinden in der Nähe der Ballungsgebiete werden noch Zeitungen haben, die über kleinere Gebiete berichten. Aber Blätter mittelgroßer Städte wie der *Philadelphia Inquirer* oder die *Toledo Blade* könnten bald verschwinden. Sogar in kleineren Städten werden noch Zeitungen erscheinen, die auch eine gedruckte Version haben, allerdings nur sonntags oder zweimal die Woche – weil es den Werbekunden ermöglicht, die Menschen weiterhin auf diesem Weg zu erreichen. Die Zeitung wird also dort, wo sie existiert, ein Hybrid mit einer limitierten gedruckten Version an bestimmten Tagen sein, aber nicht jeden Tag.

▌ *Wo bleiben die auflagenstarken Blätter?*

New York Times, Wall Street Journal und ein paar weitere überregionale Publikationen werden meiner Meinung nach tatsächlich wachsen, weil es in Zukunft leichter sein wird, eine nationale Nachrichtenquelle zu sein. Ich kann mir aber gut vorstellen, dass dann Interessengemeinschaften mit kleineren Nachrichtenunternehmen im Land gegründet werden, sodass man sich eine eigene Zeitung zusammenstellen kann, eine Art Online-Hybrid aus *Toledo Blade* und *New York Times*. Ein Algorithmus stellt dann auf der Grundlage meiner voreingestellten Interessen aus regionalen und nationalen Inhalten etwas zusammen, und dies geschieht in Kombination mit meinem Konsumverhalten, so ähnlich wie Amazon auch weiß, was ich mir gekauft und angeguckt habe.

▌ *Welches sind aus Ihrer Sicht die Medienmarken der Zukunft im englischsprachigen Raum, inklusive der britischen?*

Wir sollten davon ausgehen, dass die besten Marken erfolgreich bleiben. Wenn man das vom heutigen Standpunkt aus betrachtet, wird es vor allem eine Frage des finanziellen Rückhalts sein. Ich würde sagen: die BBC, eventuell der *Guardian*, die *London Times*, weil sie Teil des Murdoch-Imperiums ist, und die *New York Times* werden es schaffen. Auch die Associated Press wird in irgendeiner Form wachsen. Darüber hinaus wird es kompliziert.

Robert J. Rosenthal

Jahrgang 1949, leitet seit Januar 2008 des *Center for Investigative Reporting (CIR)* in Berkeley, Kalifornien. Zuvor arbeitete er fast vierzig Jahre lang als Redakteur und Reporter im In- und Ausland, u. a. für *The New York Times, The Boston Globe* und 22 Jahre beim *Philadelphia Inquirer* sowie fünf Jahre als stellvertretender Chefredakteur beim *San Francisco Chronicle.* In den 1980er Jahren berichtete »Rosey« als Korrespondent vom afrikanischen Kontinent und aus dem von Israel besetzten Libanon. Außerdem war er an der Enthüllung der »Pentagon Papers« – der Geheimakten des US-Verteidigungsministeriums über den Kriegseinsatz in Vietnam – durch die *New York Times* beteiligt. Für seine Auslandsberichte erhielt er mehrere Preise und Auszeichnungen, darunter den »Overseas Press Club Award« und den »National Association of Black Journalists Award«. Während seiner Amtszeit bekam der *Chronicle* den begehrten Pulitzer Preis für Feature Fotografie. Das 1977 gegründete CIR ist eine Nonprofit-Organisation, deren investigative Reportagen in Presse, TV, Radio und Online erscheinen, u. a. bei ABC (*20/20*), CBS (*60 Minutes*), CNN, NBC, PBS (*Frontline, Frontline/World*), National Public Radio, *The New York Times, The Los Angeles Times, The Washington Post, USA Today, Salon.com* und *U.S. News & World Report.*

»Wir Journalisten müssen ein neues Zuhause finden«

Der Qualitätsjournalismus wird von Profitgier demontiert: Robert Rosenthal, Executive Director am *Center for Investigative Reporting* über das Gegenkonzept unabhängiger Berichterstattung und seine Absicht aufzurütteln.

■ *Glückwunsch, Mr. Rosenthal, seit Dezember 2007 sind sie Ge-*
schäftsführer des Center for Investigative Reporting (CIR), dem
ältesten gemeinnützigen Journalistenverband der Welt. Welche
persönlichen Motive haben Sie ermutigt, sich für diese Arbeit zu
engagieren?

Ich bin seit fast vierzig Jahren Journalist und war Herausgeber des
Philadelphia Inquirer, einer der besten Zeitungen der USA. Aber
schon kurz nach meinem dortigen Dienstantritt im Jahr 1998
wurde den Zeitungen ihr Fundament entzogen. Die von Großkon-
zernen beherrschten Medienhäuser sahen sich mit schrumpfenden
Gewinnen konfrontiert und dachten, der einzige Ausweg sei es,
die Kosten radikal zu senken. In den letzten zehn Jahren habe ich
miterlebt, wie Nachrichtenredaktionen regelrecht demontiert wurden. Ich entschied mich für den Posten beim *CIR*, weil ich mein
Scherflein dazu beitragen möchte, neue Modelle für multimediale
Nachrichtenorganisationen des 21. Jahrhunderts aufzubauen. Seit
Jahren habe ich mich nicht mehr so sehr auf den Journalismus und
die Möglichkeiten für Journalisten gefreut wie jetzt.

■ *Welche Philosophie steckt hinter dem Kürzel CIR, und wie unter-*
scheidet sich das Center von Organisationen wie ProPublica oder
dem Commitee of Concerned Journalists?

Wir sehen unseren Auftrag kurz gesagt darin, mächtige und einflussreiche Institutionen und Personen zur Rechenschaft zu ziehen.
Einer der wichtigsten Eckpfeiler der Demokratie in den Vereinigten
Staaten war schon immer die Presse und ihre Königsdisziplin ist die
investigative Reportage. Je mehr Nachrichtenredaktionen wegrationalisiert werden, desto wichtiger wird unsere Arbeit, genauso wie
erklärender und lösungsorientierter Journalismus immer wichtiger
wird. Unsere Visionen und Ziele, Einfluss zu gewinnen und einen
Unterschied auszumachen, teilen wir zum Beispiel mit *ProPublica*.
Ein wesentlicher Unterschied zu *ProPublica* besteht darin, dass das
CIR eine lange Tradition im Dokumentarfilmbereich hat, den wir
noch weiter ausbauen wollen, um eine breitere Öffentlichkeit über
alle verfügbaren Kanäle zu erreichen. Der Löwenanteil unserer Finanzierung stammt von Stiftungen, aber auch von Einzelpersonen.

»Investigative Geschichten müssen von einer klaren und mächtigen Stimme erzählt werden.«

■ *Warum brauchen Medien und die amerikanische Öffentlichkeit überhaupt das CIR?*

Der Bedarf ist mehr als offensichtlich, sonst würde es in den USA oder in Europa doch keine Organisationen wie das *CIR* geben! Wir Journalisten wurden durch eine Unternehmenskultur entwertet, deren oberste Priorität der maximale Profit ist. Jede Nachrichtenredaktion in den USA ist in den vergangenen Jahren verkleinert worden und investigativer Journalismus hat keine Priorität mehr für kommerzielle Medienhäuser. Produktions- und Vertriebskosten von Zeitungen haben Journalisten außerdem zu Zielscheiben gemacht. Wir müssen uns deshalb unkonventionelle Modelle mit ebenso unkonventionellen Partnern ausdenken. Denn der Stellenwert von Informationen wird im Zeitalter des Internet noch wertvoller und wichtiger werden, genauso wie wir glaubwürdigen, verlässlichen und einzigartigen Content brauchen.

■ *Glauben Sie also, dass Organisationen wie das CIR in den letzten dreißig Jahren noch an Bedeutung gewonnen haben?*

Aber klar, unsere Arbeit ist viel umfangreicher und relevanter als früher. Das *CIR* hat sich perfekt positioniert und übt heutzutage mehr Einfluss aus, weil der Multimedia-Bereich in der DNA unserer Organisation fest verankert ist. Es gibt rund um den Globus viele Themenfelder, die wichtig für uns sind, wie Klimawandel oder die Bevölkerungsentwicklung, also Bereiche, in denen unsere Arbeit wirklich etwas bewegen kann. Und gerade weil die US-Regierung solch einen großen Einfluss hat, sind Geschichten und Reportagen, die sich eingehend mit unseren Politikern und Institutionen beschäftigen, von höchster Relevanz. Außerdem glaube ich, dass solche investigativen Geschichten von einer klaren und mächtigen Stimme erzählt werden müssen – der Stimme eines Geschichtenerzählers, der sein Publikum wachrüttelt.

■ *Sie haben fast vier Jahrzehnte im Qualitätsjournalismus auf dem Buckel. Wie können journalistische Prinzipien im Umfeld des Web 2.0 heute noch überleben?*

Ich glaube, dass der Qualitätsjournalismus die Web-2.0-Generation im Prinzip nicht weniger interessiert als frühere Generationen – in Zukunft sogar eher mehr. Das Problem ist nur, dass viele Jugendliche ein Misstrauen gegen Medienkonzerne entwickelt haben, was an einem fehlenden Bewusstsein für deren Wesen und Strukturen liegt. Man kann es ihnen aber nicht verdenken: Die weltweit größten Nachrichten-Sites haben ohnehin alle dieselben Inhalte. Es werden sich jedoch neue Modelle finden, die wieder mehr Einfluss auf dieses Publikum haben – sofern unsere Arbeit deren Alltagsleben berührt und von ihnen als relevant und angemessen empfunden wird. Das *CIR* bemüht sich daher sehr um interaktive Anwendungen, weil diese für die Web-2.0-Generation einen Stellenwert haben, wie für unsere Eltern einst die Zeitung.

»Staatlich unterstützte Zeitungen halte ich für Teufelszeug.«

■ *Wie können Qualitätszeitungen wie The New York Times, The Guardian oder Süddeutsche Zeitung am besten mit ihrer unsicheren Zukunft fertig werden?*

Sie werden nur überleben, wenn ihre Geldgeber die Gewinnerwartungen zurückschrauben und sich noch geschickter und schneller in der multimedialen Welt zurechtfinden. Ihre größte Herausforderung wird es sein, die Aktionäre oder Besitzer bei Laune zu halten, wenn die Profite wegen der außergewöhnlich hohen Fixkosten, die der herkömmliche Vertrieb einer Zeitung verschlingt, zurückgehen. Inhalte, vor allem einzigartige Inhalte, bleiben wertvoll. Die Frage ist nur, ob die Qualitätspresse diese Einzigartigkeit auch weiterhin leisten kann.

■ *Was halten Sie von Stiftungen oder staatlichen Zuwendungen als letzter rettender Strohhalm für gedruckte Zeitungen?*

Ich glaube, dass wir um stiftungsbasierte Modelle zur Finanzierung der Presse künftig nicht herum kommen. Aber selbst dann wird die auf Papier gedruckte Zeitung nicht mehr der Hauptvertriebsweg sein. Ich halte staatlich unterstützte Zeitungen ohnehin für Teufelszeug: Jede öffentlich finanzierte Nachrichtenredaktion bekäme sofort Glaubwürdigkeitsprobleme. Wir müssen uns einfach damit abfinden, dass Zeitungen weiter schrumpfen oder sogar sterben werden. Aber uns Journalisten wird es immer geben, nur müssen wir ein neues Zuhause für unsere Kreativität, Hingabe und Arbeit finden. Ich bin zuversichtlich, dass uns das gelingt.

David M. Rubin

Jahrgang 1945, war von 1990 bis 2008 Dekan an der Newhouse School für öffentliche Kommunikation an der Universität Syracuse, die er jedoch zum Ende dieses Akademischen Jahres verlässt. Während seiner Zeit als Dekan wurde unter anderem das Bleier Center for Television and Popular Culture an der Newhouse School gegründet. Außerdem wurde unter seiner Federführung der Mirror Award ins Leben gerufen, der von der Hochschule vergeben wird. Dieser würdigt exzellente Berichterstattung über die Medienbranche. Zudem diente Rubin zweimal als Juror des Pulitzer-Preises. Er studierte an der Columbia University in New York sowie in Stanford. Vor seiner Berufung als Dekan in Syracuse lehrte er von 1971 bis 1990 an der New York University. Rubin ist Autor zahlreicher Bücher, darunter:«Mass Media and the Environment: Water Resources, Land Use and Atomic Energy in California» und«Media: an introductory analysis of American mass communications». Er lebt zusammen mit seiner Frau in Fayetteville im US-Bundesstaat New York.

»Die Profitmargen der Zeitungen sind noch immer sehr respektabel«

Einflussnahme der Wall Street: David M. Rubin, ehemaliger Dekan der Newhouse School of Public Communication, Syracuse University spricht über Gefährdungen für den Qualitätsjournalismus.

■ *Mr. Rubin, wie viel Zeit geben Sie der klassischen Zeitung auf Papier noch?*

Ich glaube, dass es in einer Demokratie immer Bedarf an ausgebildeten Journalisten geben wird. Eine Gesellschaft muss mit den nötigen Informationen versorgt werden, damit sie sich selbst regieren kann. Ob die zusammengestellten Informationen weiterhin auf Zeitungspapier angeboten und nach Hause geliefert werden, ist eine andere Frage. Es besteht die Möglichkeit, dass die Zeitung auf Papier in ungefähr zehn Jahren beginnen wird zu verschwinden. In zwanzig Jahren werden Zeitungen wohl nur noch im Internet oder über irgendein kabelloses Verteilersystem auf einem Zeitungsseiten-ähnlichen Computer erscheinen.

■ *Welchen Faktor stellen Zeitungsübernahmen durch Finanzinvestoren dar – und welche Konsequenzen sind daraus für den Qualitätsjournalismus zu erwarten?*

Unter den vielen Gefährdungen, denen der Qualitätsjournalismus ausgesetzt ist, wiegt die Einflussnahme der Wall Street am schwersten. Meiner Ansicht nach wären Zeitungen in Familienbesitz besser aufgehoben. Öffentliche Unternehmen können sich den Luxus nicht leisten, für die Zukunft zu planen und zu investieren. Die Profitmargen der Zeitungen sind noch immer sehr respektabel, für die Wall Street aber nicht ausreichend. Sogar das *Wall Street Journal* hatte eine Profitmarge von neunProzent. Machen Sie neun Prozent mit Ihrem Geld? Also ich nicht. Und für amerikanische Tageszeitungen ist das sogar noch eine niedrige Profitrate. Als der Knight-Ridder-Verlag Probleme mit der Wall Street bekam, weil er nicht profitabel genug war, haben fast alle seine Zeitungen eine 20-Prozent-Marge erwirtschaftet. Wer würde so ein Geschäft missachten? Das Auftreten von Private-Equity-Firmen setzt nur eine Entwicklung fort, die seit vierzig Jahren vonstatten geht.

■ *Ist die öffentliche Entrüstung über den Kauf von Dow Jones durch den australischen Medienmogul Rupert Murdoch ein Indikator für die Verbundenheit mit der Qualitätspresse?*

Weder Murdochs Boulevardblatt *New York Post* noch sein Fernsehsender Fox News werden in den Vereinigten Staaten in journalistischer Hinsicht als Qualitätsprodukte angesehen. Murdoch hat nie gezeigt, dass er ein Massenmedium mit der journalistischen Integrität einer *New York Times* oder des alten *Wall Street Journal* betreiben kann – oder es tatsächlich vorhat. Auf der anderen Seite würde es keinen Sinn ergeben, die Glaubwürdigkeit des *Wall Street Journals* zu beschädigen. Wahrscheinlich wird es weitergehen wie gewohnt, nur mit größeren Ressourcen und einer engeren Verbindung zu Murdochs Kabelfernsehnetz.

»Im Lokaljournalismus geht momentan in den Vereinigten Staaten die Post ab.«

▌ *Hat das Ansehen der Qualitätszeitungen im Vergleich zu Web-Diensten gelitten? Die jüngste Pressegeschichte ist ja bekanntlich reich von bitteren Betrugsskandalen um Journalisten wie Jason Blair, Jack Kelley oder Stephen Glass.*

Das Ansehen der Medien in den USA hat im Allgemeinen abgenommen, nicht nur wegen Blair und Glass. Wenn die Bevölkerung in Aufruhr ist, macht sie den Überbringer verantwortlich für die vielen schlechten Nachrichten, von denen es momentan eine Menge gab, vom Irakkrieg bis zu zur kontroversreichen Präsidentschaft von George Bush. Das ist unvermeidlich und man kann nicht viel dagegen unternehmen außer zu warten, dass sich Stimmung und Verfassung des Landes bessern.

▌ *Ist dem Establishment der Edelfedern im Vergleich zu dem Heer der Blogger die Leidenschaft abhanden gekommen?*

Nein, etablierte Journalisten haben ihre Leidenschaft nicht verloren. Als Gruppe sind sie genau so leidenschaftlich wie Blogger, dabei aber viel besser ausgebildet und mächtiger. Ohne Journalisten könnten Blogger nicht existieren. Und die Journalisten sind selbst zunehmend Blogger geworden.

■ *Besteht der letzte Ausweg für Zeitungen darin, sich wieder mehr um die lokale Berichterstattung zu kümmern?*

Im Lokaljournalismus geht momentan in den Vereinigten Staaten die Post ab. Hier wird ein großer Teil der Profite gemacht. Die finanziell erfolgreichsten Zeitungen sind lokale Wochenzeitungen, die über kleinere Gemeinden berichten. Die Blätter, die große Städte bedienen, haben es zunehmend schwer. Heterogene Gebiete wie Los Angeles oder Philadelphia werden ja durch nicht viel mehr als ihren Namen zusammengehalten.

Alan Rusbridger

Jahrgang 1953, arbeitet – mit kleineren Unterbrechungen – seit fast dreißig Jahren für die linksliberale britische Qualitätszeitung *The Guardian* (gegründet 1821, Auflage: ca. 355.000), davon 13 Jahre als deren Chefredakteur. Seine journalistische Karriere begann er bei den *Cambridge Evening News*, danach schrieb er für den *Observer* und die *London Daily News*, bevor er 1979 als Reporter und Kolumnist zum *Guardian* ging. Rusbridger hat zahlreiche Neuerungen des angesehenen Traditionsblattes der vergangenen Jahre in die Wege geleitet: Er gründete *Guardian Weekend* und die Zeitungsbeilage *G2*, entwickelte den vielfach preisgekrönten Internet-Auftritt des Blattes, *Guardian Unlimited*, und verantwortete im Herbst 2005 die Umstellung vom Broadsheet auf das sogenannte Berliner Format. Rusbridger setzte auch als einer der Ersten das Motto »Online first« um, wonach Artikel zuerst im Internet, dann erst in der ist Druckausgabe der Zeitung erscheinen. Rusbridger ist Mitglied der Guardian News and Media, dem Vorstandsgremium der Guardian Media Group und dem Scott Trust, dem der *Guardian* gehört und ist zudem leitender Herausgeber des *Observer*. Neben seinem journalistischen Engagement ist Rusbridger Gastprofessor an der Queen Mary University of London und Präsident des National Youth Orchestra of Great Britain. Außerdem hat er drei Kinderbücher verfasst und ist Ko-Autor des kontroversen BBC-Dramas »Fields of Gold«.

»Die Lage ist sehr schwierig«

Guardian-Chefredakteur Alan Rusbridger spricht im Interview über gefährliche Nachrichten-Monopole, aggressive Expansion und chinesische Blogger im Kampf gegen die Zensur.

▌ *Wie beurteilen Sie den Zustand der Qualitätspresse?*

Die Lage ist sehr schwierig. Bei uns in Großbritannien – und wahrscheinlich auch bei Ihnen – können wir uns nur noch mit Hilfe einer Mischkalkulation am Leben halten. Denn es gibt kein schlüssiges Geschäftsmodell mehr, das es uns erlaubt, den journalistischen Auftrag ohne Zusatzgeschäfte zu erfüllen. Wir sind gezwungen, uns neue Wege ausdenken, um Geld zu verdienen. Das gelingt zum Teil ganz gut, so dass ich weiterhin Grund habe, optimistisch zu sein. Viele Zeitungen entwickeln mit viel Enthusiasmus und auch Aggressivität digitale Angebote und finden sogar zu einem spannenden, internetgerechten »Story-Telling«. Allerdings kann ich mir beim besten Willen nicht vorstellen, dass sie alle überleben werden, weil das Internet keine ausreichende Grundlage bietet, um alle zu finanzieren.

▌ *Ist der Trend hin zur Gratispresse unaufhaltsam?*

Ja. Ich glaube fest, dass Vertriebserlöse im Geschäftsmodell der Zeitungen keine Zukunft haben. Uns bleiben nur das Anzeigengeschäft und alternative Einnahmen. Die *New York Times* hat aus meiner Sicht ein großes Problem, weil sie bisher kein überzeugendes Konzept für neue Einnahmemodelle entwickelt hat. Ganz anders die *Washington Post*, die ihr Geschäft schon sehr gut diversifiziert hat und zum Beispiel im »Education Business« gutes Geld verdient. Auch der *Guardian* hat neue Geschäftsfelder entdeckt oder ausgebaut: Unser hochlukratives Gebrauchtwagenmagazin und Onlineportal, aber auch die Regionalzeitungen oder Radiostationen werfen satte Gewinne ab, die wir für den Qualitätsjournalismus wieder ausgeben.

▌ *Wir unterstellen hier die ganze Zeit, dass es eine »Qualitätspresse« gibt. Das würde bedeuten, dass es unterschiedliche Qualitätsstufen von Journalismus gibt. Stimmt das – und wenn ja, wie definieren Sie Qualitätspresse?*

Der Level der Qualität ergibt sich aus der Bereitschaft und der Fähigkeit einer Redaktion, über die Komplexität des Lebens zu berichten. Die Boulevardblätter, die wir immer noch »Tabloids« nennen, vereinfachen alles, manchmal in einem unerhörten Maße. Qualitätsblätter gehen davon aus, dass sie der Vielschichtigkeit des Lebens, der Politik und aller anderen Bereiche gerecht werden müssen und versuchen es so gut sie können.

»Wichtig ist, dass die gebührenfinanzierten Medien nicht die anderen verdrängen.«

▌ *Der Guardian ist mit der Einführung des so genannten »Berliner Formats« vor fast drei Jahren selber von einem »Broadsheet« zu einem »Tabloid« geworden. Was hat Ihnen die Umstellung gebracht?*

Wir haben bewiesen, dass wir imstande sind, mit unserer Berichterstattung weiterhin der Komplexität des Lebens gerecht zu werden. Nur weil wir jetzt ein kleineres Format haben, befinden wir uns noch lange nicht in einer Vereinfachungs-Falle. Im Gegenteil: Unsere Möglichkeiten haben sich verbessert: Ich finde das »Berliner Format« wunderbar, weil es uns erlaubt, großformatige Fotos und große Mengen Text miteinander zu kombinieren. Außerdem nutzen wir durchgehend den Vollfarbdruck. Alle Konkurrenten müssen jetzt nachziehen. Aber die Auflage hat sich leider nicht wesentlich verbessert. Der *Independent*, der zuerst ein kleineres Format einführte, büßte seit der Umstellung jedes Jahr über zwölf Prozent seiner Auflage ein. Unsere verkaufte Auflage war ebenfalls rückläufig, im vergangenen Jahr um circa drei Prozent. Ich habe also gelernt: Ein Formatwechsel ist noch keine Wunderwaffe.

▌ *Wo liegt die größte Verantwortung für die Qualität von Journalismus: in der Redaktion oder im Management einer Zeitung?*

Letztendlich immer in der Redaktion.

■ *Könnten Sie sich vorstellen, dass die Presse irgendwann durch*
echte Subventionen am Leben gehalten wird, also: Steuergelder,
öffentlich-rechtliche Gebühren oder Geld reicher Stiftungen?

Der *Guardian* wird seit 1932 von einer Stiftung geführt: Dem Scott
Trust. Darüber bin ich heilfroh, weil die Guardian Media Group
am Ende des Tages nicht gewinnorientiert arbeiten muss, sondern
gerade deswegen Überschüsse in journalistische Qualität reinvestieren kann. Staatsgelder für die freie Presse zu verwenden, ist ein
Widerspruch in sich. Anders könnte das mit öffentlich-rechtlichen
Gebühren aussehen, mit denen wir die BBC und Sie ARD und
ZDF finanzieren. Da diese Sender immer mehr Online-Inhalte
produzieren, kommen sie uns Zeitungen ohnehin mit dem, was
sie tun, sehr nahe. Der britische Sender Channel4, der keine Ge-
bührengelder erhält, aber sehr ähnlichen Standards wie die BBC
entsprechen muss, hat vorgeschlagen, einen Teil der BBC-Gebüh-
ren für einen öffentlichen Fond einzusetzen, mit dem hochwertige
journalistische Inhalte finanziert werden könnten. Es ist daher
nicht ausgeschlossen, dass es irgendwann einen Topf gibt, an dem
alle partizipieren, die Qualität wollen. Schließlich haben alle, die
Qualitätsmedien schaffen, einen öffentlichen Auftrag!

■ *Heißt das vielleicht, dass am Ende das öffentlich-rechtliche Mo-*
dell das einzige ist, das Qualität liefern kann?

Das wissen wir heute noch nicht. Wichtig ist jedenfalls, dass die
gebührenfinanzierten Medien nicht die anderen verdrängen. Wir
beobachten zum Beispiel gerade im Lokalen, dass die BBC ihre
Berichterstattung stark ausbreitet und damit die Lokalzeitungen
bedroht. Wenn das so weiter geht, vernichtet die BBC die Chance
der Regionalzeitungen, sich zu wandeln und letztendlich zu
überleben. Es wäre aber gut, wenn die Regionalzeitungen ohne
Subventionen auf einer wirtschaftlichen Basis überleben. Es darf
nämlich am Ende nicht nur einen Nachrichtenanbieter geben. Ein
Nachrichtenmonopol, selbst eines der BBC, ist immer eine sehr
gefährliche Sache. Die BBC ist eine wunderbare Einrichtung. Aber
sie ist längst nicht unfehlbar und wir dürfen sie auch nicht über-
schätzen.

■ *Fühlen Sie sich durch die BBC bedroht?*

Als Bürger und Gebührenzahler mag ich eine starke BBC und einen gut geschützten, regulierten, unabhängigen öffentlichen Anbieter von hoher journalistischer Qualität. Und dass auch deshalb, weil die britische Presse so frei und ohne gesetzliche Auflagen agiert und deshalb oft sehr ungezügelt ist. Andererseits: Als Wettbewerber hasse ich die BBC und ich wünsche mir oft, dass es sie besser nicht gäbe. Allerdings werden wir als überregionale Zeitung ganz gut mit dieser Konkurrenz fertig.

■ *In Deutschland verhandeln Verlage derzeit über Kooperationen mit öffentlich-rechtlichen Sendern, um deren Ton- und vor allem Bildaufnahmen online zu nutzen. Halten Sie das für eine gute Entwicklung?*

Es gibt sehr gute Gründe, die dafür sprechen, dass öffentlich-rechtliche Sender ihr Material ohne Beschränkung allen zur Verfügung stellen. Ich glaube auch, dass die BBC diesen Weg gehen wird, allerdings wird sie versuchen, ein kommerzielles Modell zu finden, das ihr große Einnahmen sichert. Das liegt daran, dass die BBC-Bosse in der Tiefe ihrer Herzen nicht daran glauben, dass es die Gebührenfinanzierung noch lange geben wird. Wahrscheinlich würden sie das öffentlich nie zugeben, aber ich kenne eine Reihe von Leuten in der BBC, die glauben, dass die jüngste Gebührenerhöhung die letzte in der Geschichte der BBC war. Das erklärt, warum die kommerzielle Abteilung BBC Worldwide dermaßen aggressiv expandiert. Sie hat erst neulich den Verlag Lonely Planet für 120 Millionen Euro gekauft. Solche Schritte sind nur zu verstehen, wenn man unterstellt, dass die BBC in Zukunft sehr stark einem freien Wettbewerb ausgesetzt ist und sich am Markt refinanzieren muss.

■ *Das Online-Angebot von Rundfunk und Zeitungen wird immer ähnlicher, die Grenzen könnten in einigen Jahren derart verschwimmen, dass es gar nicht mehr möglich sein wird zu sagen, ob der Guardian eine Zeitung und die BBC ein Sender ist. Wäre es*

dann nicht folgerichtig, die Presse schon bald öffentlich-rechtlich
zu subventionieren?

Die Beobachtung ist auf jeden Fall richtig: Die BBC ist zu einem
Produzenten riesiger Textmengen geworden, während wir über
unsere Website jede Woche bereits mehr als dreißig Stunden
Rundfunk- und Videostücke aussenden – und gewinnen für
diese Video-Angebote schon Preise. Also werden wir uns alle in
der Mitte treffen. Der Unterschied wird aber sein, dass die Presse
unreguliert arbeiten muss – und darf –, und die BBC weiterhin
einer strengen Regulierung unterliegt. Wir können in einer ganz
anderen Weise als die BBC Meinung machen und offensiv verbreiten. Das sollte man wahrscheinlich nicht mit den Gebühren aller
finanzieren.

> »In unserer Journalistenausbildung spielen Geld und
> kaufmännisches Denken eine viel größere Rolle als frü-
> her.«

▮ *Wird die Zeitung in zwanzig bis dreißig Jahren noch auf Papier*
gedruckt werden?

Ich glaube, dass das Papier verschwinden und durch moderne
Formen der Übertragung abgelöst wird: den iPod der Zeitungsindustrie. Diese Lösung ist zwingend, denn die Kosten für die
Herstellung und die Verbreitung von Zeitungen auf Papier werden
schlicht nicht mehr zu bezahlen sein. Wir warten also auf ein solches Gerät.

▮ *Wie weit sind Sie als Chefredakteur heute mehr ein Manager als*
es ihre Vorgänger waren?

Die Aufgabe des Chefredakteurs wandelt sich mit dem strukturellen Wandel unseres Unternehmens. Ich sehe mich zwar immer
noch als Chefredakteur, doch Management-Aufgaben bean-
spruchen deutlich mehr von meiner Zeit als früher. Doch wenn
wir erfolgreich all die Dinge machen wollen damit Journalisten
imstande sind, Inhalte rund um die Uhr für vier oder fünf oder

noch mehr verschiedene technische Plattformen zu produzieren, verlangt das von mir nun mal viel mehr Managementleistungen als von meinen Vorgängern.

▌ *Wie wichtig ist die journalistische Identität einer Redaktion?*

Eine spezifisch journalistische Identität bedeutet, dass die Redaktion ihre inhaltlichen Aufgaben genau kennt und sie von den kaufmännischen Zielen abgrenzen kann. Das ist sehr wichtig. Die Journalisten wünschen sich immer einen, der sie führt, der sie zugleich versteht und eine Verbindung herstellt zu den Kaufleuten. Ich glaube, es ist am besten, wenn ich das als Chefredakteur mache, anstatt diese Aufgaben Managern zu überlassen, die nie eine journalistische Identität hatten.

▌ *Können Journalisten überhaupt erfolgreiche Manager sein?*

In unserer Journalistenausbildung spielen Geld und kaufmännisches Denken eine viel größere Rolle als früher. Bisher hatten wir noch keinen Journalisten an der Spitze der Guardian Media Group, aber wir beobachten diesen Trend schon länger bei News International (Anm. d. Red.: *The Sun, News of the World* u. a.) oder dem *Independent*. Oder denken Sie an Marjorie Scardino (Anm. d. Red.: Verlagsgruppe Pearson). Oder David Montgomery (Anm. d. Red.: *Berliner Zeitung* u. a.), der früher einmal Chefredakteur war. Ich glaube, dass es immer normaler wird, dass auch Journalisten Medienunternehmen führen.

▌ *Montgomery ist ja ein Eigentümer von der Sorte, die hierzulande als »Heuschrecken« beschimpft wurden, weil sie beabsichtigen, maximale Erträge aus den Unternehmen herauszuquetschen. Ist dieser Eigentümer-Typ der Trend, auch in der Qualitätspresse?*

Ich frage mich im Fall der britischen Presse schon seit geraumer Zeit, wer in den nächsten Jahren unsere Zeitungen kaufen wird. Denn in vielen Fällen stellt sich die Frage, ob die bisherigen Eigentümer und ihre Familien das Geschäft fortsetzen werden. Oft haben sie ganz andere Pläne. Denken sie an Murdoch, O'Reilly oder die Barclay-Brüder. Sie alle haben ihre Söhne eingesetzt: James Murdoch, Gavin O'Reilly and Aidan Barclay. Ich kann mir nicht vorstellen, dass diese Erben das Geschäft wirklich aus wirtschaftlichen Gründen übernehmen wollen, schließlich wirft es meistens keine guten Gewinne ab. Die Barclays haben im letzten Jahr mit dem *Telegraph* gerade drei Prozent Rendite gemacht. Jede Bank hätte ihnen für ihr Geld mehr geboten. Eine riesige Gefahr liegt also in der Antwort auf die Frage, warum bestimmte Leute Zeitungen überhaupt noch besitzen wollen. Wer weiß, wer sich irgendwann unsere Zeitungen kauft: Russische Oligarchen, Staatsfonds aus der arabischen Welt? Was wollen sie wirklich? Ich nehme an: Einfluss. Ich sehe wieder eine Zeit kommen, in der sich immer mehr reiche Leute Zeitungen leisten, um Meinung zu machen. Um zu manipulieren und um eigene Interessen und nicht mehr die Interessen aller zu forcieren.

▌ *War das nicht schon immer so?*

Es gab nie einen Pressebaron, der nicht reich werden wollte. Die Gefahr in der Zukunft liegt darin, dass die Eigentümer gar kein Geld mehr verdienen, sondern nur mehr Einfluss gewinnen wollen. Das Profit-Motiv ist ein saubereres Motiv als das Streben nach Einfluss.

▌ *Zurzeit entwickeln sich eine Reihe von Non-Profit-Medien, die investigativ arbeiten und Dinge machen wollen, die in der Qualitätspresse zu kurz kommen. Geben Sie solchen Initiativen eine Chance?*

Möglicherweise wird es künftig besser sein nicht ganze Medienunternehmen, sondern bestimmte Arten von Journalismus zu subventionieren: die Reportage, den Enthüllungsjournalismus oder bestimmte Nischen, die sich nicht mehr finanzieren ließen.

▌ *Ist eine Zusammenarbeit mit diesen Redaktionen für den Guardian sinnvoll?*

Wir haben das schon einmal ausprobiert, allerdings war das nicht besonders erfolgreich. Wichtig ist, dass man weiß, wer hinter einer journalistischen Story steckt. Deshalb würden wir das nur machen, wenn einer unserer Reporter mit eintauchen kann in das Team auf der anderen Seite. So können sie die Qualität besser sicherstellen.

▌ *Welche Medienangebote finden Sie – natürlich neben dem des Guardian – wirklich bemerkenswert innovativ?*

Die *Huffington Post* von Arianna Huffington ist eine wirklich neuartige Internet-Zeitung, ein neues Modell für Kommentare, Diversifizierung von Meinung und Leser-Beteiligung. Ich mag auch das Online-Magazin *Slate*, ein weiteres Leitmedium im Internet, das mittlerweile der *Washington Post* gehört. Jay Rosens Projekt *NewAssignment.net* finde ich ebenfalls sehr spannend.

»Der Blog ist so etwas wie der Dritte Weg zwischen Meinung und Enthüllung.«

▌ *Wodurch wird sich der Guardian in Zukunft auszeichnen: Enthüllung, Recherche, Scoops oder eher Meinung, Zuspitzung und das, was »Intellectual Scoops« genannt wird?*

Der Blog ist so etwas wie der »Dritte Weg« zwischen Meinung und Enthüllung. Er ist deshalb ein wichtiges Element für uns. Das Problem mit faktischen Scoops ist, das sie nie lange halten. Wer weiß schon, dass die Enthüllung über Eliot Spitzer von der *New York Times* kam? Niemand, weil sie höchstens neunzig Sekunden exklusiv auf deren Website stand, bevor sie zitiert wurde. Und selbst wenn einige freundliche Kollegen noch ein paar Stunden später auf die Quelle hinweisen – die Leistung der Redaktion kann nie angemessen gewürdigt werden, weil sie sich viel zu schnell verbreitet und damit verflüchtigt. Deshalb werden wir intelligente Formen brauchen, die »Factual Scoops« und »Scoops of Interpretation« miteinander verbindet.

▌ *Kann es überhaupt einen Laienjournalismus geben, der den An-*
  sprüchen der Qualitätspresse gerecht wird?

Es lohnt sich sehr mit den Lesern zusammenzuarbeiten, vor allem
auf Gebieten, die sie viel besser verstehen als wir. Das gab es früher
nicht. Wir müssen Formen der Kooperation suchen. Die Vorstellung allerdings, dass Bürgerjournalisten die Arbeit professioneller
Journalisten ersetzen könnten, ist abschreckend, weil sie nie die
umfassende Fähigkeit einer Redaktion entwickeln könnten, Zusammenhänge und Fakten breit und umfassend zu verifizieren.
Was Bürgerjournalisten antreibt, ist meistens ein spezifisches Interesse. Dieser Ansatz ist nicht schlecht, sondern lobenswert – aber
im Kern ist er oft unjournalistisch.

▌ *Sie haben einen sehr expliziten Brief an die chinesische Botschaf-*
  terin geschrieben, um sich über die Zensur der Website des Guar-
  dian in China zu beschweren. Glauben Sie, dass Sie damit etwas
  gegen die Zensurpraxis in China ausrichten können?

Ich glaube, dass chinesische Blogger im Kampf gegen die Zensur
siegen und immer bessere technische Möglichkeiten finden werden, auf alle Websites zuzugreifen. Zensur wird also dauerhaft
nicht funktionieren. Und ich glaube, dass wir im olympischen Jahr
2008 alle Möglichkeiten nutzen sollten, die wir haben, um so viel
Druck auf die chinesische Zensur und die Behörden auszuüben
wie möglich.

Timothy Rutten

Jahrgang 1950, schreibt und kommentiert seit über 35 Jahren für die *Los Angeles Times*. Er war Redaktionsleiter des Stadtbüros, arbeitete als Reporter im Lokalressort sowie als Redakteur für nationale Berichterstattung und die Meinungsseiten. Seit 2002 ist er einer der meist gelesenen und diskutierten Medienkolumnisten und Medienkritiker der US-Presse. Zu seinen Auszeichnungen gehört unter anderem ein Pulitzer Preis, den er gemeinsam mit einigen Kollegen für die Berichterstattung über das Erdbeben von Northridge im Jahre 1994 erhielt. Er ist Vater von zwei Kindern und lebt gemeinsam mit seiner Frau in einem Loft in Downtown Los Angeles mit Blick auf die mächtige Gebirgskette der San Gabriel Mountains.

»US-Zeitungen sind weniger ernst zu nehmen«

Was die USA von europäischen Medien lernen können und wie die
Zukunft des Qualitätsjournalismus finanziert werden könnte, erklärt
Timothy Rutten, Medienkritiker und Kolumnist bei *The Los Angeles
Times*.

▌ *Mr. Rutten, seit einigen Monaten drängen Finanzinvestoren und Wirtschaftsmagnaten wie der Immobilienzar Samuel Zell auf die amerikanischen Pressemärkte. Gefährden die jüngsten Übernahmen von traditionellen Zeitungshäusern wie Los Angeles Times oder Wall Street Journal auf lange Sicht die Unabhängigkeit des Qualitätsjournalismus?*

Dass Finanzinvestoren die redaktionelle Unabhängigkeit stärker gefährden als die traditionellen Besitzerstrukturen ist Blödsinn, vor allem, wenn es sich um Qualitätszeitungen handelt. Das Problem liegt vielmehr in der Börsennotierung vieler Presseunternehmen: Dadurch geht es automatisch um Profite. Alles andere ist nachrangig. Verschärft wurde die Situation allerdings durch das Internet, das den Zeitungen die Anzeigenerlöse abspenstig macht. Gleichzeitig erfordert der Ausbau der digitalen Infrastruktur hohe Investitionen.

▌ *Es handelt sich also um ein strukturelles Problem ...*

... mit dem die Verlage bislang nicht umgehen konnten. Diese Push- und Pull-Situation hat sie offenbar völlig überfordert. Nur wenn Private Equity es endlich kapieren würde, in ein langfristiges Wachstum zu investieren und dafür kleinere Profite in Kauf zu nehmen, könnte am Ende doch noch alles gut werden.

▌ *Könnten Medienmogule wie Rupert Murdoch also noch überraschend zu Erweckern des Qualitätsjournalismus werden?*

Nein, Rupert Murdochs Pläne müssen insgesamt sehr kritisch beurteilt werden. Sein Boulevardblatt *New York Post* war zwar nie ein Erfolg, denn es hat keinen Pfennig verdient und Murdoch subventioniert die Verluste, um einen Fuß in der Tür des wichtigen New Yorker Marktes zu behalten. Auch der Erfolg seines TV-Networks FOX täuscht, die hohen Quoten müssen mit Blick auf die kleine Welt des US-Kabelfernsehens stark relativiert werden. Die beliebteste Show auf FOX News – *The O'Reilly Factor* – erreicht lediglich eine Million Zuschauer. Das bedeutet in einem Land mit 300

Millionen Einwohnern gar nichts! Auffällig finde ich jedoch, dass Murdoch für eine zunehmende Politisierung der Berichterstattung verantwortlich ist, die für jede andere Nachrichtenorganisation inakzeptabel wäre. Murdochs US-Medien sind im Wesentlichen ein Informationsableger der Republikaner.

»Zeitungen müssen sich als ehrliche Ideenmakler präsentieren.«

▌ *Was ist in der Debatte um die Zukunft der Zeitung reiner Pessimus undwas ist wahrscheinlich?*

Die britischen Qualitätszeitungen, besonders auch ihre Online-Ausgaben, zeigen uns schon jetzt, wo die Zukunft der Zeitung ist: in der Konzentration auf qualitativ hochwertiger Analyse und Meinungsbildung. Amerikanische Zeitungen sind da deutlich weniger ernst zu nehmen. Als Großbritanniens ehemaliger Premierminister Tony Blair einmal beklagte, dass sich die britischen Zeitungen von »Newspapers« zu »Viewspapers«, also zu Meinungsblättern verwandelt hätten, verkündete der irische Zeitungsmagnat Sir Anthony Tony O'Reilly stolz, dass es genau das sei, wonach seine Leser verlangten. Ich denke, dass die englischsprachigen »Viewspapers« ihre Auflagen-Höhenflüge zum Großteil auch der amerikanischen Leserschaft verdanken, die mehr von der Presse erwartet, als was sie im eigenen Land geboten bekommt.

▌ *Wo sehen Sie dann Innovationsmöglichkeiten für die US-Presse?*

Zeitungen müssen sich mehr als bisher der Analyse und Kommentierung verschreiben und sich damit als ehrliche Ideenmakler präsentieren. Heute ist ein breites Meinungsspektrum gefragt – von liberal bis konservativ. Doch die Gefahr der Politisierung ist groß. Ich halte das nicht für eine logische Folge des Meinungsjournalismus, sondern für seine wachsende Korrumpierbarkeit. Gerade Zeitungen haben die Chance, sich von der undifferenzierten Verlautbarungskakophonie des Internet abzugrenzen, indem sie ihren Lesern glaubhaft vermitteln, dass sie unleugbaren Fakten verpflichtet sind und nicht irgendeiner Parteilinie.

▌ *Könnten nicht staatliche Subventionen der Prestige-Presse unter die Arme greifen?*

Von Alimenten aus Steuergeldern halte ich überhaupt nichts. Das wäre zumindest in den USA auch nicht verfassungskonform, denn schließlich garantiert die amerikanische Verfassung die vollkommene Unabhängigkeit der Presse, was jedweden Einfluss – auch finanzielle Unterstützungen oder Vergünstigungen – durch den Staat kategorisch ausschließt.

▌ *Welche alternativen Finanzierungsmodelle könnten Sie sich dann vorstellen?*

Womöglich werden Verlage ihre Angestellten und die Leser gleichermaßen davon überzeugen können, gemeinsam in ihre Zeitung zu investieren und nach Vorbild eines korporativen Managementmodells an einem Strang zu ziehen. Ob das für eine der großen Metropolenzeitungen funktioniert, ist schwer zu sagen. Aber es könnte einige mittelgroße Tageszeitungen auf den regionalen Pressemärkten retten, die es im Moment schwer haben.

▌ *Was denken Sie, wie die Presselandschaft in zehn Jahren aussehen wird?*

Den künftigen Zeitungsmarkt sehe ich mit gemischten Gefühlen: Viele Unternehmen werden online gehen und dort mit Schlagzeilen, Service, Videos und Interaktivität ihr Geld verdienen. Die Druckausgabe der Zeitung wird aber auch dann noch die Möglichkeit bieten, dem Leser mit Analysen, Meinungen und Hintergründen einen tieferen Einstieg in die Materie zu verschaffen. Die Online- und Print-Edition werden sich wechselseitig ergänzen und die Leser können mithilfe von tragbaren Geräten über den gesamten Tag Nachrichten abrufen.

Joe Saltzman

Jahrgang 1939, ist Professor an der Annenberg School of Journalism, die zur University of Southern California gehört. 1974 gründete er dort die Abteilung für Rundfunk. Heute gilt sein wissenschaftliches Interesse in erster Linie der Darstellungen von Journalisten in der Populärkultur. Dazu richtete er im Jahr 2000 ein Forschungsprojekt an der University of Southern California ein. Saltzman ist zudem vielfach ausgezeichneter Journalist. Er begann seine Karriere als Zeitungsreporter und arbeitet ab 1964 in Los Angeles für den Fernsehsender CBS, wo er eine Reihe preisgekrönter Dokumentationen produzierte. Unter den Preisen, die er für seine Arbeit erhielt, befinden sich vier »Emmys«, vier«Golden Mikes« und ein University-duPont broadcast journalism award, dem im US-Rundfunk eine vergleichbare Bedeutung zugemessen wird wie dem Pulitzer-Preis in der Presse.

»Wer Subventionen gewährt, wird Druck ausüben«

Qualitätsjournalismus ist sein Geld wert: Der Journalist und Medienforscher an der University of Southern California, Joe Saltzman, spricht über Finanzierungsmöglichkeiten in der Nachrichtenbranche und erklärt, warum Beilhilfen selten funktionieren.

■ *Mr. Saltzman, Übernahmen von Qualitätszeitungen durch Me-*
dienmogule wie Murdoch oder Finanzinvestoren werden in der
Öffentlichkeit gern als Gefahr für den Qualitätsjournalismus
dargestellt. Sehen Sie die journalistische Unabhängigkeit dadurch
tatsächlich als gefährdet an?

Wenn Nachrichtenmedien in den Händen Weniger konzentriert
sind, besteht immer die Möglichkeit, dass die Agenda eines Unternehmens oder einer Person die Nachrichtenberichterstattung
beschneidet. Wettbewerb ist ein Weg, um sicherzustellen, dass
die Berichterstattung ausgewogen, korrekt und fair ist. Wenn ein
Unternehmen Nachrichtenmedien besitzt, kann es bestimmen,
über welche Ereignisse berichtet wird, wie über sie berichtet wird
und welche Aspekte hervorgehoben werden. Eines der größten
Probleme ist, dass gewisse Ereignisse, Leute, Ideen und Kommentare einfach von den Nachrichtenmedien ausgeschlossen werden,
wenn diese einem Unternehmen gehören, das gegensätzlichen
Meinungen nicht wohlwollend gegenübersteht.

■ *Das setzt aber voraus, dass die betreffenden Redaktionen vor ih-*
rer Verlagsleitung kuschen.

Genau darin besteht ein weiteres Problem, dass jede Redaktion auf
die ein oder andere Weise auf ihre Führung reagiert und schnell
herausfindet, was als akzeptable Praxis angesehen wird und was
nicht. Dies kann zu Selbstzensur führen und die Exaktheit und
Fairness der Nachrichtenberichterstattung zerstören. Ein großes
Unternehmen, das Nachrichtenmedien besitzt, übt auf verschiedene subtile oder weniger subtile Art Druck aus. Das kann zu einer
unausgeglichenen und unvollständigen Berichterstattung führen.

■ *Geben Sie der klassischen Zeitung angesichts dessen überhaupt*
noch eine Chance?

Für Zeitungen wird es immer einen Platz geben. Mit Zeitungen
meine ich regelmäßig erscheinende Publikationen, die die wichtigen Ereignisse des Tages zusammenfassen und dabei so vollständig

wie möglich über die Nachrichten berichten, die die Leute betreffen. Ob diese Zeitungen als Printausgabe Bestand haben oder nur noch elektronisch als täglicher Download einigen Abonnenten zur Verfügung stehen werden – das kann diskutiert werden. Aber irgendjemand muss die Nachrichten bereitstellen. TV, Radio und Internet sind stark abhängig von der Nachrichtenberichterstattung der klassischen Zeitungen rund um die Welt. Wo werden Berichterstattung und Information herkommen, wenn Zeitungen aufhören zu existieren?

▌ *Worauf sollten sich Zeitungen also besinnen?*

Lokale Nachrichten sind zum Beispiel immer ein guter Weg, eine Leser-Blatt-Bindung sicherzustellen und viele Lokalzeitungen werden ohne Zweifel überleben. Aber die Welt ist zu kompliziert und verflochten geworden; lokale Nachrichten reichen nicht mehr aus. Jedes Medium muss im globalen Dorf über alles berichten, will es effektiv sein.

▌ *Im Internet finden sich solche Informationen zuhauf – und kostenlos. Wieso also sollten Leser noch dafür zahlen?*

Es wird immer Bedarf an guter Berichterstattung und an solider, korrekter und fairer Information geben. Und die Leute werden immer bereit sein, für eine solche Dienstleistung zu bezahlen. Zeitungen und einige Magazine sind heute die einzigen, die dies leisten. Wer sonst kann die Ausstattung, das Wissen, die Mitarbeiter und die Fähigkeit für den Job bereitstellen? Zeitungen (und einige Zeitschriften) sind heutzutage die einzigen Medien, die dies bereitstellen. Wenn sie ersetzt werden sollen, muss es für ihren Ersatz eine vergleichbare finanzielle Basis, dasselbe Wissen, das Personal und die Fähigkeit geben, den Job richtig zu machen und das kostet eben.

■ *Das sieht aber angesichts der »Kostenlos-Kultur« im Internet mittlerweile etwas anders aus: Ist das traditionelle Geschäftsmodell Zeitung überholt?*

Seien wir doch ehrlich: Den meisten Zeitungen geht es immer noch ziemlich gut. Ihre Besitzer haben nur viel zu unrealistische Profiterwartungen an ihre Blätter. Die Besitzer von Lebensmittelläden würden Luftsprünge machen, könnten sie die Profitmargen der meisten Medien erreichen. Wenn Unternehmen, die Nachrichtenmedien besitzen, sich mit Profitmargen von weniger als zehn Prozent zufrieden geben könnten, würden Zeitungen als gesunde Anlage gelten. Aber die Unternehmen stehlen riesige Geldsummen von ihren Nachrichtenmedien und beschweren sich dann über die Schlussbilanzen. Das ist eines der realen Probleme der unternehmerischen Besitzverhältnisse in der Nachrichtenbranche.

»Diejenigen, die Subventionen gewähren, üben Einfluss auf Inhalte und Mitarbeiter aus.«

■ *Zusätzlicher Druck kommt aus dem Internet: Sind Dienste wie Google News aus Ihrer Sicht Gegner oder Verbündete im Wettstreit um Online-Kundschaft und -Erträge?*

Google News ist völlig immateriell. Es bezieht seine Informationen aus regulären Nachrichtenquellen wie AP und Zeitungen aus der ganzen Welt. Nimmt man diese Informationen weg, hört *Google News* auf zu existieren. Sie versuchen zwar eigene Quellen, Reporter und eine eigene Art des Nachrichtensammelns zu etablieren. Will Google jedoch irgendwann einmal die Tageszeitung ersetzen, muss es den Mustern der klassischen Zeitungen folgen und ein weltweites Netzwerk kompetenter und professioneller Journalisten, freier Korrespondenten, Schreiber und Kolumnisten aufbauen. Das wäre ein teurer Plan. Die Zeit wird Zeigen, ob Google damit Erfolg hat.

■ *Wenn ja, sehen Sie eine Notwendigkeit, die Qualitätspresse staatlich zu subventionieren?*

Beihilfen funktionieren selten. Diejenigen, die die Subventionen gewähren, üben üblicherweise Einfluss auf Inhalte und Mitarbeiter aus. Ob das nun Unternehmen, der Staat oder Stiftungen sind. Nur wenn die Subvention an keinerlei Bedingungen geknüpft ist und Jahr für Jahr eine gewisse Höhe garantiert ist, könnte man durch sie Zeitungen unterstützen, die in finanzielle Not geraten sind.

Stephen B. Shepard

Jahrgang 1939, ist Gründungsdekan der »Graduate School of Journalism« der City University of New York. Shepard war über zwanzig Jahre, bis 2005, Chefredakteur der wöchentlich erscheinenden Wirtschaftszeitschrift *Business Week*. Zuvor leitete er bei *Newsweek* das Inlandsressort und war Redakteur der Wochenzeitschrift *Saturday Review*. 1999 wurde Shepard in die »Hall of Fame« der American Society of Magazine Editors berufen und erhielt eine Reihe von Auszeichnungen, u. a. den »Gerald M. Loeb Foundation Lifetime Achievement Award« für Wirtschaftsjournalismus, den »Henry Johnson Fisher Award« und den »President's Award«. Von 1992 bis 1994 war Shepard Präsident der »American Society of Magazine Editors« und ist Mitglied des »Council on Foreign Relations«, des Auslands-Presseclubs, sowie der Gesellschaft »Century Association«.

»Bei Null beginnen«

Qualitätsjournalismus ist keine Fließbandproduktion: Stephen B. Shepard, Gründungsdekan der Graduate School of Journalism an der City University of New York sieht die Zukunft des Journalismus in Online-Zeitungen, teurerer Werbung und fähigem Nachwuchs.

Mr. Shepard, Sie haben im Jahr 2006 die Graduate School of Journalism ins Leben gerufen. Glauben Sie, dass dies der richtige Zeitpunkt war, um in die Journalistenausbildung zu investieren – immerhin geht dem amerikanischen Qualitätsjournalismus allmählich das finanzielle Rückgrat flöten?

Gerade weil sich die Branche in einer so schwierigen Übergangsphase befindet, war dies der richtige Zeitpunkt! Die Technologie verändert sich derzeit so radikal, dass es viel mehr zu lehren gibt als noch vor fünf oder zehn Jahren. Wir konnten bei der Planung der Schule und des Lehrplans bei Null beginnen, mit einem frischen Blickwinkel auf den Journalismus und mussten nichts Bestehendes ändern. Die Studenten haben wieder das Gefühl, dass es sich lohnt, noch einmal zur Schule zu gehen.

Ihre Worte klingen so, als sei das Schlimmste schon überstanden. Fakt ist aber, dass bei vielen Zeitungsverlagen die drakonische Spar- und Entlassungswelle gerade erst losgeht…

Es ist absehbar, dass Zeitungen, wie wir sie kennen, verschwinden werden. Eine Zukunft ohne gedruckte Zeitung ist durchaus realistisch – aber das bedeutet ja noch lange nicht das Ende des Journalismus. Wir haben hunderte Möglichkeiten, einen zukunftsfähigen Journalismus zu betreiben – einen multimedialen Journalismus, einen interaktiven Journalismus, einen Journalismus, der das Publikum mit einbezieht. Dieser neue Journalismus wäre ein Prozess, nicht mehr nur ein Produkt, er würde zu einem Gespräch zwischen Produzenten und Nutzern.

»Journalismus mit Fließbandproduktion gleichzusetzen, ist eine fundamentale Verkennung dessen, was er sein kann und sein sollte.«

Sehen Sie die zunehmenden »Laienjournalisten« im Internet eher als Nutzen oder Last für den Qualitätsjournalismus?

Bürgerjournalismus und Bürgerbeteiligung können sehr nützlich sein, es gibt aber natürlich auch Risiken: Die Hintergrund-Story, die investigative Recherche, für die der traditionelle Journalismus einsteht, sind bedroht, wenn Journalismus nur noch auf dem Handy oder dem Computer konsumiert wird – denn dort ist kein Platz für lange, tiefgehende Geschichten.

▌ *Welche Gefahr geht vom Einstieg der Finanzinvestoren oder branchenfremden Großunternehmern wie dem Immobilienmagnaten Sam Zell in den US-Zeitungsmarkt aus?*

Ich weiß nicht, was Sam Zell mit der Zeitungsbranche vorhat. Aber jeder, der denkt Qualitätsjournalismus beschränke sich aufs Wörterzählen, hat nichts kapiert. Zell misst journalistische Produktivität offenbar daran, wie viel einzelne Journalisten schreiben. Er kümmert sich nicht um Inhalte oder die Qualität einer Story. Journalismus mit Fließbandproduktion gleichzusetzen, ist eine fundamentale Verkennung dessen, was er sein kann und auch sein sollte.

▌ *Welche US-Qualitätsblätter werden überleben, welche verschwinden?*

Was passieren wird, ist, dass kleine Zeitungen nicht nur überleben, sondern prosperieren. Derzeit gibt es einen Trend in den USA hin zu so genannten »Community Papers«. Die sind wirtschaftlich gesund und wachsen. Nicht zufällig hat Rupert Murdoch vor einigen Monaten zwei Verlage gekauft, die solche Zeitungen herausgeben. Die kleinen Zeitungen werden also am Ende ironischerweise die sein, die besser gestellt sind. Es sind die mittelgroßen Zeitungen in den mittelgroßen Städten, die große Schwierigkeiten haben werden.

»Google und Yahoo werden den Inhalte-Produzenten künftig mehr zahlen müssen.«

▌ *Wie kann es für diese mittelgroßen Blätter weitergehen?*

Viele dieser Zeitungen müssen sich auf den Lokaljournalismus besinnen. Dort sind ihre Marken fest verankert, dort verfügen sie über Kontakte und niemand wird ihnen dort das Revier streitig machen. Vermutlich werden sie ihre eigene nationale und internationale Berichterstattung zurückfahren und diese Inhalte stattdessen von der *New York Times* oder von Agenturen wie AP oder Reuters übernehmen. Die großen überregionalen Zeitungen profitieren von dieser Entwicklung: Sie werden Geld damit verdienen, dass sie ihre Kultur- und Politikberichterstattung an jene Zeitungen verkaufen, die ihre nationale Berichterstattung und ihre Auslandsbüros aufgeben.

▌ *Gibt es überhaupt Geschäftsmodelle für Zeitungen im Internet, mit denen langfristig Geld verdient werden kann?*

Die Frage nach künftigen Geschäftsmodellen ist das Schlüsselthema. Denn der derzeitige Wandel vollzieht sich nicht ausschließlich auf der technischen Ebene, von Druckerschwärze hin zu digitaler Verbreitung. Gleichzeitig erodiert das alte Geschäftsmodell: Zeitungen im Internet sind kostenlos oder zumindest für einen Bruchteil der Kosten der Druckausgabe zu bekommen. Die Werbe- und Verkaufserlöse für gedruckte Zeitungen gehen zurück, während die Einnahmen aus dem Online-Geschäft diese Verluste nicht ausgleichen können. Wir planen derzeit das Center for Journalistic Innovations, wo es um neue Produktideen und Geschäftsmodelle für den Journalismus geht.

▌ *Aber woher sollen die Einnahmen kommen, wenn die traditionellen Geschäftsmodelle der Zeitungen nicht mehr funktionieren?*

Es gibt natürlich Online-Werbung, aber auf tausend Mediennutzer gerechnet erlöst sie viel weniger als im Print oder beim Rundfunk. Die wichtige Frage besteht darin, wo künftig das Geld für Qualitätsjournalismus herkommen soll. Für mich gibt es für dieses Problem nur eine Lösung: Die Preise für Werbung müssen steigen und diejenigen, die Inhalte der Qualitätsblätter nutzen, müssen dafür in irgendeiner Weise bezahlen. Auch Suchmaschinen wie

Google und Yahoo werden den Inhalte-Produzenten künftig mehr zahlen müssen.

▪ *Wird dann nicht die Kombination aus Print- und Onlineprodukt auf absehbare Zeit das einzige Überlebensmodell der Presse bleiben?*

Das sehe ich so, ja. Die *New York Times* wird in den kommenden Jahren wohl kaum ihre Druckausgabe einstellen. Auf kurze Sicht werden wir also weiterhin Hybride produzieren: Einiges liest man online, einiges in der Zeitung. Schlussendlich wird es aber auf die Online-Zeitung hinauslaufen, denn sie ist praktischer. Ich lese beispielsweise nie den *Kansas City Star*, aber wenn dort etwas erscheint, das mich interessiert, bekomme ich es durch das Internet automatisch mit.

»Wir wählen nicht zwischen alten und neuen Medien, wir lehren traditionellen Journalismus!«

▪ *Warum sind die Werbeeinnahmen im Internet so gering – schließlich könnten nach der Long-Tail-Theorie durch gezielte Platzierung von Werbung mehr Waren abgesetzt werden?*

Unternehmen können heute praktisch überall werben. Früher gab es in Kleinstädten höchstens zwei Zeitungen und wenn ein Kaufhaus eine Anzeige schalten wollte, kam es an einem der beiden Blätter nicht vorbei. Heute gibt es unzählige Möglichkeiten. Zudem verbringen Leute, die Zeitung lesen, viel mehr Zeit mit diesem Medium. Bei *Business Week* haben wir ständig Leserbefragungen durchgeführt, mit dem Ergebnis, dass Leser wöchentlich im Schnitt sechzig bis neunzig Minuten mit der Lektüre der *Business Week* verbringen. Dagegen verbringen sie nur sechs Minuten auf der Website von *Business Week*. Was sollten Werbetreibende daran wertvoll finden?

▪ *Wie gehen Sie in der Journalistenausbildung mit dieser Ambiguität von traditionellen und Online-Medien um?*

Wir wählen nicht zwischen alten und neuen Medien, wir lehren traditionellen Journalismus! Das bedeutet: tiefgehende Berichterstattung, gutes Schreiben und die Fähigkeit, lange wie kurze Storys erzählen zu können. Wir lehren außerdem Interaktivität, Rundfunk, Video und Audio. Wir lehren alles, denn es wird durch neue Hybridmodelle für Journalisten notwendig sein sowohl ein Video zu machen, als auch auf die Straße zu gehen, mit einer Fotostrecke fürs Web zurückzukommen oder ein längeres Stück zu schreiben.

▊ *Müssen sich Journalisten also auch handwerklich zu Allroundern entwickeln?*

Ja, sie müssen beides beherrschen: Das traditionelle Schreiben und die technische Seite, also Bilderstrecken, Interaktivität, Video. Wir akzeptieren keine Trennlinien.

> »Das Bedürfnis nach Informationen, Verständnis und Selbstbestimmung wird nicht verschwinden. Und genau deshalb wird auch der Journalismus nicht verschwinden.«

▊ *Auch Ihre Studenten lernen das Bloggen. Denken Sie, dass angesichts des immer größer werdenden Einflusses von Blogs in den USA überhaupt die Möglichkeit einer friedlichen Koexistenz zwischen Journalisten und Bloggern besteht?*

Natürlich, weil erstens viele Journalisten auch bloggen und kommentieren. Zweitens gibt es da draußen Blogger, die beachtliche journalistische Fähigkeiten entwickeln. Und dann gibt es drittens Blogger, die man als »Bürgerjournalisten« bezeichnen würde – Augenzeugen, die etwas sehen und darüber berichten. Je spezieller ein Thema ist, desto eher sind Blogger gefragt. Die Aufmerksamkeit liegt momentan aber bei den politischen Blogs. Politik ist natürlich auch ein Spezialgebiet, aber eines, zu dem jeder eine Meinung hat.

▊ *Wie schätzen Sie das Risiko ein, dass Blogger irgendwann den klassischen Journalismus verdrängen?*

Die Stärken des Bloggens sind Verweise und Verknüpfungen zu anderen Informationsangeboten. Ich finde, auch Zeitungen sollten sich stärker auf die Möglichkeit besinnen, einen normalen Artikel mit Daten, Statistiken und Hintergründen anzureichern. Was das Verhältnis zwischen Blogs und Journalismus angeht: Heute bieten sich mehr Möglichkeiten denn je, Journalismus zu betreiben. Aber auch schon im traditionellen Journalismus konnte man als Journalist zwischen den 25 Hauptformen wählen. Durch Video, Audio, Multimedia und alle möglichen Mischformen haben wir nun eben eine Auswahl von 250 Varianten.

❙ *Sie scheinen selbst ein wenig zwischen Euphorie und Defätismus zu schwanken...*

Wir werden journalistisch gesehen alle möglichen Wege verfolgen und integrieren müssen. Dann werden wir sehen, ob der Leser und die Werbetreibenden bereit sind, dafür zu zahlen. Die Anzeigenpreise müssen ja gar nicht so hoch sein wie beim Print, weil die Kosten online viel geringer sind. Bei der *Business Week* haben wir die größten Ausgabeposten immer »die drei P's« genannt: Print it, Post it und Paper. Zusammen waren sie teurer als die Redaktion. All dies verschwindet in der Online-Welt. Ich denke, wenn Zeitungen Qualitätsinhalte für die elektronische Verbreitung produzieren, diese mit Audio- und Videoangebote anreichern und mit externen Blogs verlinken, kann ein Paket entstehen, für das Leute bereit sein werden, Geld auszugeben.

❙ *Also abschließend eine positive Prognose für den Journalismus?*

Ich bin überzeugt, dass sich neue Finanzierungsmechanismen finden werden – denn das Bedürfnis nach Informationen, Verständnis und Selbstbestimmung wird nicht verschwinden. Und genau deshalb wird auch der Journalismus nicht verschwinden.

Paul E. Steiger

Jahrgang 1942, ist Gründer der unabhängigen Journalistenorgani-
sation *ProPublica* und ehemaliger Chefredakteur des *Wall Street
Journal*. Seine journalistische Karriere begann 1966 als Reporter
im Büro des *Wall Street Journal* in San Francisco. 1968 wechselte
er zur *Los Angeles Times*. 1983 kehrte er zum Wall Street Journal
zurück, wo er 1991 Chefredaktor wurde. Steiger wurde vielfach
ausgezeichnet, etwa mit zwei John Hancock Awards für hervor-
ragende Wirtschaftsberichterstattung. Neben seinem Engagement
für *ProPublica* ist Steiger Vorsitzender des Committee to Protect
Journalists (CPJ), einer Organisation, die sich weltweit für Presse-
freiheit einsetzt. Die auf investigativen Journalismus spezialisierte
Redaktion *ProPublica* mit Sitz in Manhattan nahm Anfang des
Jahres 2008 ihre Arbeit auf. Gefördert wird die unabhängige Organisation *ProPublica* hauptsächlich mit Mitteln einer Stiftung der
US-Milliardäre Herbert und Marion Sandler.

»Wir schauen dorthin, wo es Machtmissbrauch gibt«

Qualität im Journalismus braucht tatkräftige Unterstützung: Was sich mit unabhängigen Förderinitiativen bewirken lässt, erklärt der Leiter der Organisation *ProPublica* und ehemalige Chefredakteur des *Wall Street Journal* Paul E. Steiger.

■ *Mr. Steiger, Sie waren während mehrerer Jahre Chefredaktor des Wall Street Journals. Anfang Januar 2008 übernahmen Sie die Leitung des unabhängigen Redaktionsbüros ProPublica in Manhattan, das unter anderem von der Sandler-Stiftung mit zehn Millionen Dollar jährlich gefördert wird. Wie wollen Sie den Qualitätsjournalismus retten?*

So hoch haben wir unsere Ziele nicht gesteckt. Wir sehen uns selbst nicht als die Retter des Qualitätsjournalismus. Wir wollen vielmehr versuchen, die Lücke zu schließen, die sich in den USA wegen des rapiden Strukturwandels aufgetan hat, vor allem mit Blick auf die Großstadt-Zeitungen. Speziell diese Blätter wurden durch den Aufstieg des Internets hart getroffen.

■ *Welche Veränderungen bewirkte das Internet?*

Wie Sie wissen, kann man im Internet alles bekommen: Sport, Wetter, Wirtschaftsinformationen, nationale und internationale Nachrichten, vor allem Meinungen und das, was ich »Erzählungen über Promis« nenne. Das alles bekommen Sie schneller und in größerer Menge als je zuvor. Zwei Bereiche wurden dadurch schwer in Mitleidenschaft gezogen: die Auslandkorrespondenz und der investigative Journalismus.

■ *Warum ausgerechnet diese beiden Bereiche?*

US-Zeitungen genossen bis vor kurzem eine historisch einzigartige Monopolstellung in ihrer Region: Sie dominierten den Werbemarkt für Druckerzeugnisse, und es zahlte sich für sie aus, in Qualität zu investieren, weil sich die Zugangsbarrieren zum Markt noch erhöhten. Als das Internet ihr Geschäftsmodell zerstörte und die Zeitungen mit ansehen mussten, wie erst ihre Leser und nun ihre Werbekunden ins Netz abwandern, mussten sie die Kosten senken. Als Erste davon betroffen sind nun einmal die Auslandsberichterstattung und der investigative Journalismus.

»Man kann die Uhr nicht mehr zurückdrehen.«

■ *Das Internet ist also an allem schuld?*

Ja, genau. Früher hat man sich eine Zeitung gekauft, um sein Bedürfnis nach Neuigkeiten zu befriedigen. Wenn man wissen wollte, was bei den neuesten Sportereignissen oder auf den Finanzmärkten passiert ist oder wie die Aktien stehen, griff man zur Zeitung. Wenn man einen Überblick über nationale und internationale Nachrichten haben oder etwas über das Wetter wissen wollte, befragte man die Zeitung. Zeitungen waren so etwas wie ein Kaufhaus für Informationen. Aber was uns das Internet eröffnete, sind Nachrichten rund um die Uhr: Wenn man sich vor allem für Sport interessiert, kann man bereits in der Nacht vorher auf die Endergebnisse zugreifen oder wann immer man will. Wenn man sich für Politik interessiert, kann man sich zuerst alle abgedrehten politischen Meinungs-Blogs durchlesen, aber auch die aktuellen Tickermeldungen – und das alles auch noch kostenlos. Diese Möglichkeiten haben die Beziehung zwischen Zeitung und Publikum grundlegend verändert.

■ *Welche Rolle spielt die Suchmaschine Google in der veränderten Medienumwelt?*

Google leitet Sie schneller zu den Bereichen, die Sie interessieren. Google muss dabei nicht einen einzigen Cent ausgeben, um an Informationen heranzukommen. Es steht ja alles im Netz! Aber Google macht es zu Geld. Hätten die Großstadt-Zeitungen schon damals gewusst, was sie heute wissen, hätten sie wahrscheinlich nie zugelassen, dass ihre Angebote kostenlos im Web zu haben sind. Aber sie haben es nun einmal getan, und jetzt kann man die Uhr nicht mehr zurückdrehen.

■ *Wie arbeiten Sie bei ProPublica, und was unterscheidet Sie vom Center for Investigative Reporting oder vom Pulitzer Center on Crisis Reporting?*

Sie könnten noch das Center for Public Integrity hinzufügen, das seinen Sitz ebenfalls in den Vereinigten Staaten hat. Zunächst: Wir stehen noch ganz am Anfang, das heißt, wir – Geschäftsführer Stephen Engelberg und ich – picken gerade unsere künftigen Mitarbeiter unter den über 850 Bewerbern heraus. Wir versuchen so etwas wie die »hot 100« auszusortieren, diese dann auf die »hot 50« zu reduzieren, um schließlich unsere 22 Stellen zu besetzen. Ich hoffe, dass wir Philanthropen und amerikanische Stiftungen für dieses Thema sensibilisieren können. Speziell bei uns ist, dass wir einen kompletten Newsroom aufbauen. Mit älteren und erfahrenen sowie jüngeren Reportern werden wir versuchen, unsere Arbeitskultur zu entwickeln. Wir haben nicht nur die Möglichkeit, etliche Reporter gleichzeitig an unterschiedlichen Orten recherchieren zu lassen, sondern auch die Fähigkeit, zwei bis vier Reporter von woanders abzuziehen und auf eine einzige Story anzusetzen, sobald sich diese viel versprechend entwickelt. Das erlaubt es uns, Recherchen sehr früh zu veröffentlichen.

▋ *Ist das Hauptziel von ProPublica, einen klassischen Newsroom zu unterhalten?*

Ja, aber doch anders, weil unsere Hauptverbindung zur Öffentlichkeit das Internet sein wird: Wir werden jeden Tag einen Blog-Beitrag veröffentlichen, der die Recherchen anderer Journalisten zusammenfasst. Wir werden sowohl in den USA als auch weltweit nach investigativen Geschichten Ausschau halten, von denen wir denken, dass sie publikationswürdig sind. Und wir werden die Recherchen anderer Kollegen kommentieren und vielleicht in zwei oder drei Fällen pro Tag diese selbst überprüfen. Mein Ziel ist es, in den ersten drei bis sechs Monaten bis zu einem halben Dutzend Reporter pro Tag darauf anzusetzen, Bloggern dabei zu helfen, Storys ausfindig zu machen. Damit verbindet sich unsere Hoffnung, dass uns die Leute nach einem halben Jahr ihre investigativen Recherchen anvertrauen und uns E-Mails schicken, so dass es einfacher für uns ist etwas durch diese Leute zu erfahren. Der Hauptunterschied zwischen uns und einem traditionellen Newsroom besteht also darin, dass wir stärker Internet-orientiert arbeiten werden.

■ *Werden Sie Ihre Rechercheergebnisse auch anderweitig veröffent-*
lichen?

Wenn unsere längeren Geschichten zu 80 bis 85 Prozent fertig gestellt sind, bieten wir sie auch existierenden Plattformen zur Veröffentlichung an. Das könnte eine Zeitung sein, eine Zeitschrift, eine
Fernsehsendung oder eine andere Website. Wir werden unsere
Storys zeitlich begrenzt, aber exklusiv anbieten. Die jeweiligen
Medien müssen uns nichts zahlen. Wir unterstützen sie gewissermaßen bei ihrer redaktionellen Arbeit, auch wenn wir natürlich
nicht zulassen werden, dass die Story in eine bestimmte Richtung
gedreht wird, mit der wir nicht einverstanden sind. Wenn wir uns
darüber verständigen können, welche Aussage die Geschichte haben soll, überlassen wir den Betreffenden gerne die Story für einen
oder zwei Tage exklusiv. Danach ist es uns überlassen, die Story
auf unsere eigene Website zu stellen und sie eventuell weiterzube-
arbeiten.

»Ich finde es interessant, dass viele genauso ums Geldverschenken kämpfen, wie sie es beim Geldverdienen
getan haben.«

■ *Glauben Sie, dass staatliche Subventionen angesichts der wirt-*
schaftlichen Schieflage der Qualitätspresse notwendig sind?

Im Prinzip habe ich nichts dagegen. Angesichts des Überflusses
an Informationen im Web dürfte es für Regierungsinstanzen allerdings sehr schwierig werden, ihre Bürger davon zu überzeugen,
dass höhere Steuern erhoben werden sollen, um den Journalismus
zu fördern. Wenn man aber gute Argumente findet, um die Leute
davon zu überzeugen, habe ich generell keine Einwände.

■ *Welche alternativen Modelle gibt es?*

Die Förderung durch Mäzene und private Spender klingt für mich
Erfolg versprechender als staatliche Subventionen. Nicht nur in
den USA wurden in den vergangenen zehn bis fünfzehn Jahren
enorme Privatvermögen angehäuft. Einige dieser Leute wollen

dieses Geld spenden. Ich finde es interessant, dass viele genauso ums Geldverschenken kämpfen, wie sie es beim Geldverdienen getan haben.

▌ *Was halten Sie von Kooperationen zwischen Zeitungsverlagen und öffentlichen Fernsehsendern, wie sie hierzulande derzeit verhandelt werden?*

Ich weiß darüber nicht sehr viel, aber es hört sich ganz gut an. Ich frage mich allerdings, wie sich die andern Zeitungsverleger dabei fühlen, wenn einer der ihren von einem staatlich geförderten Video-Blog profitiert.

▌ *Wären solche Kooperationen in den Vereinigten Staaten denkbar?*

Ja. Bis zu einem gewissen Maß geschieht das schon. Es gab etwa kleinere Kooperationen zwischen dem öffentlichen Fernsehen und der *New York Times*.

▌ *ProPublica wird vor allem über das Internet publizieren. Können Sie sich vorstellen, dass Journalisten irgendwann vollständig auf Online-Journalismus umsatteln?*

Nein, das denke ich nicht. Zugegeben, Elektronen bieten wirklich eine Reihe von Vorteilen, um Nachrichten zu vertreiben: Die Kapazität ist immens, die Geschwindigkeit ist enorm, und die Flexibilität ist riesig. Aber Print bietet den Vorteil, dass es einen Anfang, eine Mitte und ein Ende gibt. Sie können Zeitungen überall mit hinnehmen, und sie sind so etwas wie eine abgeschlossene Gebrauchsanleitung, die Sie über alles Wichtige informiert – im Gegensatz zum Internet, wo es immer noch etwas gibt, das Sie anklicken können. Zudem werden Sie von gedruckten Zeitungen eher auf etwas aufmerksam gemacht, von dem Sie gar nicht wussten, dass es Sie interessiert.

▊ *Hat die gedruckte Zeitung trotz allen technologischen Hemmnissen weiterhin eine Chance?*

Vieles deutet darauf hin, dass Printerzeugnisse noch eine ganze Weile eine Rolle spielen. Momentan sind ihre Erlöse ja auch noch sehr viel höher als jene aus dem Online-Geschäft, zumindest in den USA.

▊ *Machen Blogger den professionellen Journalisten über kurz oder lang Konkurrenz?*

Blogger sind eine sehr wertvolle Ergänzung für uns, aber kein Ersatz für professionellen Journalismus. Ich mag es, wenn Blogger im Mediengeschehen mitmischen. Aber es gibt Dinge, die nur ausgebildete Journalisten mit einer starken Organisation im Rücken herausfinden und veröffentlichen können.

▊ *Stellen Finanzinvestoren eine Bedrohung für den Qualitätsjournalismus dar?*

Private Equity und auf Übernahmen spezialisierte Firmen sind für mich so etwas wie die Bakterien der Geschäftswelt: Wenn etwas ohnehin schon fast tot ist, zerkauen sie es, entsorgen es und führen es sozusagen wieder der Umwelt zu. Das ist das eine. Aber Private Equity unterstützt auch neue Dinge und stellt eine positive Kraft in der Gesellschaft dar. Ich bin mir nicht sicher, ob die Renditen für Private-Equity-Firmen noch so hoch sein müssen, wie sie bisher waren.

»Zeitungen bieten etwas sehr Wertvolles, das man anderswo nicht herbekommt.«

▊ *Werden Qualitätsblätter künftig nur noch Statussymbole einer Elite sein – so genannte »Totem Newspapers«, wie Tom Wolfe sie nannte?*

Es kommt drauf an. Ich persönlich glaube, dass Zeitungen verschwinden könnten, weil sie sich der neuen Realität anpassen müssen. Das Print- und Online-Publikum ist zusammengenommen riesig – und es wächst sogar noch. Es ist also absurd zu behaupten, dass die Leserschaft schwindet. Die Frage ist eher, ob die Organisationen, die die Berichterstattung liefern, eine Möglichkeit finden, schwarze Zahlen zu schreiben, sprich: Werden sie genug Geld verdienen, um zu überleben und zu expandieren? Oder wird jemand daherkommen, der die gleiche Dienstleistung mit einem schlankeren Geschäftsmodell anbietet? Meiner Ansicht nach wird das passieren, weil es eine nützliche Dienstleistung ist, von der nicht nur eine kleine Elite Gebrauch machen wird. Das Web demokratisiert diesen Prozess ja gerade.

■ *Verschwinden am Ende also doch die Papierzeitungen, während der Qualitätsjournalismus erhalten bleibt?*

Hierzu eine Anekdote: Heute Morgen, als ich in Berlin eintraf, wollte ich noch schnell aktuelle Informationen über die Vorwahlen in den USA lesen. Also habe ich mir einige Blogs durchgelesen, habe mir den Online-Auftritt der *Los Angeles Times* angesehen und lande plötzlich auf der Seite eines TV-Senders, ich glaube es war CBS. Dort habe ich einen großartige Reportage gelesen und dachte: Mein Gott, CBS hat wirklich gute Leute, die es verstehen, eine richtig gute Story zu schreiben. Dann habe ich mir jedoch die Autorenzeile angesehen und bemerkt, dass der Text von der *Washington Post* kommt. Das zeigt mir: Zeitungen, diese Dinosaurier unter den Nachrichtenmedien, bieten etwas sehr Wertvolles, das man anderswo nicht herbekommt. Der Kniff ist nur, dass sie oder jemand anderes noch herausfinden müssen, wie man das perfektioniert, aber auch genug Geld damit verdient.

■ *Beim Start von ProPublica überraschten Sie die US-Medienbranche: Zusammen mit der CBS-Sendung 60 Minutes berichteten Ihre Reporter Ende Juni 2008, dass es bei dem von den USA finanzierten arabischsprachigen Nachrichtensender al-Hurra Missmanagement, Korruption und antisemitische Äußerungen gab. Wie waren die ersten Reaktionen?*

Es gab eine enorme Resonanz. Bereits zwei Tage nach der Aus-
strahlung von *60 Minutes* publizierten unsere Reporter Dafna
Linzer und Paul Kiel eine längere Geschichte auf unserer Website.
Darin geht es insbesondere um einen Al-Hurra-Journalisten, der
in einem Bericht über die Holocaust-Leugner-Konferenz in Te-
heran erklärt hatte, dass diejenigen, die behaupteten, es habe den
Holocaust gegeben, keine guten Beweise vorgelegt hätten. Als der
US-Kongress davon erfuhr, forderte er die Entlassung des Journalisten – was al-Hurra zusicherte. Wir fanden heraus, dass der
Mann immer noch dort arbeitete. Erst als wir nachhakten, wurde
er gefeuert. Außerdem spielte man uns kürzlich eine Liste mit Namen von Leuten zu, die von al-Hurra geschmiert wurden. Neben
Lobbyisten und früheren Mitgliedern der Bush- und der Clinton-
Administration waren auch Journalisten auf der Liste. Besonders
verwerflich daran ist, dass Al-Hurra ja praktisch der amerikanischen Regierung gehört, so dass hier eindeutig politische Korruption im Spiel ist. Ich denke, dass die Story deshalb noch einige
Wellen in Washington schlagen wird und ich bin mir sicher, dass
der Kongress demnächst mehrere Hearings abhalten wird.

▮ *Wie viele Journalisten arbeiteten an dieser Story?*

Im Wesentlichen unsere Reporterin Dafna Linzer und ein Prakti-
kant, später kam Paul Kiel hinzu. Für 60 Minutes stellte CBS ein
exzellentes Redaktionsteam zusammen.

▮ *Die Idee kam von ProPublica?*

Genau.

▮ *Wird 60 Minutes im Al-Hurra-Skandal auch weiterrecherchie-
ren?*

In Bezug auf al-Hurra werden wir die Anschlussberichte selber
anfertigen. Diese Geschichte ist zu klein für *60 Minutes*. Aber
bisher wurde alles, was wir veröffentlichten, auf bemerkenswerte
Weise im Internet aufgegriffen. Die Story mit den Journalisten, die

Geld von al-Hurra annahmen, wurde zum Beispiel prominent bei *Romenesko* behandelt …

■ *… dem Blog des Poynter-Instituts, einer Organisation in Florida, die sich mit der Qualität im Journalismus befasst.*

Der Autor von *Romenesko* sammelt alles, was die Medienbranche umtreibt. Häufig werden ihm interne Papiere zugespielt. Jeder amerikanische Journalist liest morgens *Romenesko*, um beim Branchenklatsch mitreden zu können. Dass dort sowohl über die *60 Minutes* -Sendung als auch über unsere Journalistenliste berichtet wurde, hat uns sehr geehrt.

»Häufig decken Rechercheteams eine Geschichte auf und gehen dann zum nächsten Thema über.«

■ *Sie selbst betreiben ja auch eine Art Blog auf der Website von ProPublica …*

Genau. Neben unserer Kernaufgabe, der Recherche, fassen wir in einer Art Blog, den wir *scandal watch* nennen, investigative Berichte anderer Medien zusammen, stellen sie in einen Zusammenhang, schlagen daran anschließende Recherchen vor oder führen diese selber durch. In den Vereinigten Staaten gibt es einen enormen Mangel an weiterführender Berichterstattung. Häufig decken Rechercheteams eine Geschichte auf und gehen dann zum nächsten Thema über. Journalisten anderer Medien wollen wiederum lieber ihre eigenen Storys verfolgen, als über die Recherchen ihrer Kollegen zu berichten. Dadurch verläuft vieles im Sande.

■ *Konzentrieren Sie sich auf gewisse Bereiche?*

Wir konzentrieren uns vor allem auf Regierung und Wirtschaft, wo naturgemäß die mächtigsten Personen und Organisationen zu finden sind. Wir richten unser Augenmerk aber auch auf Gewerkschaften, das Schul- und Universitätssystem, die Gerichte, den Gesundheitssektor, Non-Profit-Organisationen und die Medien.

Also überall dorthin, wo es Machtmissbrauch gibt. Thematisch nahe liegend sind dabei sicherlich Korruption, Energie- und Umweltfragen sowie die Reaktion auf terroristische Bedrohungen, die dazu führt, dass amerikanische Institutionen amerikanisches und internationales Recht verletzen.

▌ *Halten Sie es für möglich, dass manche Medien Ihre Kooperationsangebote ausschlagen?*

Das halte ich durchaus für möglich, und ich würde das auch verstehen. Besonders mit Blick auf die Presse. Das liegt daran, dass Zeitungen gegenüber ihren Kunden den investigativen Journalismus als wichtigen Teil des Auftrags verkaufen. Außerdem haben viele Blätter spezialisierte Reporter. Es ist also unerheblich, mit welchen Themen man auf sie zugeht, immer wird sich mindestens eine Person auf den Schlips getreten fühlen. Außerdem besteht die Sorge, die eigene Marke werde verwässert, wenn man Geschichten von Dritten bringt. Allerdings könnte ich die betreffende Story ja auch der Konkurrenz anbieten. Die Dynamik wirkt also in beide Richtungen, und wenn sich jemand entscheidet, aus Rücksicht auf seine Mitarbeiter nicht mit uns zusammenzuarbeiten, ist das okay. Ich sehe jedenfalls keine Probleme, Kooperationspartner zu finden.

> »Ein halbes Dutzend hat bereits einen Pulitzerpreis, aber ich würde tippen, dass eines Tages weitere sechs bis zehn unserer Reporter einen bekommen werden.«

▌ *Wie reagierten Ihre beim Start von ProPublica Journalistenkollegen?*

Es gab durchweg sehr positive Rückmeldungen. Bisher konnten wir ja noch gar keine Fehler machen. Die werden aber möglicherweise passieren. Man muss außerdem berücksichtigen, dass wir personell noch nicht voll besetzt sind. Es wird bis Mitte August dauern, bis alle angeheuert sind. Wir werden dann 26 Journalisten beschäftigen, davon 17 Reporter.

■ *Sie sagten, es hätten sich für die 26 Stellen über 1300 Bewerber gemeldet …*

Ja, unglaublich, nicht? Wir hätten unseren Newsroom ausschließlich mit Pulitzerpreisträgern besetzen können. Aber das wäre nicht in meinem Sinne gewesen. Nicht jeder im Team kann Stürmer sein, sonst brauchte man elf Bälle. Man braucht auch Verteidiger und Aufbauer. Wir stellten daher ein Team von Personen zusammen, die alle sehr talentiert sind, aber unterschiedliche Fähigkeiten mitbringen. Der älteste Reporter ist 61, der jüngste 24. Ein halbes Dutzend hat bereits einen Pulitzerpreis, aber ich würde tippen, dass eines Tages weitere sechs bis zehn unserer Reporter einen bekommen werden. Wir wollten Leute aus dem ganzen Land zusammenbringen, damit sie voneinander lernen. Sie sollen nicht nur wissen, wie man eine gute Story schreibt, sondern auch in Theorie und Praxis das weiterentwickeln, was wir als unsere Mission erachten. Dazu braucht man Teamspieler.

■ *Was entgegnen Sie jenen, die das gemeinnützige Geschäftsmodell von ProPublica kritisieren?*

Zunächst einmal, dass das Ehepaar Sandler sich entschied, Recherchejournalismus mit jährlich zehn Millionen Dollar zu unterstützen. Mit dieser Entscheidung haben sie Weitblick bewiesen, denn sie wurde bereits 2006 getroffen, als die Lage noch nicht so düster war wie heute. Man muss sich die Lücke ansehen, die *ProPublica* schließen will: Da geht es gar nicht um die »super big media« wie ABC, CBS oder die *New York Times*. Die werden weiterhin investigative Teams aufrechterhalten. Es geht um mittelgroße Zeitungen wie *Des Moines Register, Denver Post, Miami Herald* oder *Philadelphia Inquirer*. Diese Blätter hatten sich seit den 1960er Jahren um den investigativen Journalismus verdient gemacht, und sie verfügten über ein weltweites Korrespondentennetz. In genau diesen beiden Bereichen wurde massiv gespart.

■ *Werden diese Einschnitte auch auf uns Europäer zukommen?*

Der Grund für die jetzigen Probleme liegt in der Konkurrenz durch das Internet. Daher denke ich, dass dieser Trend auch auf die eine oder andere Weise Europa erreicht. Der Strukturwandel ist schon jetzt deutlich spürbar. Vor dem Internet war die Tageszeitung das einzige Medium, das uns mit Nachrichten versorgte und über ein oberflächliches Niveau hinausging. Wer an Finanzwirtschaft interessiert ist, hat aus der Zeitung mehr Informationen erhalten, als wenn er den ganzen Tag lang Wirtschaftsfernsehen geschaut hätte. Zeitungslesen war unabdingbar. Heute kann man im Internet von morgens bis Mitternacht alle möglichen Finanzinformationen recherchieren, ohne zweimal auf das gleiche Dokument zu klicken. Dasselbe gilt für Sport, Politik oder Wetter. Entsprechend entwickelt sich die Zeitung von etwas Notwendigem zu etwas, dessen Vorteil darin liegt, Nachrichten einfach nur in einem praktischen Format anzubieten.

Mitchell Stephens

Jahrgang 1949, lehrt als Professor für Journalismus und Massenkommunikation an der New York University. Stephens ist außerdem Publizist und historischer Berater des »Newseums«. Zu seinen bekanntesten Büchern über Journalismus und Medien zählen »A History of News« (1988), ein Klassiker der amerikanischen Kommunikationsforschung, und »The Rise of the Image, the Fall of the World« (1998). Sein nächstes Buch »Without Gods: Toward a History of Disbelief« befasst sich mit der Geschichte des Atheismus. Stephens schreibt regelmäßig journalistische Artikel, unter anderem für die *New York Times*, das *Los Angeles Times Magazin*, *Journalism Quaterly*, »Chicago Tribune« und die *Washington Post*.

»Die Zukunft gehört den Multi-Spezialisten«

Exklusivität, Enthüllungen, Expertise: Mitchell Stephens, Professor für Journalismus und Massenkommunikation an der New York University (NYU) begreift den Wandel von Print zu Online nicht als Weltuntergang – sondern als Privileg.

▌ *Mr. Stephens, seit März 2007 betreibt der ehemalige Printjourna-*
list Paul Gillian den Blog Newspaper Death Watch. Auf Gillians
»Todesuhr« stehen bereits neun Zeitungen, die ihre Printausgabe
komplett eingestellt haben. Seine Prognose ist, dass die Krise 95
Prozent aller bedeutenden amerikanischen Großstadtzeitungen
zerstören wird.

Solchen Prognosen stimme ich generell zu – Zeitungen werden
sterben. Wir sollten das aber nicht als Weltuntergang begreifen,
sondern als ein Privileg, dass sich dieser Prozess vor unseren Augen abspielt und wir die Möglichkeit haben, genauer hinzusehen
und die Mechanismen zu analysieren. Wir Medientheoretiker
haben das ja schon seit langem vorausgesagt und uns darüber
Sorgen gemacht. Jetzt erreicht uns der Medienwandel tatsächlich,
sogar meine eigene Familie: Ich habe drei Kinder, alle um die 20.
Sie sind gut ausgebildet, aber keines von ihnen liest täglich eine
gedruckte Zeitung.

▌ *Sie stimmen also auch in die Schwanengesänge vom Ende der*
Zeitungsära ein?

Nein, ich verstehe mich keinesfalls als Prediger des Niedergangs!
Ich glaube nicht, dass uns der Himmel auf den Kopf fallen wird,
wenn es Zeitungen irgendwann nicht mehr geben sollte. Natürlich ist es verdammt traurig, große Institutionen sterben zu sehen,
vor allem wenn man mit ansehen muss, wie talentierte und enga-
gierte Menschen ihre Jobs und Verantwortung verlieren. Dennoch
glaube ich, dass diese Entwicklung in vielerlei Hinsicht ein fröhli-
cher Moment für den Journalismus werden kann.

> »Ich glaube nicht, dass uns der Himmel auf den Kopf
> fallen wird, wenn es Zeitungen irgendwann nicht mehr
> geben sollte.«

▌ *Aber viele Experten prophezeien, dass automatisch die Demokra-*
tie in Mitleidenschaft gezogen wird, sobald Zeitungen eines Tages
verschwinden.

Eine solche Kausalität herzustellen, finde ich wirklich absurd. Historisch gesehen wurden alle neuen Medien argwöhnisch betrachtet. Wir sehen uns heutzutage mit einem sehr nützlichen neuen Medium konfrontiert: Die digitale Kommunikation ist noch ein Baby, geradezu lächerlich jung, wenn wir sie mit der altehrwürdigen Druckschrift vergleichen. Es ist keine Überraschung, dass viele Leute den Tod der alten, weisen Dame beklagen und misstrauisch gegenüber dem unverbrauchten Nachwuchs sind. In der Rückschau geht dann ja meistens alles gut. Ich finde die Kraft dieser neuen elektronischen Kommunikationsform erstaunlich! Ihre Fähigkeit, die Demokratie zu unterstützen, ist sogar besser.

▌ *Ihrer Meinung nach geht es also gar nicht um die Verdrängung des professionellen Journalismus, sondern nur um neue Formen und Wege der Verbreitung?*

Heute bekommen wir den Großteil unserer Nachrichten kostenlos. Es begann langsam mit Radio und Fernsehen, und jetzt sprudeln Nachrichten regelrecht aus dem Internet heraus. Journalisten müssen ihre Rolle überdenken, sie müssen zu etwas zurückkehren, das sie vor der kurzen Phase des Nachrichtenverkaufens schon geleistet haben, nämlich Analyse, Interpretation, Meinung.

▌ *Wie geht es weiter für die Zeitungen?*

Viele Zeitungsleute in den USA laufen derzeit wie aufgeregte Hühner herum und rufen: »Wer wird in Zukunft berichten, wenn wir es nicht tun?« Ich denke, dass sich diese Frage bald gar nicht mehr stellt, denn die reinen Fakten über Ereignisse werden immer und überall problemlos erhältlich sein. Der gedruckten Presse bleibt dann aber zumindest der investigative und analytische Journalismus vorbehalten, also genau das, was es nicht so ohne weiteres kostenlos im Internet gibt: intelligente Interpretationen und Einordnungen des politischen und gesellschaftlichen Lebens. Eine journalistische Form, die ich »Weisheitsjournalismus« nenne.

»Wer dem Abwärtstrend trotzen will, braucht Exklusivität, Enthüllungen, Expertise.«

▌ *Glauben Sie ernsthaft, dass die Leute künftig dafür überhaupt noch bezahlen wollen, wenn sie die meisten Informationen kostenlos im Internet erhalten?*

Schauen Sie sich doch die *New York Times* von heute an: Auf der ersten Seite ist eine Exklusivgeschichte über verwundete Iraker, die sonst keine Zeitung hat. Kein großer Artikel, aber ein interessanter – eine weitere Facette des Krieges. Und das ist sehr wertvoll, weil ich so eine Geschichte über die Newsportale von Yahoo oder Google nicht bekomme. Wenn es also interessante Exklusivgeschichten auf der Website der *New York Times* gibt, rufe ich ihre Seite ab.

▌ *Das ist ein gutes Stichwort: Wie sieht denn ein tragfähiges Geschäftsmodell der gedruckten New York Times aus?*

Soviel ist sicher: Die Leute werden für die gedruckte *New York Times* kein Geld ausgeben, wenn dort nur Meldungen zu lesen sind, die sie schon längst aus dem Internet kennen. Ein großes Problem dieser Zeitung ist, dass sie in ihrer Redaktion vor allem Generalisten beschäftigt. Es reicht aber nicht aus, die gleichen Stories wie alle anderen zu bringen, nur etwas smarter. Wer dem Abwärtstrend trotzen will, braucht Exklusivität, Enthüllungen, Expertise. Wenn eine Zeitung Analysen und fundierte Meinungen bringt, sind die Leute bereit, dafür zu zahlen. Und zwar nicht nur Geld, sondern auch Aufmerksamkeit – die kann dann an die Werbetreibenden weiterverkauft werden.

▌ *Welche Zeitungsmarken werden denn Ihrer Ansicht nach überleben? Und welche Rolle spielen branchenfremde Investoren, wie der Immobilienmagnat Sam Zell, der unter anderem die Los Angeles Times gekauft hat?*

Meiner Meinung nach ist es unerheblich, wer die *Los Angeles Times* besitzt. Dem Blatt laufen ja ohnehin die Leser in Scharen davon. Für solche großen Zeitungsunternehmen ist es sehr schwierig, ihren Kurs zu ändern – das ist wie bei einem Tanker, bei dem nur sehr langsam das Ruder herumgerissen werden kann. Generell ist es für den Marktführer unter den traditionellen Medien schwierig, auch Marktführer der neuen Medien zu werden. Ich wäre angenehm überrascht, wenn sich etwa die *New York Times* schlussendlich zum qualitativen Leitmedium im Netz durchsetzen würde. Diese Position ist nämlich längst nicht besetzt. Im Gegensatz zum Zeitungsmarkt gibt es hier allerdings weltweit Mitbewerber.

»Ich mache mir über die Zukunft des Qualitätsjournalismus keine Sorgen.«

❚ *Könnten diese Rolle nicht auch journalistische Online-Angebote wie die Huffington Post oder Salon.com übernehmen – das tun sie ja schon teilweise?*

Da bin ich mir nicht so sicher. Wir neigen ja oft dazu, in unseren traditionellen Denkmustern verhaftet zu bleiben – obwohl es diese Online-Magazine ja erst seit einigen Jahren gibt und wir ihnen eine Chance geben müssen. Die *New York Times* pflegt hingegen alle möglichen Traditionen: Sie denkt, sie muss eine Chronistenfunktion erfüllen, was absurd ist, denn das Internet ist für alle ein ausreichender Chronist. Sie denkt außerdem, sie muss über alle großen Storys des Tages berichten – dabei bezieht sich das ja, wenn die Zeitung erscheint, auf den gestrigen Tag. Sie hat außerdem die überaus romantische Vorstellung von Journalisten, die in der Gegend herumstehen und Notizen machen. Ich wäre überrascht, wenn ich meine Ideen von Nachrichten irgendwann in der *New York Times* umgesetzt fände. Ich denke, das wird eher jemand Anderes machen. Aber wird das Arianna Huffington sein? Ich weiß nicht recht…

❚ *Was halten Sie denn von der Idee, dass Qualitätsjournalismus durch gemeinnützige Stiftungen oder Philanthropen gefördert wird, wie es zum Beispiel bei ProPublica der Fall ist?*

Das ist keine dumme Idee, aber ich bin momentan derart begeistert davon, was im Web geschieht, dass ich mir um die Zukunft des Qualitätsjournalismus ohnehin keine Sorgen mache. Ich muss immer wieder an die Worte des US-Journalisten I. F. Stone denken, der sagte: »Die Freiheit der Presse nutzt all jenen, die sie besitzen.« Genau das ist jetzt viel demokratischer organisiert: Jeder kann die Presse »besitzen«, wenn er oder sie will. Mein Kollege Jay Rosen betreibt etwa den einflussreichen Blog *Pressthink*, der ihn fast nichts kostet: kein Papier, keine Druckkosten, keine teuren Vertriebswege – nur einen Internet-Anschluss.

▌ *Brauchen wir künftig überhaupt noch Journalisten, wenn es so viele fleißige Blogger gibt?*

Journalist zu werden und zu sein, war schon immer kompliziert. Es ist nicht wie bei Ärzten und Anwälten, also bei Berufen, für die man bestimmte Examina absolvieren muss. Journalisten konnten es immer auf ihre eigene Art tun und haben diese Möglichkeit auch rege genutzt. Die Möglichkeit, sein eigenes Ding zu machen, ist heute noch viel größer. Dennoch müssen wir uns fragen, ob wir eine andere journalistische Ausbildung brauchen. In gewisser Weise ist es eine großartige Zeit für die Journalistenausbildung, weil wir uns nicht aufs bloße Nachrichtensammeln beschränken, sondern einen ganzheitlichen Ansatz verfolgen: die Fähigkeit, zu denken, zu verstehen, zu analysieren, zu interpretieren und etwas in einen Kontext zu stellen. Journalisten müssen künftig nicht nur gebildeter sein, sondern vielseitig gebildeter. Die Zukunft gehört, so paradox das klingen mag, den Multi-Spezialisten.

> »Der Journalistenausbildung fehlt der Wille zum Experimentieren.«

▌ *Könnten Sie uns ein Beispiel aus ihrer Fakultät nennen?*

Alle unsere Graduiertenprogramme werden gerade auf Spezialisierung getrimmt. Wir haben jeweils ein eigenes Programm für Wissenschafts-, Umwelt- und Gesundheitsjournalismus. Parallel zum Journalistikstudium studieren die Teilnehmer Naturwissenschaften. Zudem müssen sie einen naturwissenschaftlichen

Abschluss haben, um aufgenommen zu werden. Dasselbe gilt für Finanz- und Wirtschaftsberichterstattung sowie für verschiedene Programme, in denen sich die Teilnehmer auf eine bestimmte Weltregion konzentrieren.

■ *Wünschen Sie sich insgeheim ein Umdenken von Medienwissenschaftlern und Journalistenausbildern?*

Der Medienbetrieb ist generell sehr traditionsbewusst. Was mich an der derzeitigen Journalistenausbildung wirklich stört, ist der fehlende Wille zum Experimentieren. Selbst wenn wir den Leuten Journalismus im Internet beibringen, tun wir so, als wüssten wir bereits alles. Das ist aber eine glatte Anmaßung: Blogs gibt es etwa erst seit knapp sieben Jahren, ihr Potenzial ist noch lange nicht ausgeschöpft! Wir haben eigentlich keine Ahnung, was das Internet an journalistischen Möglichkeiten in Zukunft noch alles bereithalten wird. Junge Menschen sind diejenigen, denen es obliegt, neue Ausdrucks- und Vermittlungsformen selbst zu entwickeln und auszuprobieren. Wir müssen also Lehre mit Pioniergeist verbinden und darüber grübeln, wie sich der Journalismus neu erfinden könnte.

David Talbot

Jahrgang 1951, ist stellvertretender Vorstandsvorsitzender von Fenton Communications, einem Public-Relations-Unternehmen mit Büros in Washington, San Francisco und New York, das sich auf Non-Profit-Organisationen (Greenpeace, Human Rights Watch, MoveOn u.a.) spezialisiert hat. Talbot ist Gründer und ehemaliger Chefredakteur des Online-Magazins *salon.com* und wurde von der *New York Times* als »Pionier des Online-Journalismus« gefeiert. Zuvor arbeitete Talbot als Redakteur für das linksintellektuelle US-Magazin *Mother Jones* und schrieb unter anderem für *Time*, *The New Yorker*, *Rolling Stone* und *Los Angeles Times*. Er ist Autor des *New York Times*-Bestsellers«Brothers: The Hidden History of the Kennedy Years« (2007). Derzeit baut er eine regionale Online-News-Engine für den Raum San Francisco auf, wo er mit seiner Familie lebt.

© salon.com

»Wir werden täglich von Blogs und Gelaber überflutet«

Finanzspekulanten könnten bald den letzten Nagel in den Sarg des traditionellen Journalismus stoßen. Wie das zu verhindern ist, verrät David Talbot, Gründer des Onlineportals *salon.com*.

■ *Mr. Talbot, wie schätzen Sie den Milliarden-Dollar-Poker um Facebook zwischen Google und Microsoft ein? Haben Online-Plattformen wie Facebook oder Xing die Macht, das Internet zu revolutionieren?*

Soziales Netzwerken gehörten schon immer zum Reizvollsten, was das Internet zu bieten hat. Seit den Ursprüngen der Online-Revolution wollen die Leute mithilfe dieses Mediums interagieren und nicht bloß passiv Medienangebote konsumieren. Daher betrachte ich das Facebook-Drama als Fortsetzung dieser Geschichte. Ich glaube sogar, dass auch Nachrichtenseiten soziale Netzwerke integrieren müssen, wenn sie von dieser Revolution ausgeschlossen nicht sein wollen.

■ *Brauchen wir angesichts von Web 2.0 denn überhaupt noch professionellen Journalismus?*

Natürlich, mehr denn je! Im Web 2.0 werden wir ja täglich von Blogs und Gelaber überflutet – was wir deshalb brauchen, sind sauber recherchierte, glaubwürdige Informationen. Und dafür brauchen wir redaktionelle Filter. Blogger haben die Medienwelt mit neuer demokratischer Energie bereichert, aber Blogs schreien nach professioneller redaktioneller Aufbereitung.

■ *Ist den Profis im Vergleich zur Armee der Blogger nicht auch ein wenig die Leidenschaft abhanden gekommen?*

Ja, ich glaube, dass fest angestellte Redakteure und Autoren großer Blätter unter einer Krise ihrer journalistischen Seele leiden, weil die Verlage ihrerseits unter Kürzungen, Skandalen und Übernahmen durch Großunternehmen leiden. Sie sollten am besten alle der Bewegung zur Wiederbelebung des Qualitätsjournalismus beitreten, um ihren Kampfesgeist aufzufrischen.

■ *Sehen Sie in solchen Übernahmen also eine akute Gefahr für den Qualitätsjournalismus?*

Finanzspekulanten und Medienmogule könnten schon bald den letzten Nagel in den Sarg des amerikanischen Journalismus treiben. Die US-Presse wird zwischen den technologischen Herausforderungen des Internet und den Profiterwartungen großer Medienkonzerne förmlich zerquetscht. Gerade Rupert Murdochs Mediengeschäfte sind stark gesteuert von persönlichen Motiven, namentlich vor allem seiner konservativen politischen Agenda. Wenn wir nicht bald alternative Besitzstrukturen für die Presselandschaft in diesem Land finden, etwa Kombimodelle mit öffentlich-privaten Anteilsverhältnissen oder Mitarbeiterbeteiligungen, wird die Presse weiter den Bach runtergehen – und Amerikas Demokratie mit sich reißen.

»Die amerikanische Presse befindet sich in einer Todesspirale.«

▋ *Heißt das, sie befürworten Alimentierungen durch Stiftungen oder den Staat?*

Heutzutage spricht aus Sicht von Nachrichtenanbietern einiges für öffentliche Beihilfen oder Business-Modelle auf Nonprofit-Basis, weil der seriöse Journalismus ganz eindeutig nicht mehr am Markt bestehen kann. Aber staatliche Subventionen und sogar die Stiftungsmodelle bringen immer auch eigene Probleme mit sich. Öffentlich-rechtliche Medien in den USA – wie das Public Broadcasting System (PBS) – neigen dazu, befangen und überängstlich vor Kontroversen zu sein. Allgemein gesagt befürworte ich also die Risiken und Belohnungen des Marktes, aber möglicherweise ist das beste System eines, das etwas von beidem integriert – beispielsweise ein privates Unternehmen, das Zuschüsse oder Spenden für investigativen Journalismus und andere gesellschaftlich relevante Projekte erbittet, die für den Werbemarkt normalerweise unattraktiv sind.

▋ *Wie viel Zeit geben Sie der gedruckten Zeitung noch?*

Die Zeit drängt, keine Frage. Schon jetzt beobachten wir in den USA massive Entlassungswellen, Zeitungen werden kaputtgespart.

Das schadet der Qualität und führt zu weiteren Auflagenverlusten. Für die amerikanische Presse ist das eine Todesspirale: Die einzigen Zeitungen, die überleben, werden diejenigen sein, die weiterhin in ihr redaktionelles Produkt investieren und den Übergang in die digitale Ära meistern. Trotz ihrer eigenen finanziellen Probleme gibt es bei der *New York Times* Anzeichen dafür, dass sie das schaffen könnte. Die *Times* ist für mich ohnehin die einzige unentbehrliche Zeitung Amerikas, und solange sie durch ihre einzigartige Verlagsstruktur in Familienbesitz geschützt ist, bin ich zuversichtlich, dass sie eine starke Marke bleiben wird.

▌ *Hand aufs Herz: Was ist in der Diskussion um die Zukunft der Zeitung lediglich Schwarzmalerei, und was ist wirklich wahrscheinlich?*

Der allgegenwärtige Pessimismus ist in der Regel gut begründet. Der Marxist Antonio Gramsci hat einmal gesagt: Was wir brauchen, ist ein Pessimismus des Intellekts und einen Optimismus des Geistes, wenn wir versuchen wollen, unseren Beruf zu retten.

▌ *Bleiben Online-Portale wie salon.com von den gravierenden Umwälzungen im Journalismus verschont?*

Als einer der Pioniere des Web 1.0 steht *salon.com* ähnlichen Herausforderungen gegenüber wie alle anderen auch – besonders wenn versucht wird, Blogs und soziale Netzwerke in das traditionelle Redaktions- und Geschäftsmodell zu integrieren. Aber *salon. com* hat sich eine Art von Unternehmergeist bewahrt, der nötig ist, um die Medienzukunft mitzugestalten.

Daniel Vernet

Jahrgang 1945, ist Leiter der Auslandsabteilung der französischen Tageszeitung *Le Monde* in Paris, bei der er seit 1973 als Redakteur tätig ist. Er arbeitete als ständiger Korrespondent in Bonn, Moskau und London und wurde später Co-Leiter des Auslandsressorts, Chefredakteur und Redaktionsdirektor. Bevor er zu *Le Monde* kam, schrieb er für La Montagne und die Compagnie Francaise d'Edition, nachdem er am Institut d'Études Politiques de Paris studiert hatte. Daniel Vernet hat mehrere Bücher verfasst, darunter »Was wird aus Deutschland?«(1993), »Le rêve sacrifié. Chroniques des guerres yougoslaves« (1994) und zuletzt »L'Amérique messianique« (2004).

© Daniel Vernet

»Ein sehr riskantes Geschäft«

Frankreichs Zeitungsauflage hat sich halbiert. Daniel Vernet von *Le Monde* spricht über Presse und die Einflussnahme von Politik und Wirtschaft.

■ *Monsieur Vernet, in den vergangenen Monaten häufen sich die schlechten Nachrichten über die französische Zeitungsbranche. Wie dramatisch ist die Situation?*

Es gibt Anlass zur Sorge: Seit etwa zwanzig bis dreißig Jahren sinkt die Gesamtauflage unserer Tageszeitungen kontinuierlich. Im Vergleich zu der Zeit nach dem Zweiten Weltkrieg hat sie sich sogar halbiert und liegt jetzt bei etwa drei Millionen Exemplaren. Man muss dabei berücksichtigen, dass die Struktur der französischen Zeitungslandschaft ungewöhnlich ist: Auf der einen Seite haben wir die in Paris erscheinenden Nationalzeitungen, auf der anderen die Regionalzeitungen. Letzteren geht es sehr viel besser als uns, weil sie ein Monopol in bestimmten Regionen besitzen. Die Pariser Blätter dagegen müssen hohe Anstrengungen auf sich nehmen und Kosten aufwenden, um im ganzen Land präsent zu sein. Ihr politischer Einfluss ist zwar viel höher, aber ihre Auflage geringer. Die größte Zeitung in Frankreich ist Ouest-France mit 800.000 Exemplaren täglich, *Le Monde* und *Le Figaro* liegen bei etwa 300.000.

■ *Wie beurteilen Sie die Krise der Presse in Frankreich im Vergleich zu den USA oder Deutschland?*

In diesen Ländern beobachten wir relativ ähnliche Tendenzen. Aber in Frankreich müssen wir mit einer besonderen Situation hinsichtlich der Produktions- und Vertriebskosten zurechtkommen. Wir leben noch mit Regelungen aus der Periode nach der Nazi-Zeit und das bedeutet, dass die Kosten sehr hoch sind, auch im Personalsektor. Die Ursache dafür liegt in den Verträgen, die damals mit den Gewerkschaften geschlossen worden sind. Die Personalkosten waren immer sehr hoch, und die französischen Zeitungshäuser leiden darunter auch heute noch sehr.

■ *Aber Sie bekommen doch finanzielle Unterstützung vom Staat, zum Beispiel in Form direkter Beihilfen…*

Für große Zeitungsunternehmen ist das keine Erleichterung, auch nicht für die kleinen, für die diese Regelung ursprünglich gedacht war. Im Kern geht es bei der Staatshilfe, die kurz nach dem Krieg beschlossen wurde, um die Sicherung der Meinungsvielfalt. Doch in der jetzigen Situation ist es nicht mehr als ein Tropfen auf den heißen Stein. Insgesamt liegen die staatlichen Zuschüsse bei etwa 170 Millionen Euro pro Jahr. Zusätzlich gibt es noch Steuererleichterungen und geringere Versandkosten. Leider gibt es ansonsten bisher keine Modelle zur finanziellen Unterstützung der Qualitätspresse. Dafür ist beispielsweise das Stiftungssystem in Frankreich gerade auch im Vergleich zu Deutschland viel zu unterwickelt.

»Das Überleben unabhängiger Pressegesellschaften hat sich immens erschwert.«

❚ *In Deutschland wurde in letzter Zeit viel über die Nähe des französischen Staatspräsidenten zu einigen wichtigen Medienpersönlichkeiten spekuliert. Wie groß ist Nicolas Sarkozys Einfluss auf die Presse wirklich?*

Meiner Meinung nach wird Sarkozys Einfluss überschätzt. Zweifellos unterhält er freundschaftliche Beziehungen zu Leuten wie Arnaud Lagardère, dem Besitzer der Hachette-Gruppe und damit einer der mächtigsten Medienunternehmer, der auch – wenn auch nur wenige – Anteile an *Le Monde* besitzt. Auch hat er ein enges Verhältnis zu dem Leiter des ersten Fernsehkanals, Martin Bouygues, sowie zu François Pinault und einigen anderen. Ob dieser Einfluss sich allerdings auf die redaktionelle Arbeit auswirkt, lässt sich schwer bestimmen – aber zumindest vermuten: So hat der gefeuerte Chefredakteur von Paris Match behauptet, dass seine Kündigung mit einer Titel-Story zusammenhing, die er über die Ex-Frau von Sarkozy veröffentlicht hatte. Der Verlag zumindest begründete seinen Rausschmiss mit sinkenden Auflagenzahlen. Ab Anfang nächsten Jahres wird sich in dieser Hinsicht jedoch Einiges ändern, wenn auch nicht im Pressesektor: Sarkozy setzte sich mit dem Beschluss durch, in Zukunft den Vorsitzenden der öffentlich-rechtlichen Fernsehanstalt Frankreichs persönlich und alleinig bestimmen zu können. Bisher oblag diese Entscheidung einem Gremium mit über zehn Mitgliedern, die vom Staatschef, dem Präsidenten der Nationalversammlung und dem Präsidenten des Senats ernannt wurden.

▌ *In Berlin ist seit dem Regierungsumzug ein neuer Hauptstadt-journalismus entstanden, der immer stärker durch Liebediene-reien und Sanktionen seitens der Politik belastet ist. Wie hart greifen Politiker im zentralistischen Frankreich durch, wenn sich Journalisten kritisch äußern?*

Das kommt manchmal, aber selten vor und liegt daran, dass das politische Leben ausschließlich in Paris stattfindet. Andere Metropolen wie Lyon oder Marseille sind nebensächlich. Durch diese Ballung in der Hauptstadt entstand eine Art Komplizenschaft zwischen Politikern und Journalisten, die eine Rolle spielen könnte in der Frage, ob die Medienberichterstattung teilweise Fremdeinflüssen oder Parteilichkeiten unterliegt. Aber man kann generell noch überall recherchieren – im Zweifelsfall hilft immer, Rivalitäten in den Parteien auszunutzen, um Informationen zu bekommen.

▌ *Wie ist es generell um die Unabhängigkeit der französischen Zeitungshäuser bestellt?*

Das Überleben unabhängiger Pressegesellschaften hat sich immens erschwert, weil die Kosten in allen Bereichen weiter zugenommen haben und der Bedarf an Investitionen gestiegen ist. Ohne Fremdkapital geht oft nichts mehr. Nehmen wir das Beispiel Le Monde: Noch vor 15 Jahren war der Haupteigentümer die Redaktion, doch das reduzierte sich immer weiter: Heute besitzt sie nur noch etwa dreißig Prozent und ein Vetorecht, das ihr demnächst aber wohl auch noch genommen wird, wenn es zu weiteren Zwangskapitalerhöhungen kommt wie vor gut eineinhalb Jahren, wodurch die spanische Firma Prisa, die unter anderem *El Pais* herausgibt, und Lagardère jeweils 15 Prozent des Kapitals bekommen haben.

▌ *Diese Enteignung läuft den aktuellen Entwicklungen nachgerade zuwider: US-Fachleute sehen in der Beteiligung von Lesern und Mitarbeitern das Geschäftsmodell der Zukunft.*

Uns hat das nichts gebracht. 1985 hatten wir eine solche Lesergesellschaft gegründet, das half ein paar Jahre, aber es reichte letztlich nicht. Genauso verhielt es sich mit der Beteiligung der Belegschaft, allen voran der Journalisten: Prinzipiell haben Journalisten kein Geld, und wenn sie investieren müssen, dann können sie nicht der Kapitalerhöhung folgen.

▌ *Welche Konsequenzen haben die wachsenden Anteile fremder Unternehmen wie Lagardère für die Integrität Ihrer Zeitung?*

Ich sehe tatsächlich eine Gefährdung für die Unabhängigkeit der Zeitungen, wie wir sie bisher verstanden haben und weiterhin verstehen möchten: Wenn zum Beispiel die Groupe Lagardère ihren Anteil an Le Monde auf dreißig Prozent aufstocken würde, könnte sie zumindest in den nächsten zehn Jahren keinen Einfluss auf die Redaktion ausüben. Aber auf lange Sicht kann ich das nicht beurteilen, vor allem wenn sich die Zeitungskrise verschärft.

▌ *Es zeichnet sich immer stärker ab, dass eine neue Generation von Investoren aktiv in die Pressemärkte eingreift, und zwar nicht nur mit Devisen, sondern auch durch inhaltliche Einflussnahme.*

Das sehe ich in Frankreich noch nicht, und für *Le Monde* kann ich sagen, dass wir gegenüber Lagardère vielleicht sogar noch kritischer sind, seitdem sie Anteilseigner wurden.

▌ *Kritik am etablierten Journalismus kommt vor allem aus der Bloggerszene. Sehen Sie in der Bloggerkultur eher ein Konkurrenz- oder Ergänzungsverhältnis zu den Profis?*

In Frankreich sind Blogs zwar nicht so einflussreich wie in den USA, aber auf alle Fälle stärker im Aufwind als in Deutschland. Auch Journalisten haben die Möglichkeiten dieser Ausdrucksform erkannt und nutzen sie, um all das zu schreiben, was nicht auf Sendeplätze oder in Zeitungsspalten passt. Aber das macht die Satirezeitschrift *Le Canard* enchaîné schon seit fünfzigoder sechzig

Jahren, indem sie kurze Geschichten veröffentlicht, die sonst keine Erwähnung finden. Etwas anders verhält es sich mit privaten Blogs: Die sehe ich zwar nicht als Bedrohung für den Journalismus, aber als Herausforderung. Was wir versuchen, in der Qualitätspresse zu produzieren, sind verlässliche Informationen, die aufwendig recherchiert und verifiziert werden. Dieser Produktionsprozess findet bei Blogs nicht statt. Ebenso wenig gibt es ein gemeinsames Ethos, auf das sich die Bloggergemeinde verbindlich verständigt wie im Fall von Journalisten, die von Berufs wegen eine spezielle Erziehung durchlaufen haben. Das ist ein ernstes Problem.

»Vielleicht gibt es ›Le Monde‹ irgendwann nur noch im Internet.«

▌ *Nun ist Le Monde weniger bekannt für reinen Nachrichtenjournalismus, sondern eher für brillante Kommentare und Analysen. Inwiefern müssen sich Qualitätszeitung im digitalen Zeitalter neu erfinden?*

Wir müssen mehr Analysen bringen und unser Angebot an die neuen Technologien anpassen, indem wir Qualitätszeitungen als wichtige Ergänzung für Angebote in Internet, Rundfunk und Fernsehen begreifen. Vielerorts hört man das Motto »Online First« – das scheint der Leitspruch der Zukunft zu sein, aber bei *Le Monde* stoßen wir auf folgendes Problem: Im Internet bringen wir die Zeitungsartikel erst gegen 14 Uhr, wenn die betreffende Druckausgabe schon verteilt wurde. Aber wenn wir eine exklusive Geschichte haben, sind wir mittlerweile gezwungen, schon früher damit über unsere Website an die Öffentlichkeit zu gehen, weil wir immer damit rechnen müssen, dass die Konkurrenz wie *Le Figaro Online* möglicherweise schneller ist. Unsere Zeitungsmarke wollen wir durch ein solches Vorgehen stärken – und hoffen, dass die Online-Leser sich trotzdem die Zeitung kaufen. Aber wer weiß, vielleicht gibt es *Le Monde* irgendwann nur noch im Internet.

▌ *Sind Ihre Mitarbeiter denn so weit, dass sie sich vollständig auf Online einlassen könnten?*

Diese Anpassung hat noch längst nicht stattgefunden. Viele ältere Redakteure können sich nicht so recht mit dem Internet anfreunden und haben teils große Defizite im Umgang mit den neuen Medien. Für die jungen Online-Kollegen ist das kein Problem, doch werden diese sehr viel schlechter bezahlt. Das ist brisant und könnte sich noch zuspitzen, zum Beispiel in der Frage, ob Online- und Print-Redaktionen gemischt werden oder getrennt bleiben sollen. Wenn Alt und Jung nebeneinander sitzt, könnte es durch das Gehaltsgefälle und die unterschiedlichen Medienphilosophien zu ganz neuen internen Konflikten kommen.

»Die Zukunft muss eine andere Zeitung als heute bringen.«

▮ *Noch werden die Online-Angebote fast vollständig durch die Umsätze der gedruckten Zeitung finanziert. Welche Modelle gibt es, durch die sich ein Internet-Ableger finanziell selbst tragen könnte?*

Ich glaube nicht, dass schon jemand die Lösung für das Finanzierungsproblem gefunden hat. Vor einiger Zeit haben einige ehemalige Kollegen von *Le Monde* eine Internetzeitung nur auf Abonnementbasis gegründet, die etwa 65.000 zahlende Leser braucht, um sich zu amortisieren. Das ambitionierte Projekt mit dem Titel *Mediapart*, das rund sechzig redaktionelle Mitarbeiter beschäftigt, hat aber nach einem halben Jahr erst etwa ein Zehntel davon erreicht. Das ist natürlich bedauerlich.

▮ *Für wie aussichtsreich halten Sie die Zusatzgeschäfte der Verlage?*

Wir haben regelmäßig Beilagen wie zum Beispiel Filme, Musik-CDs oder Bücher. Außerdem gibt es geschäftliche Aktivitäten abseits des Kerngeschäfts: Der frühere Verleger Jean-Marie Colombanie, der von 1994 bis 2007 im Amt war, wollte aus *Le Monde* eine Mediengruppe machen mit dem Ziel, das Unternehmen auf ein breiteres Fundament aus verschiedenen Aktivitäten zu stellen. Wenn es also bei Tageszeitungen mal schlecht läuft, könnte man die Verluste beispielsweise mit den Gewinnen aus dem Zeitschriftengeschäft oder mit Regionalzeitungen auffangen. Das hat sehr viel Geld verschlungen, und nun kommt ein neuer Verleger mit einer neuen Politik und verkauft alles wieder, um die Verschuldung des Unternehmens zu verringern. Das alles ist ein sehr riskantes Geschäft. Ich halte aber – theoretisch allemal – eine Diversifikationsstrategie immer noch für den klügeren Weg.

∎ *Wie lange wird die gedruckte Presse Ihrer Ansicht nach noch fortexistieren?*

Das ist mir egal, in zwei Jahren werde ich pensioniert (lacht). Im Ernst: Zeitungen wird es noch lange geben, wenn es uns gelingt, dem Leser immer wieder Neues, Interessantes und Intelligentes zu bieten. Es wird zwar weitergehen, aber nicht mit 400.000 Exemplaren und nicht mit 250 Redakteuren. Was uns die Zukunft bringt, könnte eine völlig andere Zeitung sein. Und wenn wir ehrlich sind: Es muss eine andere Zeitung sein als heute.

∎ *Was halten Sie von Futurologen, die ein baldiges Aussterben der Zeitung vorhersagen?*

Ich bewerte die Lage lieber mit Marcel Proust, der sinngemäß schrieb, dass er eine Zeitung lese, weil er dann das Gefühl habe, Teil einer Gemeinschaft zu sein, die diese Zeitung gleichzeitig lese wie er. Das Dazugehörigkeitsgefühl ist stark und wichtig. Als Zeitungsleser fühlt man sich in Zukunft vielleicht als Mitglied einer kleinen Elite. Das entspräche dann wieder dem alten Bild des typischen Parisers, der mit einer Zeitung unterm Arm durch St. Germain lustwandelt.

Simon Waldman

Jahrgang 1966, ist Group Director of Digital Strategy and Development der Guardian Media Group und entwickelt dort spartenübergreifende Internet-Strategien. Er kam 1996 als Journalist zum *Guardian* und war dort unter anderem Chefredakteur der Online-Ausgabe *Guardian Unlimited* sowie Leiter der Digitalabeilung. Unter seiner Leitung entwickelte sich *Guardian Unlimited* zu einer weltweit führenden Nachrichtenseite, die u. a. mit drei »Webby«-Awards ausgezeichnet wurde. Waldman ist seit 2006 Vorsitzender der Association of Online Publishers. Er studierte klassische Philologie in Bristol, ist verheiratet und hat drei Kinder. Seit 1936 befindet sich der »Guardian« im Besitz einer Stiftung, dem Scott Trust.

© The Guardian

»Überleben zu wollen, reicht einfach nicht«

Blogger müssen keine Gefahr für Profi-Journalismus sein: Simon Waldman, Director of Digital Strategy and Development der Guardian Media Group erklärt im Interview, wie sich das digitale Zeitalter als Chance begreifen lässt.

■ *Mr. Waldman, fühlen Sie sich ausgebeutet, wenn Sie sich auf der Website von Google News umschauen?*

Wir müssen wohl einsehen, dass die Aggregierung von Nachrichten durch Google dem Konsumenten klare Vorteile bringt, und dem müssen wir uns anpassen. Klar wäre es toll, wenn wir jedes Mal Lizenzgebühren bekommen würden, sobald Google unsere Schlagzeilen abgrast, aber das wird nicht passieren. Also müssen wir damit umzugehen lernen, indem wir noch viel konkretere Erkenntnisse darüber sammeln, wie die Menschen unseren Content überhaupt finden können. Das ist weitaus schwieriger herauszufinden als im traditionellen Printbereich, wo wir unsere Distributionskanäle sehr gut lenken können – denn wir wissen ja, wo unsere Zeitungen erscheinen. Für Online ist diese Art der Kontrolle mindestens ebenso wichtig, wenn nicht sogar wichtiger. Deshalb sollten wir lernen, mit dieser Infrastruktur zu arbeiten, statt sie zu ersetzen oder zu hoffen, dass sie irgendwann wieder verschwindet.

■ *Wozu brauchen wir überhaupt noch professionelle Journalisten?*

Professionelle Journalisten werden immer unglaublich wichtig sein um zu erklären, was in der Welt vor sich geht, und zwar tagtäglich anhand einer Fülle von Themen. Das, was die Leser und Zuschauer brauchen, kann nicht auf Amateurniveau geleistet werden. Allerdings wird die Welt der Profis durch die Teilzeit-Arbeiter auch bereichert, wie beispielsweise die Arbeit professioneller Astronomen auch durch Leute bereichert wird, die in ihrer Freizeit arbeiten.

■ *Worin unterscheiden sich das Arbeitsethos von Bloggern und Profis?*

Die Arbeitswelt, in die die meisten der über 40-jährigen Journalisten damals eingestiegen sind, unterscheidet sich völlig von der heutigen. Auf allen Ebenen wird härter gearbeitet, nicht bei der täglichen Arbeit, sondern auch unter dem Einfluss eines immer härter umkämpften Informationsmarktes. Man kann keinen Erfolg mehr haben, wenn man nicht bereit ist, mehr zu tun als alle anderen. Viele Blogger haben andererseits enorme Zugangsmöglichkeiten, wenn sie in ihrer Umgebung mit Leuten zusammentreffen, mit denen sich auch Journalisten beschäftigen. Die meisten haben sicherlich ihr Spezialgebiet, aber härter arbeiten müssen alle.

»Qualitätsjournalismus muss unabhängig bleiben.«

■ *Was glauben Sie, wie lange die klassische Zeitung auf Papier noch überleben wird?*

Überleben zu wollen, reicht einfach nicht. Erfolgreich werden diejenigen Zeitungshäuser sein, die sich dem digitalen Wachstum stellen, ihn als Chance begreifen und entsprechend handeln. Für andere, die darin eine vorübergehende Bedrohung sehen, die wir durchstehen müssen, statt eine Umgebung, in der wir prosperieren können, wird es schwierig. Es gibt auch noch andere strukturelle Herausforderungen für die Papierzeitungen, die stark auf ihren regionalen Bollwerken basieren. Die unterschwellige Tendenz in diesem Geschäft bestand ja seit jeher darin, in Märkten mit hohen Zugangsbarrieren zu operieren. Die Digitalisierung hat nun dazu geführt, dass diese Barrieren gefallen sind, so dass die Leute, deren Geschäftsmodelle und Gewinne auf einem Monopol aufbauen, diese Monopolstellung in Gefahr sehen. Und das macht es natürlich kompliziert. Wenn Sie sich die britische Presselandschaft anschauen, erkennen Sie, dass wir knallharten Wettbewerb gewohnt sind. Zum einen konkurrieren wir über die Qualität unserer Inhalte miteinander und darüber, wie wir uns am besten verkaufen. Außerdem publizieren wir in Englisch, einer ziemlich globalen Sprache. Weil die britische Qualitätspresse diese Konkurrenzsituation also schon lange kennt, hat sie enormes globales Potenzial. Und deshalb sind die meisten von uns eher fasziniert angesichts der Möglichkeiten.

■ *Stellen Übernahmen von Qualitätszeitungen durch Finanzinvestoren und Großkonzerne in Ihren Augen generell eine Gefahr dar?*

Darauf will ich nicht pauschal antworten. Unterschiedliche Personen oder unterschiedliche Private-Equity-Unternehmen gehen unterschiedlich vor. Außerdem sehe ich Unterschiede zwischen individuellem Besitz und Private-Equity-Anteilen. Private Equity ist normalerweise auf Kostenkontrolle, Umsatzsteigerung und einen gewinnbringenden Verkauf aus, während Individuen mehr an Status interessiert sind. Die gute Nachricht ist ja, dass – wann immer eine Zeitung vollständig zum Verkauf stand – sich immer Leute gefunden haben, die sie gekauft haben. Das bedeutet, dass es bei Zeitungen offenbar noch einige andere wertvolle Aspekte gibt als nur Gewinne. Allerdings hatte der Qualitätsjournalismus schon immer mit der Frage nach der Unabhängigkeit zu kämpfen. Denn egal, wer eine Zeitung besitzt: Es wird immer nach der Unabhängigkeit gefragt, solange keine unabhängige Organisationsstruktur gefunden ist, die der unsrigen ähnelt, also eine Stiftung wie der Scott Trust, dem der *Guardian* gehört.

▌ *Wie beurteilen Sie die Zukunft des Guardian und der Guardian Media Group angesichts der sich stark verändernden Medienlandschaft?*

Früher wurden wir als ganz normale britische Tageszeitung definiert, und jetzt werden wir als weltweit führende liberale Stimme wahrgenommen. Für uns bedeutet das, uns nicht länger nur auf den britischen Markt und auf den Printbereich zu konzentrieren, sondern global zu denken. Das Potenzial, das man mit einer Marke wie unserer und mit den Fähigkeiten unserer Mitarbeiter ausschöpfen kann, ist bemerkenswert. Und noch eine gute Nachricht ist, dass unsere Strategie, vor fünf, sechs Jahren eine starke Online-Präsenz aufzubauen, aufgeht: Wir haben ein wirklich stabiles Einkommenswachstum und gleichzeitig einen Publikumszuwachs.

Die Herausgeber

Dr. Stephan Weichert, Jahrgang 1973, Kommunikationswissenschaftler und Publizist, ist Professor für Journalistik und Studiengangleiter an der Macromedia Hochschule für Medien und Kommunikation in Hamburg sowie Projektleiter am Berliner Institut für Medien- und Kommunikationspolitik. Er ist Herausgeber der beiden Porträt-Bücher »Die Alpha-Journalisten« (2007) und »Die Alpha-Journalisten 2.0« (2009).

Leif Kramp, Jahrgang 1980, arbeitet als Journalist, Medien- und Kommunikationswissenschaftler in Hamburg und Berlin. Er ist wissenschaftlicher Referent des Instituts für Medien- und Kommunikationspolitik und wissenschaftlicher Mitarbeiter der Macromedia Hochschule für Medien und Kommunikation.

Hans-Jürgen Jakobs, geboren 1956, ist seit 2007 Chefredakteur des Online-Portals sueddeutsche.de in München. Zuvor war er Redakteur des Nachrichtenmagazins *Der Spiegel* in Hamburg und Leiter des Medienressorts der *Süddeutschen Zeitung*. Er ist Mitautor des Buches »Augstein, Springer & Co.« (1990).